# 新时代大学生思政教育研究

马静雅　王　琪　任　超　著

長江出版傳媒
湖北科学技术出版社

**图书在版编目（CIP）数据**

新时代大学生思政教育研究 / 马静雅, 王琪, 任超著. -- 武汉 : 湖北科学技术出版社, 2020.10

ISBN 978-7-5706-0893-5

Ⅰ. ①新… Ⅱ. ①马… ②王… ③任… Ⅲ. ①大学生—思想政治教育—研究—中国 Ⅳ. ①G641

中国版本图书馆CIP数据核字(2020)第214146号

责任编辑：王小芳　　封面设计：万典文化

出版发行：湖北科学技术出版社

地址：武汉市雄楚大街 268 号（湖北出版文化城 B 座 13 –14 层）

邮编：430070　　网址：http://www.hbstp.com.cn

印刷：唐山唐文印刷有限公司　　邮编: 430000

787 × 1092　1/16　14 印张　字数：320千字

2020年10月第1版　2022年9月第2次印刷　定价：79.00元

# 前言

新时代我国社会的深刻转型使社会结构和利益格局都出现了深刻的变动，高等教育也进入大众化阶段，思想观念和社会认知在大学生群体中出现了复杂的变化，引发了全社会的关注，加强和改进大学生思想道德教育，提高他们的思想道德修养水平，对改革开放事业的全面深化和稳步推进具有重要意义。

思想道德建设应该紧抓不懈的重点。另外，当前大学生思想道德教育的方式和途径更为灵活，如社会实践、先进校园文化建设、网络思想道德教育等是提高大学生思想道德素质的手段。在大学生思想道德教育与培养中，各高校必须紧跟时代的步伐，把握时代发展的脉搏，根据形势和需要对思想道德教育工作进行适时的调整。

# 目录

# 第一章
# 新时代大学生思想道德教育的现实境遇

## 第一节
## 新时代大学生思想道德教育环境的新变化

### 一、文化多样化

随着我国对外开放程度的日益加深，社会文化领域的多样化发展趋势也日益明显。科技的迅速发展，为文化的多样化发展提供了强大而先进的载体。生产力的发展，成为文化多样化发展的重要推动力。而社会经济成分、组织形式、就业方式、利益关系和分配方式日趋多样化，从而造成了我国社会文化精神生活的多样化。文化的多样化，反映了人民群众的不同层次的文化需求，是人们精神世界不断丰富的表现，是社会文化逐渐繁荣的重要标志。文化的多样化是改革开放的必然产物，也是我们党顺应时代发展、主动变革社会、创造历史的结果。随着经济的进步和社会的发展，我国的文化风格出现一种“多样文化共存”的局面，主要表现在以下这些方面。

### （一）文化的多样性是主文化、亚文化、负面文化共存

主文化，即在社会中占统治地位或主导地位的文化，这是我们国家的根本价值观之所在。亚文化，是相对于主文化而言的，只为某些特定群体所接受的独特文化。亚文化的发展反映了社会转型加速期社会价值观日益分化的特点，亚文化的发展如果引导得当，会对主文化的发展起到很好的补充作用；如果不进行有效的引导，就有可能模糊甚至湮没主文化。负面文化就是否定、背离主流文化的文化，并且试图取代主流文化。

### （二）文化的多样性是传统文化、西方文化和当代马克思主义文化的共同发展

当代中国的先进文化，是继承和发扬中华民族优良文化传统，是以马克思主义为指导的，代表最广大人民群众的根本利益，反映先进生产力发展要求的文化。继承和发扬中华民族的优良传统文化是每一个中国人的历史责任，也是中国共产党人所担负的文化使命。在继承和学习的过程中，传统文化中反映封建主义腐朽没落的文化、西方文化中反映资产阶级消极颓废的文化难免会沉渣泛起，对主流文化产生冲击。这就需要我们进行甄别、取舍和引导。

有学者对传入我国的当代西方文化做了研究。他们认为，当代西方文化种类十分丰富，传入中国社会的内容也是五花八门，从现代性、人本主义到后现代主义，再到女权主义。这一系列的内容都影响到我国当代大学生的思想。现代性促使我国大学生更加理性，更加注重逻辑；人本主义则使得一部分大学生思想之中蕴含对自我的热切关注；后现代主义主张的学生又要突破理性的枷锁，从其他方面重建自我；具有女权主义思想的大学生又希望实现女子在整个社会的完全平等。这一系列思想与传统思想文化和马克思主义文化都存在不同程度的相似和冲突之处。这就加大了我国思想政治教育工作者的难度。

总之，文化多样化是经济全球化、社会信息化、体制市场化带来的必然结果。在当今的环境下，文化多样性既丰富了社会主义文化的内容，满足了人们精神生活的多样化需求，又给人们的思想观念和价值取向带来了巨大的冲击，给人们形成正确的思想观念和价值观带来了一定的困难，给大学生思想政治教育带来了严峻的挑战。

## 二、经济全球化

经济全球化主要有以下几个特点。

### （一）经济全球化表现为高度的流动性和高度的开放性

这主要体现为人才流、物流、信息流、资本流和知识流等生产要素在世界范围的流动日益广泛和频繁。在许多国家大学生中兴起了“留学热”，中国的高端人才也纷纷在国际人才市场上崭露头角。世界上越来越多的国家和地区，改变了闭关自守的状态，逐步融入经济全球化的洪流。高科技和信息网络化，也支持和推动了经济全球化的这种高度流动性。世界上所有的国家，都不同程度地被经济全球化的浪潮所卷入。尤其是在经济全球化的第

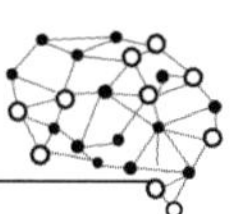

二阶段，我国的人才、产品、信息、资本和知识大量流向其他国家。我国培养的大学生也将要走入世界其他国家，他们的思想状况如何直接影响到我国的国际形象，从而进一步影响到中华民族伟大复兴的梦想。

### （二）经济全球化表现为高度的集约性和高度的垄断性

这主要体现为经济全球化的基本单元和行为主体——跨国公司及国际金融机构对全球经济所产生的巨大而广泛的影响。中国加入 WTO 后，世界 500 强中的大部分跨国公司纷纷进入中国，既带来大量的资金、先进的管理技术，又为解决我国劳动力就业，特别是大学生就业提供了机会。跨国公司及国际金融机构的经营活动几乎涉及世界经济生产活动的所有领域，而且大约控制了世界上 80% 的新技术、新工艺专利，70% 的国际直接投资，60% 的世界贸易，30% 的国际技术转移。

### （三）经济全球化表现为高度的渗透性和高度的互补性

这主要体现为人才流、物流、信息流、资本流和知识流的时空约束减少、成本降低及资源互补，发达国家的资本、技术、管理、文化等迅速向发展中国家渗透，发展中国家的能源资源和劳动力等也向发达国家渗透，资本、知识、资源等在全球市场流动并趋向合理配置，使世界经济呈现出一体化特征。经济全球化使世界各国经济的相互依赖性更加强化，这有助于不同国家和地区在资本、知识、资源等方面的互补，也有助于全球经济的发展。

### （四）经济全球化表现为高度的风险性

这主要体现为资本、技术、管理的快速流动和思想、文化的渗透，给发展中国家带来程度不一的经济安全、信息安全、科技安全、政治安全等问题，如由华尔街的金融危机而引起的金融风暴如海啸一般冲击着全世界的经济体系。经济发达国家资本、技术、管理流向的选择性，势必使一部分发展中国家处于边缘化，甚至经济发达国家也不乏对经济全球化的反对之声，其原因也在于经济全球化的高度风险性。

### （五）经济全球化表现为高度的依赖性和高度的异步性

这主要体现为世界上不同国家和地区之间的经济、技术、资源的依赖性增强。发达国家通过控制核心技术，可以有选择地输出先进技术、先进管理和先进设备，从而形成不对称的依赖性。经济全球化的高度异步性，使世界在一定时期内会出现后工业社会、工业社会、农业社会乃至原始社会并存的现象。因此，许多发展中国家呼吁在经济全球化进程中建立公正、合理的国际经济新秩序，反对发达国家利用经济全球化获取单方面的利益。

### （六）经济全球化表现为科技、服务、生产的全球化

这种科技的全球化主要表现为科技活动的全球化、科技传播的全球化、科技成果的全

球化和科技影响的全球化。在科技全球化过程中，通过“市场换技术”和“技术换市场”，国际技术转移明显加快。生产的全球化，主要表现为新型网络企业模式使生产过程突破了时空限制并使其产品为世界范围的消费者认同和消费。服务的全球化，主要表现为社会服务能力在世界范围内远距离的充分体现。

总之，经济全球化是现代经济、科技高速发展的必然产物，也是不以人们意志为转移的客观趋势。对世界而言，经济全球化已不是一种选择问题，而是一种现实问题；是如何实现平等、公正、互惠、共赢、共存、共同繁荣的问题。对中国而言，加入 WTO 后，我们更要正视经济全球化这一现实，主动利用经济全球化带来的巨大机遇。尤其要看到，经济全球化呈现出新特点，给大学生思想行为变化带来双重影响，既要因势利导发挥积极影响，又要避免带来的消极影响。

## 三、体制市场化

中国经济的市场化进程给社会带来的主要变化包括以下几个方面。

### （一）促进社会结构的多样化

市场化导致了经济成分和经济利益的多样化。经济成分和经济利益的多样化导致了社会阶层的多样化。社会阶层的多样化带来了生活方式、行为方式和思想观念的多样化。多样化的社会结构分层就产生了各种不同的利益要求，从而带来更多的社会矛盾。当前我国社会的各种突出问题，如拆迁、反腐、医患矛盾等，其本质都反映了我国各社会阶层的利益要求。来自不同阶层的大学生，必然受到其所在社会阶层的影响，从而在观念上有很大的不同。

### （二）经济管理体制和方式有了重大改革

政府逐步取消了生产方面的指令性计划，让市场导向生产，让企业决定产量。全面放开了对价格的管制，市场价格成为基本价格形式。中介组织的发展弱化或取代了政府的行政干预。

### （三）中国经济市场化成果丰硕

我国经济市场化改革取得的重大成果体现在各个方面。市场在资源配置中发挥了基础性作用。多种所有制经济共同发展的格局基本形成。国有企业市场化程度大大提高，非国有经济发展迅速，成为国民经济的重要力量。

新世纪，我国社会主义市场经济发展处于关键时期，社会主义市场经济的发展，一方面，由于市场经济自身的缺陷和我国经济体制改革中所存在的问题，又出现一些与市场经济相伴而生的不良现象。另一方面极大地解放和发展了生产力，给经济领域注入了活力和动力，使竞争、效率、平等、开放等这些现代意识深入人心。

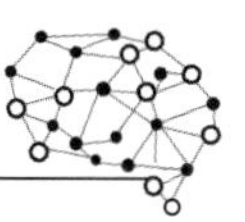

## 四、社会信息化

由联合国发起的在巴西里约热内卢召开的“互联网管理论坛第二次会议”公布的调查数据显示，在全球信息化进程中，我国正处于从被动应对向自主发展转变的关键时期，我国经济建设和社会发展的环境已经进入一个快速变化的信息时代。全球信息化主要有以下几个特征。

### （一）“四化”

一是电子化。光电和网络代替工业时代的机械化生产，人类创造财富的方式不再是工厂化的机器作业，有人称之为“柔性生产”。

二是智能化。知识的生产成为主要的生产形式，知识成了创造财富的主要资源。知识经济是以高技术产业为第一产业支柱，以智力资源为首要依托，是可持续发展的经济。

三是非群体化。在信息时代，信息和信息交换遍及各个地方，人们的活动更加个性化。信息交换除了在社会之间、群体之间进行外，个人之间的点对点信息交换日益增加，甚至将成为主流。

四是全球化。信息技术正在消除时间和距离的隔阂，信息技术的发展大大加速了全球化进程。随着互联网的发展和全球通信卫星网的建立，国家信息主导权将受到冲击，各网络之间可以超越地理上的联系而组合在一起。

### （二）“四性”

一是开放性。创新是高新技术产业的灵魂，是企业竞争取胜的法宝。开放是创新的源泉。开放最重要的是指信息的公开和开放。

二是综合性。信息化在技术层面上是多种技术综合的产物，它整合了半导体技术、信息传输技术、多媒体技术、数据库技术和数据压缩技术等。在更高的层次上它是政治、经济、社会、文化等诸多领域的整合。

三是渗透性。信息化使社会各个领域发生全面深刻的变革，它同时深刻影响物质文明和精神文明，并成为经济发展的主要牵引力。信息化使经济和文化的相互交流与渗透日益广泛和加强。

四是竞争性。信息化进程的一个突出特点是，信息化是通过市场和竞争推动的。政府引导、企业投资、市场竞争是信息化发展的基本路径。

总之，社会信息化彻底地改变了人们社会生活的方式。大学生是一个对信息异常敏感和渴求的群体，是社会信息化的主动参与者和有力推动者。因此，社会信息化对大学生的思维方式和行为方式产生着深刻的影响，对传统的思想政治教育模式也提出了严峻的挑战。

# 第二节
# 新境遇背景下大学生思想道德教育面临的机遇和挑战

## 一、新境遇给大学生思想道德教育带来的机遇

### （一）新境遇拓展了大学生思想道德教育的国际视野

经济全球化、社会信息化的发展使大学生思想道德教育的时空得到了前所未有的拓展，客观上要求我们具备一种宏大、开放的国际视野，来重新审视大学生思想道德教育的理论和实践。经济全球化唤醒了他们的国际意识、竞争意识和进取意识。伴随着经济全球化的发展进程，西方国家的一些势力想从我国获利，以便长期保持自己的经济优势，延缓我国上升为世界强国的步伐。这些现象都强烈地影响着大学生的思想，这也为新时期加强对大学生的国际意识教育和爱国主义教育提供了很好的契机。

大学生思想道德教育时空视阈的世界性拓展，不仅拓展了大学生的国际视野，而且为我们充分利用这种新境遇做好大学生思想道德教育提供了新的思维方式和理念。经济发展要面向世界，精神文明建设同样也不能关起门来进行。这就要求在全球化背景下，大学生思想道德教育必须以宽阔的视野和开放的胸怀，汲取人类文明的一切优秀成果和先进经验，在世界视野中推进大学生思想道德教育的改革与发展。

### （二）新境遇更加凸显大学生思想道德教育的极端重要性

当今世界，伴随着经济全球化和社会信息化浪潮的兴起，世界范围内综合国力的竞争更加激烈，而人才的竞争在综合国力的竞争中又居于主导地位。在人力资源的开发过程中，我们又要处理好科学文化素质和思想道德素质两者的关系。知识经济和信息技术的发展必然会更加凸显出社会道德及人的情感等精神因素构建的重要性。经济一体化的发展和知识经济的勃兴，在世界范围内综合国力竞争日益激烈的条件下，塑造一大批德才兼备，具有高度社会责任感、爱国主义精神和创新精神的高科技人才显得更加迫切和更加重要。因此，必须从科教兴国的战略高度，从人的素质全面发展的高度，来认识思想道德教育在培养新时期具有国际视野、思想道德素质过硬的高素质人才中的重要作用，切实加强大学生思想道德教育。

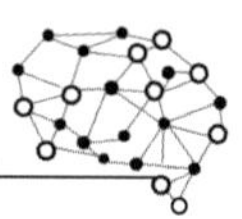

### （三）新境遇为大学生思想道德教育资源开发和内容拓展提供了良好契机

随着信息技术的发展，思想道德教育者也获得了更加便利地调用各种教育资源的条件，大学生面临着一个开放的信息世界，他们可以在丰富多彩的信息世界尽情地漫游。思想道德教育者还可以在网络互动，更为准确地把握教育对象的心理状态、思想动向等。教育者对这些资源的掌握与开发越多，大学生思想道德教育就越有针对性，越富有成效。

新的境遇为大学生思想道德教育内容的拓展也提供了良好契机。在全球化的条件下，思想道德教育被赋予了更多新的时代内容，要求体现更加鲜明的开放性特征和国际化特征。同时，关注人的社会生存环境、生活质量以及人类的尊严、道德完善和全面发展问题，尊重人类的共同规范，保护生态环境，维护世界和平，促进人类发展，也是大学生思想道德教育需要解决的新课题。在社会信息化条件下，培养大学生的信息素养，增强大学生的信息意识和信息观念，也成为当前社会信息化条件下大学生思想道德教育的新内容。在文化多样化的条件下，要进一步加强和改进以马克思主义为指导的主流文化的教育，而且要在大学生的通识教育中，将中华民族传统文化和世界其他国家的民族文化结合起来。在社会主义市场经济条件下，要将市场意识、竞争意识、效率意识、平等意识、民主意识、规则意识等这些适应市场经济发展的观念和素质纳入大学生思想道德教育的内容体系中，增强其时代感和现实性。

### （四）新境遇为加强和改进大学生思想道德教育提供了良好的载体

以网络技术为核心的现代信息技术的迅速普及，不仅成为全球化的重要推动力和表现之一，而且给大学生思想道德教育创造了新的载体。网络作为大众媒介，与传统的报纸、广播、电视相比，显示了自己的许多特点和优势。互联网是20世纪末以来资讯传播技术发展的结晶，也是继报纸、广播、电视之外，最近兴起的“第四媒体”。

一是传播方式的交互性：在网络上，传播者和受众可以通过各种软件和方式及时沟通，使信息的反馈得以及时实现，从而在全新的意义上实现受众对信息传播过程的参与。

二是信息传播的高效性：在现代信息化条件下，信息能随时更新，甚至实时传播。

三是传播空间全球化：目前，网络已经延伸到了全球200多个国家和地区，在任何角落进入网络，在瞬间就可以传遍整个世界。网络使家庭与学校对学生的思想教育连为一体。通过网络，家长可随时与学校保持联系，做到家校结合，共同做好学生的思想道德教育。

四是传播手段多媒体化：网络作为一种新的传播方式，同时具备文字、图像、视频、音频等人类现有的一切传播手段。网络可以发挥多媒体技术手段的优势，使传播效果最优化。

五是开辟了大学生思想道德教育的新阵地。学生利用网络来了解国内外、校内外发生的事件，网络日益成为大学生思想道德教育的新阵地。

## 二、新境遇给大学生思想道德教育带来的挑战

### （一）文化多样化给大学生思想道德教育带来的挑战

在新世纪，大学生思想道德教育所面临的新境遇的突出特点之一就在于它的开放性、多元复杂性，文化多样化给大学生思想道德教育带来的挑战主要表现在以下几点。

一是对价值观念的挑战。我国改革开放的实践使人们的思想观念、价值观念日益多样化。一方面，市场经济的发展导致了社会流动性的增强和社会阶层的分化，产生了不同的利益群体，这些不同的利益群体都有各自不同的价值观念。大学生接受着来自这些不同利益群体的不同价值观念的影响，必然会导致价值取向上的矛盾、迷茫甚至混乱，增加了价值选择的难度。另一方面，大众传媒的发展又为这些不同的价值观念提供了表达的载体和渠道。在大众文化领域，各种五花八门的亚文化，以电视、网络为载体粉墨登场，难免鱼龙混杂、泥沙俱下，而大学生又缺乏对这些亚文化的鉴别能力，逐渐疏离甚至背离了社会中积极、正面、健康向上的价值观。如何帮助大学生学会在不同价值观中进行鉴别、选择，这是文化多样化对大学生思想道德教育提出的又一个挑战。

二是对我国主流文化主导地位的挑战。经济全球化浪潮的不断高涨，加上信息化的发展，必然带来国际范围内不同思想文化更加激烈的碰撞。在当前世界范围内文化大交会的态势下，我国也客观地处于文化交流的劣势地位。在文化激荡的条件下，如果不警惕这一点，帮助大学生树立起中华民族的文化自信，用社会主义核心价值体系构筑起一道坚固的文化防线，文化多样化就必然带来主流文化边缘化。

### （二）经济全球化给大学生思想道德教育带来的挑战

无论从客观现实的层面，还是主观意图的层面，经济全球化进程都对我国的大学生思想道德教育构成了严峻的挑战。从客观现实的层面看，经济全球化是以西方发达国家为主导，成为它们极力向全球强制推行西方国家的意识形态及其制定的国际经济法则的过程；从主观意图的层面看，是西方发达国家借助全球化、倚仗其科技与经济实力进行“西化”“分化”中国的图谋。在经济全球化背景下，西方的意识形态渗透获得了新的表现形式，手法不断翻新，而且越来越隐蔽，越来越具有欺骗性。从我国的高等教育来看，高校不仅面临着西方发达国家先进的科学技术和现代化教育水平的挑战，而且也面临着西方文化意识形态渗透的挑战。因此，在经济全球化进程中，我们要引导学生、帮助大学生增强对各种西方社会思潮辨析、甄别和抵御的能力。

### （三）体制市场化给大学生思想道德教育带来的挑战

改革开放以来，随着社会主义市场经济体制的建立和完善，市场经济的发展同时也给大学生的思想发展和大学生思想道德教育提出了一些新的挑战。

一是随着社会主义市场经济体制的进一步确立和完善，国内社会的政治、经济领域发

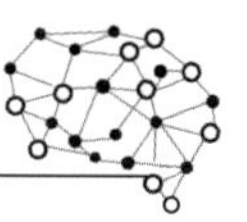

生了广泛而深刻的变革。当前，各种社会思潮应时而生，正确与错误相互交织，积极与消极相互激荡。我国意识形态领域呈现出多元格局：既有占统治地位的马克思主义，也有各种非马克思主义思想意识，还有反马克思主义的错误思想；既有社会主义的主流思想，也有资本主义的腐朽观念，还有封建主义的思想残余。帮助大学生树立正确的价值观，是现阶段我国思想道德教育要解决的重要问题。

二是市场经济发展过程中所暴露出来的一些弊端，对大学生的思想发展产生了消极影响。市场经济自身的弱点诱发的自由主义、拜金主义、享乐主义、利己主义不同程度地存在，国外资产阶级腐朽思想文化乘虚而入，这就为大学生思想道德教育带来了一系列新问题。市场经济自身的自发性、趋利性、盲目性，也诱发了一部分大学生的投机心理、功利主义倾向。在行为方式上，一小部分大学生也出现诚信缺失、恶性竞争等现象。这些新的动向，也需要加以重视并进行正确引导。

三是市场经济的发展给传统的思想道德教育模式带来了挑战。传统的思想道德教育运行方式主要是与计划经济相适应的行政主导方式，这就使思想道德教育带有十分浓厚的行政色彩和等级观念。这种思想道德教育的运行方式适应了当时特殊的经济体制和社会组织形式的需要，也取得了一定的成效。但随着市场经济体制的建立，这种僵化而单一的思想道德教育运行方式已经无法满足社会发展的需要了。市场经济作为一种全新的经济运行方式，对思想道德教育运行模式提出了新的要求。思想道德教育的领导体制和运行机制必须进行改革。必须建立一套与市场经济体制相适应的大学生思想道德教育运行机制，整合社会各方面的教育力量和资源，形成思想道德教育的社会合力。

### （四）社会信息化给大学生思想道德教育带来的挑战

社会信息化使人们获取信息的条件发生了根本的变化，如果任凭西方资产阶级的价值观念和有害信息经由互联网在中国自由地传播与泛滥，就会给大学生对本民族文化和价值观念的认同带来一定冲击，并侵蚀我国的传统文化和先进文化。

信息化的进程，是人们获取信息的手段愈益先进、信源愈益广泛、信道愈益多样的进程。信息传播愈益多元多样，教育对象接触不同倾向思想意识的机会越来越多，其信息摄取行为也愈益个体化、隐蔽化。当前，各种信息媒体特别是网络空前普及，那种思维活跃、目光敏锐、善于独立思考、富有创新精神的大学生网民，在信息获取意识上已经远远超过了思想道德教育者。这无疑大大影响了思想道德教育者的话语权和主导权。

网络是一把“双刃剑”，由于互联网本身的隐匿性及相关制度规范、教育引导措施的滞后，出现很多大学生网络行为失范和心理健康问题。网络信息管理的乏力意味着网络行为得不到有效制约，助长和纵容了某些大学生网民自我意识的膨胀和道德责任心的淡化，导致了网络行为的失范。近年来，一些大学生利用网络进行各种违法犯罪活动，更加令人担忧的是，由于沉迷网络造成的网络依赖综合征，已成为威胁大学生心理健康的重要心理障碍。所以，我们要对网络加大监管力度，做好大学生网络引导工作。

# 第三节 新时代大学生思想道德教育对象的新特征

## 一、大学生的生理特点

第一，体格发育迅速。人的身高与体重，在生长发育过程中有二次高峰。第一次的高峰期是从出生到1岁左右，在此期间体重可增长1倍，从3kg左右增至6～7kg；身高会从50cm生长到70～75cm，身高增加比例为身体的50%。第二次生长期高峰为青春期。在青春期之前，身高每年增长3～6cm，到青春期，每年少则长5～8cm，多的达到10～13cm。相应地，体重每年可增3～6kg。由于大学生在大学学习阶段，仍处于青春期后期，这使得大学生继续延续着增长的势头，主要表现为：精力充沛，好玩爱动，身强力壮，朝气蓬勃。男女学生随着体质增强和体形变化，表现出明显的性别差异，充分体现人体的健与美。

第二，大脑和神经系统发达。青年时期，是智能高度发展的时期，脑的重量女子在20岁左右最重，男子在20～24岁最重，30岁以后呈递减趋势。大脑的神经纤维显著增加，神经系统的形态和机能基本完善。青年期大脑抽象逻辑思维能力大大提高，愈来愈善于运用概念，进行判断、推理。这个时期的学生，已能从事比较复杂的脑力劳动，并能主动安排自己的学习，进行独立钻研。但是，他们的脑细胞还较脆弱，容易疲劳，因此要劳逸结合。他们的观察力、概括力、想象力、独立思考能力都因此而大为增加；他们对于自然界、社会现象和人的思想行为，有了自己的看法；他们记忆力好，求知欲强，思想敏锐，接受新事物快，并逐渐奠定世界观的生理基础；他们开始认真考虑将来做什么人、干什么事、走什么样的人生道路等问题。

第三，性机能趋于成熟。大学阶段的青年学生正处于性的成熟期。第二性征越来越明显，女子嗓音细润，乳房发育，月经规律；男子喉结突出，嗓音粗，胡须渐多。性激素还引起了性的生理冲动和欲望，产生了对异性的好奇和特殊好感，有了爱情的追求和向往。性激素广泛作用于整个机体的生理发育，促进骨骼的成长与成熟（骨化），使体魄坚实有力，体态日益健壮、丰满、匀称。因此，对大学生要特别注意进行青春期生理、心理卫生教育，进行如何正确对待恋爱婚姻问题的教育，帮助他们较快、顺利地度过这一时期。

## 二、大学生的心理特点

### （一）情感丰富而强烈

情感是人对客观事物态度的心理体验与感受。情感是脑的机能，是客观事物刺激的反

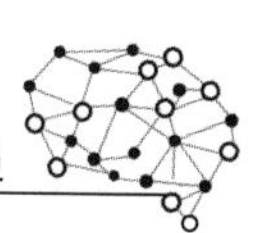

应。大学生随着年龄的增长、智力的发展、社会实践的增多，情感愈来愈丰富。

第一，理智感显著发展。理智感是智力活动过程中所产生的体验。理智感是大学生在生活和学习的实践中逐步发展起来的，同时又是促进和推动大学生对世界认识和改造的活动。大学生的基本任务是学习，因此其理智感的发展速度较快且侧重于学习方面。他们的求知欲、好奇心、探究心、幽默感和讽刺性，都是理智感的种种体验和表现。

第二，道德感明显发展。道德感是根据一定社会道德准则评价别人或自己言行的情感体验。由世界观决定的同志感、爱国主义感、集体主义感、社会责任感都是大学生从多方面体验到的道德感。如对他人言行评价时体验到的崇敬或愤怒，对自己言行评价时体验到的不满或喜悦。同时，反感、睿智、疏远、尊敬、轻视、感激、歉意等，都是道德感的具体表现。

第三，美感进一步发展。美感的发展与人的修养和社会经历有关。大学生是青年中文化水平较高的群体，他们鉴别美的能力更高，欣赏美的范围更大，内容更深化。他们对美的欣赏，不限于服装的得体、音乐的动听、艺术的艳丽，还赞叹山河的壮丽、春光的明媚、建筑的宏伟、田野的生机。他们不仅欣赏外在美，而且欣赏内在美，对艺术美、社会美的欣赏能力也大大提高。

第四，友谊感在大学生的情感中十分突出。可以说青年时期是人生的一个分界点，青少年期由于个人的思想刚刚开始出现一些自主，这时候对家庭的依赖较大，友谊感不很强烈。当进入青年期，伴随着各方面的成长，思想的成熟，对友谊的要求渐趋强烈，并愈来愈注重于信念、志向、情趣、性格、爱好的交往，以互相交流思想、探讨问题、互相帮助。

大学生的情感具有外露性，喜怒哀乐溢于言表，感情奔放，容易冲动。他们往往表现出为真理而奋斗的热情，向往如火如荼的生活，喜欢激动人心的场面；但也可能出现盲目的狂热和冲动，终铸成大错。他们常因自己的需要和愿望得到满足而手舞足蹈，欣喜不已，也会因为一时得不到满足而怒气冲冠，悲观失望。虽然较中学来说还算稳定，但是没有经历过生活挫折，依然存在不稳定的成分。

### （二）认识能力发展迅速

第一，观察力的发展。观察是一种有计划、有目的、较持久的知觉活动；观察力是在事物的表象中察觉出它的属性和特征的能力。大学生在接受教育的过程中，观察力发展很快，观察的目的性、主动性、精确性和深刻性都有很大提高。

第二，记忆力的发展。记忆力是人脑对过去经验中所发生过的事物的反应能力。大学生正值记忆力发展的黄金时期。他们的记忆方式也大有改进，无意记忆和机械记忆还存在，但有意记忆、意义记忆和有目的记忆占据优势；他们的记性容量迅速扩大，源源不断的书本知识、生活知识和社会知识涌入他们的大脑，成为他们记忆库中的资料。

第三，想象力的发展。想象力是在过去知觉的基础上创造新的形象的能力。由于观察力、记忆力的发展，个人学习、生活资料的积累，为大学生想象力的发展准备了条件。这使得大学生充满幻想，富有理想，憧憬未来，向往明天。

第四，思维能力的发展。思维能力是大脑概括地、间接地反映客观现实的能力。大学生随着第二信号系统作用的增强、学习范围的扩大和接触社会范围的扩大，抽象思维在思维活动中占据了主要地位，并逐步从经验性抽象思维向理论性抽象思维发展，从形式逻辑思维向辩证逻辑思维发展，其思维的敏锐性、深刻性、批判性、独立性和创造性都有明显发展。

### （三）自我意识增强

第一，自尊心、自信心和好胜心明显增强。大学生随着身心发展和知识扩展，显示出力量和才能，萌发出成人感，自尊心已明显提高，要求受到别人的尊重，总想显示自己的作用以引起别人注意。自信心的增强表现为他们对自己的知识、能力、情感、意识有了了解和信心，喜欢对自己做肯定性评价。这一时期的大学生要强好胜，喜欢显示自己的力量和才华，处处要表现自己是生活的强者。对待大学生的自尊心、自信心和好胜心，我们应该合理健康地引导使之积极进取、不甘落后，珍视荣誉；防止处理不当使之脱离集体、追求虚荣、自傲自卑、铤而走险。因此，我们在做思想政治工作时一定要肯定和保护他们的自尊心和积极性，同时又要严格要求，善于引导，使二者有机地结合起来。

第二，独立意向迅速发展。由于日益增强的体力和智力，大学生的思想已经逐渐成熟、自主，独立性和主动性显著发展。不再像中小学阶段对家庭有较大的依赖性和被动性。特别是当代大学生，他们不轻信他人结论，甚至会出现批判和“逆反心理”，不喜欢受到束缚，这种独立性不一定是缺点。当然，对大学生的独立性要加以引导，使其朝着正确的方向发展。

第三，自我评价和自我教育能力成熟。大学生自我意识的增强，他们不仅借助别人的评价认识自己，而且主要是按照自己的尺度，进行独立的自我评价。大学生自我评价能力的日趋成熟，使他们自觉地进行自我教育成为可能。并且，随着自我评价的准确性提高，他们自我教育的主动性、正确性和稳定性亦相应提高。大学生思想政治工作应结合学生的这一特点，积极引导学生进行自我教育。

### （四）社会心理渐趋成熟

随着大学生各方面的发育成长，他们的社会交往扩大了，愈来愈重视人际关系，以提高自己在社会关系中的地位。而随着独立性的增强，他们与家庭、同龄人以及教师的关系都发生了变化。

进入大学后，在他们与家庭的关系上，逐渐发生了质的变化。他们渴望独立，父母的榜样已不像童年时期那样绝对地、不加批判地被接受。随着知识、学历层次的提高和年龄的增长，他们在家庭中的独立性地位逐渐提高，行为的自主性越来越大，可以自主地支配自己的时间并结交朋友及选择交往方式等。

在与同龄人的交往上，其关系是获取信息、经验、友谊的很好形式，大学生希望自己可以像少年时期一样，有一种集体主义意识，有一种集体归属感。所以在大学中社团众多，各式各样，大学生参加社团活动和入团入党的要求强烈，以期承担更多的社会义务和社会

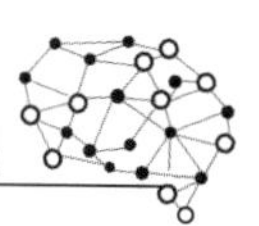

责任，渴望在一个团体中能体现自己的价值，体现自己在这个团体中的作用。

在大学生与教师的关系上，也发生了显著变化。大学生不再把学习分数作为同龄人之间取得尊重、声望、名誉的途径，而把学习理解为生活的准备。他们把教师看作师长和朋友，对教师的尊敬多于崇敬。师生关系从少儿时的“亲密型”转为“疏远型”，把自己看作是有自学能力和自主性的学生。

### （五）个性、意志形成，兴趣爱好广泛

个性是指一个人的各种心理特征的综合，也可以说是一个人的基本精神面貌。随着身心的迅速发展，阅历和经验的增加，大学生富于理想和追求，进取心强，充满希望和活力。大学生的个性向稳定发展但尚未完成，仍具有可塑性。尽管这种可塑性逐渐减弱以至定型，但仍保留着少年时期那种好模仿的特性，并达到较高级的程度。榜样的力量是无穷的，利用大学生的可塑性和模仿性，正确进行引导和影响，对大学生良好的个性形成会产生积极影响。

意志是人自觉地支配行动，是人自觉地确定目的，并根据目的调节支配自身的行动，克服困难，实现预定目标的心理过程。大学生随着年龄、知识和自我意识的发展，意志的目的性、自觉性和坚持性越来越强，使之能够支配、调节自己的行动，去战胜内心的惰性和外部的困难，从而达到目的。但他们与成人相比，意志尚不稳定，缺乏耐心，容易冲动，不能理智驾驭情感而容易发生偏激，等等。

兴趣是积极探究某种事物或某种活动的意识倾向，是推动人们去寻求知识和从事某种活动的一种精神力量；爱好则是对一定事物所持的积极倾向体验。大学生的兴趣爱好与学习知识、发展智能、健全体魄、陶冶性情等日常生活的主要内容和未来的事业紧密相连。大学生意识到学习的社会意义，知道今天的学习就是明天的应用；他们对感兴趣的知识热情洋溢，坚持不懈，对不感兴趣的学科则轻视，甚至放弃。对此，我们应予以及时指导，使他们明确各学科之间的广泛联系。由于如今的大学都是寄宿制，少了家庭的牵挂与制约，多出了很多的自由时间，使之有了充沛的过剩精力和广泛的兴趣爱好，对此，应适应大学生的爱好，开展丰富多彩的文化体育活动，使他们的过剩精力得到释放，以利于他们身心的健康发育。

### （六）性意识成熟，产生恋爱要求

青年期的大学生处于性机能迅速成熟时期，这引起他们生理和心理的一系列变化，并对异性有着非同一般的情感。由于大学生生理发育已趋成熟，性意识走向真实，性无知和性好奇被恋爱要求所代替，他们渴望在情感上与异性交流，关心异性对自己的评价，迫切想和异性接近。现在，大学生谈恋爱现象比较普遍，原因比较复杂，除青春期提前、性意识超前外，与外来文化影响、缺乏正确指导、大学生的相互模仿及家长的容许和鼓励也有很大关系。也有许多学生有“先成才后成家”和“可遇不可求”的观点，这说明他们能比

较理智地驾驭情感。要引导大学生正确处理学习和恋爱的关系，要他们明确把主要精力用到学业上来是时代对当代大学生的最主要的要求。

## 三、大学生的思想特点

### （一）思想发展的良好趋势

第一，理想信念的主流是好的。当代大学生理想信念的主流是健康向上的。当代大学生是出生在改革开放后的一代，从小生活在和平的社会氛围下，充分享受着和平时代的美好生活。他们有着爱憎分明的性格特征，具有强烈的爱国情怀。在对待社会正义问题上，有着正确的价值判断标准。在我国遭遇一些大型自然灾害时，大学生做出了很好的表率作用，他们组成志愿者队伍，去帮助那些需要帮助的人。大学生志愿者已经成了我们所处时代的一道亮丽的风景线，在北京奥运会、残奥会，上海世博会上到处可以看见大学生志愿者的身影。

当代大学生具有健康向上的人生态度，具有崇高的社会理想，对自己今后的人生道路能够有一个合理的规划，他们维护民族尊严、国家利益，爱憎分明，愿意在别人有困难的时候伸出援助之手，他们对父母的爱用更为显性的方式表达出来，他们关心国家大事，关心国际时政。总的来说，当代大学生的理想信念现状是好的。

第二，思想活跃。当代大学生是在开放、民主的环境中成长起来的。全球化的深入发展，使得整个世界已经成为一个紧密联系的统一体，新兴大众媒体的发展，互联网的普及，使得大学生的眼界大为开阔。在开放的社会环境下，今天的大学生思想活跃，求新求异意识强，好奇心强，对“新”“奇”的事物具有强烈的接触欲望。

在信息化时代，互联网激活了大学生跳跃的思维，拓展了大学生与外部世界沟通的渠道，大大地提高了大学生们获取各种信息和知识的能力，提高了他们学习的主动性、自主性和参与性。对每样事物都有他们自己的见解。这不仅满足了当代大学生日益增长的精神文化多样化的需要，而且也为他们提供了一个接触社会、了解世界的全新渠道，在他们的生活中处处体现着创新的思维和创新的行为。

总之，当代大学生思想活跃，求新求异意识比较强，他们不再留恋传统的思维、做事方式，乐于、勇于接受新事物、新潮流、新看法、新挑战，善于运用新的手段和方法获取新的信息。对待一些问题观点深刻、逻辑严密、善于表达，甚至有强迫自己用成年人的思维思考问题的倾向。自信、个性鲜明，敢于表达，不相信说教，喜欢独立判断，喜欢按照自己的方式选择行为，并对其行为负责。他们不够稳定、不持久，但却很单纯、很阳光、很可爱，这些成为这一代人的重要特征。

### （二）思想上也存在不和谐的因素

#### 1. 价值取向多元化，价值判断扭曲

随着改革开放的深入，我国的经济体制由一元主导的计划经济体制转向市场经济体制。

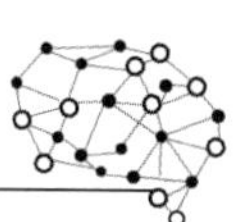

全球化的纵深发展带来了国际间经济、政治和文化的广泛交流，一元价值观受到了巨大的冲击，人们的价值取向开始动摇，呈多元化的状态并且还有进一步发展之态势，这在当代大学生身上表现得尤为突出。在当下，一些大学生在现代传媒的低俗大众文化的环境下，歪曲了对于成功的认识。在世界观、人生观和价值观层面上，当代大学生注重现实与实用主义，表现在享乐主义的物质文化取向和颓废主义的精神生活取向上，他们把现实的物质利益、舒适的生活、职业和地位当作了人生的唯一追求，走入了金钱拜物教的门槛。他们追求感官享乐、追求物质利益最大化，对自我价值的认识偏重于物质衡量，由此产生了奢侈、功利、纵欲的人生观和价值观。大学生出现价值观念偏移、道德社会化扭曲、功利主义盛行的倾向，个人主义得到张扬的同时出现自我异化倾向，并带有浓重的个性色彩和随意性。

**2. 理想信仰危机**

大学生在理想选择上存在着困惑与迷茫。我国社会转型所产生的一些问题和矛盾对当代大学生的理想信仰带来了冲击。社会的转型带来诸多新问题、新矛盾，人们的价值观念趋向于多元化，面对价值选择的多样性，对于社会阅历浅、判断和抉择能力受到限制的大学生来说，一些大学生难免会陷入理想选择的困境。在价值多元化环境下，旧的价值观念部分地失去了示范作用，而新的价值体系又未形成，价值判断的矛盾性，价值评价标准的混乱状况，就会使许多大学生在选择他们的人生之路、确立他们的理想时感到困惑与迷茫。他们在接受了社会主义核心价值观的教育的同时，又受到市场经济浪潮的冲击和西方资本主义价值观的影响；既渴望实现自我价值，施展自己的才能，以得到社会的认可，但是又看到了社会的一些黑暗面，对自己未来的前途感到渺茫。一些大学生的大学生活与他们之前想象的不一样，他们在步入大学校园后，发现真实的大学生活与他们所认为的完全不一样，一些人会感到失落甚至沮丧。大学生从书本、课堂及多种宣传媒介中学到了社会理想信念的基本内容。但当他们走向社会，听到和看到的大量实际现象与他们所学的东西不相符，甚至是相悖时，从而使他们怀疑、嘲弄或放弃自己所学的内容，致使当代大学生的社会理想信念经常处于“流动状态”。在现实中，一些大学生意志不坚定，不够坚强，在成长的过程中遇到困难挫折时就退缩了，在崇高的人生理想与多变的现实生活之间往往缺乏必要的理论修养和实践体验，导致了理想与行动之间的脱节，不能用理想的目标来指导实践。

**3. 伦理观歪曲**

大学生涉世不深，处于伦理观的成型阶段，缺乏相应的分辨是非善恶的能力，孰是孰非、孰真孰假一时难以判断。在当今复杂的社会环境中，一些社会现象以不健康的、商业利润的、不符合伦理道德观的要求来传递思想时，势必会影响青少年大学生正确伦理观的养成，引发大学生道德行为失范。他们会模仿影视剧中不健康的讲话方式、行为方式，在公共场所，一些大学生公共礼仪缺失，乱扔果皮纸屑，粗言脏话，更甚者是偷盗赌博、聚众斗殴等。是非不分、颠倒黑白的错误价值、庸俗文化超越了大学生的道德底线，导致了大学生的道德沦丧，容易产生道德相对主义甚至道德虚无主义。

4. 审美观异化

在当今浮躁的社会中，审美趣味一味朝“娱乐化”方向发展，越是“俗”的东西越能得到人们的青睐。“美”从理想精神的高峰回到了人世生活的享乐之中。人们应该有的思考被“快乐”的享受所代替。俗的东西经过广泛的传播，会拉低、扭曲人们的价值观，会冲破社会道德底线。低俗化的快乐对一些大学生产生了消极、负面的影响，知性美感荡然无存，娱乐功能过分夸大，人们只有感官上的放松，精神上得不到一点收获，导致了一些大学生逐步丧失对精神感召的渴望而仅仅迷恋于外在的感官刺激，快感取代了理性。一些大学生的审美情趣变得低俗，古典、严肃的文学艺术受到冷落，庸俗浅薄的文学作品在青少年中流行，网络小说、偶像剧成为时尚。他们不再崇尚含蓄质朴，而是推崇享乐主义、物质主义、颓废主义。现代社会，人们对“美”的定义有了不同的看法。我们不乏看到一些年轻人着装怪异、举止夸张，他们认为越是另类就越是美。一些大学生被以颠覆传统观念的“畸形美感”误导，其审美观已经错位，走向了世俗化、功利化甚至庸俗化，一些大学生忽视了内在精神美的追求，致使其审美品位降低、审美情趣低下。他们丧失了自我判断能力，成了受他人支配和控制的人。大学生正确的审美观应该是以“真”为美、以“善”为美、以“内外和谐”为美。

5. 社会政治意识淡化

在全球化的时代背景和改革开放的国内环境下，西方国家的意识形态、文化思潮进入我国的思想领域、文化领域。一些大学生对西方文化热衷，摇滚音乐和好莱坞大片在他们当中有较大的影响力。一些大学生更乐于过西方的洋节，相比之下，我国的传统节日却被冷落了。西方文化绝不仅仅是一个地理位置上的含义，这些文化不能不打上那个社会占统治地位的意识形态的烙印，在本质上它所反映的绝不是主流文化所倡导的科学的价值观、人生观。大学生则很容易在这一片歌舞升平中丧失自己的政治警惕性，毫不设防地接受这些文化中的消极影响，由浅层次审美文化上的认同，发展成为深层次政治上的认同，完全丧失民族自尊心、自豪感，逐渐失去共产主义的远大理想，失去崇高的信仰。此外，大学生由于受到西方国家所谓的民主、人权思想的影响，会盲目追求绝对的自由与民主，则有可能使个人主义、无政府主义重新抬头。

6. 社会责任感淡化

社会责任感是人们对社会责任的一种强烈的自觉意识与崇高的意志、态度，是与人的理想、志向与价值观高度统一的，是为祖国和人民服务的一种巨大的驱动力。在当今社会的“花花世界”中，一些大学生只注重感官的享乐，他们认为大学的学业只要应付过去就行了，他们为了娱乐而娱乐，学习成了沉重的负担，忘记了自己的社会角色，没有去思考深层次的社会问题、民生问题，没有去“仰望星空”，甚至连脚下的事情也不去关注，只是沉溺于无休止、无意义的享乐中，丢弃了对家庭和社会的责任，失去了人生前进的动力，缺乏理想追求和远大志向，淡化了对社会的责任感和使命感。

# 第二章
# 21 世纪大学生思想教育的主渠道

## 第一节
## 大学生思想教育主渠道的地位和作用

### 一、大学生思想教育主渠道的地位

#### （一）大学生思想教育在高校各种教育中处于首位

大学生思想教育所体现的是高校办学方向问题，是人才成长的方向问题。也就是说，社会主义大学，要坚持以马克思列宁主义、毛泽东思想、邓小平理论、“三个代表”重要思想、科学发展观和习近平新时代中国特色社会主义理论为指导，要坚持中国共产党的领导，要坚持人民民主专政，要坚持中国特色社会主义，要坚持党的基本路线不动摇，只有这样，才能体现出社会主义大学为经济建设服务、为社会发展服务的根本要求。否则，高校培养的大学生虽然学业好、身体棒，却思想方向不明，不知为谁服务。高校的思想教育、智育、体育、美育、劳动教育等各种教育都是帮助大学生增长知识、提高素质、锻炼能力的，其中“思想教育”是帮助大学生树立正确的世界观、人生观、价值观，是培养他们具有爱国主义、集体主义、社会主义思想，使其成为有理想、有道德、有文化、有纪律的一代新人，这才是大学生人生的精神支柱，是高校教育的灵魂。所以，高校的思想教育、智育、体育、美育、劳动教育等各种教育的关系中，思想教育处于首位，它的地位是不容置疑的。

### （二）“两课”处于主渠道的地位

主渠道是从大学生思想教育工作的途径和手段的角度来讲的。大学生思想教育工作的途径和手段是多方面的，如理论教育、道德教育、政治教育、法律教育、纪律教育、劳动教育、心理引导以及上课、谈话、报告、座谈、讨论、社会实践等，其工作目标的实现，是多种途径和手段综合作用的结果。而在这些途径和手段中，“两课”的途径和手段是主要的。这是因为，大学生思想教育的基础性工作、方向性工作主要在“两课”完成。“两课”从理论与实践的结合上，向大学生阐述马克思主义的基本观点、原理、方法，从理论上解除他们思想的难点、疑点，从实践上帮助学生克服思想和心理困惑，促使他们树立正确的理想信念、人生追求、价值目标，也就是说“两课”教给大学生的是如何看待世界的基本原理和方法，如何做人的基本观点和道理以及成才的目标和方向，等等，而这正是大学生思想教育工作的核心问题，所以说“两课”是大学生思想教育的主渠道。

## 二、大学生思想教育主渠道的作用

大学生思想教育主渠道的作用体现在以下几个方面。

### （一）认识作用

社会总是不断向前发展的，尤其是我国建立社会主义市场经济体制，社会经济成分、组织形式、就业方式、利益关系、分配方式日益多样化，给大学生思想观念带来了深刻影响。在错综复杂的社会矛盾面前，他们思想困惑，表现为对社会和自身缺乏正确的认识，却有很强的参与意识，这很容易出现思想和行为上的偏差。通过“两课”的教育、教学，教给学生正确地认识社会、正确地认识自己的道理，从而使学生找到个人和社会的连接点，发挥自己的潜能，为社会发展做出更大的贡献。

### （二）教育作用

一方面，大学生作为社会生活中的一个特殊群体，不可避免地要受社会各种思想的影响；另一方面，大学生是青年，个体成长处于不成熟时期，其思想和行为需要在社会、学校和家庭的教育及综合影响下不断完善。大学开设“两课”，通过系统的知识理论讲授和社会实践锻炼，可以提高大学生的政治社会化、道德社会化和行为社会化的水平，在理论与思想政治工作的结合上，把大学生的思想和行为引导到健康的轨道上来。

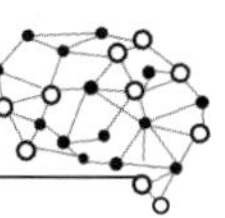

### （三）导向作用

大学时期是人生观、价值观和世界观形成的关键期。“两课”结合学生的思想实际，在科学理论上阐明做人的道理，启发他们选准人生目标，树立正确的理想信念，把握人生方向，从而为大学生成为对社会贡献较大的人才奠定坚实的理论基础。

# 第二节
# 大学生思想教育主渠道建设的基本原则和内容

## 一、大学生思想教育主渠道——“两课”建设的基本原则

### （一）主导性原则

“两课”建设一定要坚持社会主义的主体意识，不能偏离社会主义意识形态的主导方向。我国是社会主义国家，马克思列宁主义、毛泽东思想、邓小平理论、“三个代表”重要思想、科学发展观和习近平新时代中国特色社会主义理论是我们一切工作的指导思想。因此，“两课”的建设要始终把坚持国家意识形态放在首位。

### （二）前瞻性原则

高等学校的“两课”建设，不仅要坚持社会主义意识形态的主导性，还要站在世界政治、经济、文化发展的前沿，用马克思主义的基本原理，研究新情况，解决新问题，预测新趋势，开辟新路子。知识经济的到来，信息网络技术的广泛普及，世界经济全球化的逐步形成，都给现代社会生活带来深刻的变化，“两课”面临的社会环境越来越复杂，偶然因素越来越多，对形势的把握越来越困难，要培养适应未来社会需要的人才，必须有前瞻性。“两课”建设要始终站在时代发展的前头，体现先进的思想文化，尤其是对马克思列宁主义、毛泽东思想、邓小平理论、“三个代表”重要思想、科学发展观和习近平新时代中国特色社会主义理论为指导的最新研究成果，一定要及时、准确地把握，并将其纳入“两课”教育、教学体系中，帮助、引导学生站在高处看世界、未来和国家的改革发展，成为具有统揽全局、辩证思维和创新精神的人才。

### （三）民族性原则

任何一种文化都带有民族性的印记。民族性是一个民族在长期的社会历史中积淀成的特征。“两课”作为一种文化现象，也不失深刻的民族性内涵，体现着民族的优秀文化传统。这些年来，广大高校思想教育工作者，在改革开放的过程中，开展了许多东西方文化

的比较研究，特别是高等教育中的思想教育比较研究，为“两课”的建设发展提供了很多营养。世界各国的社会学、心理学、行为学、管理学等理论知识的新成果的引入，充实和丰富了“两课”的内容。但是，应该注意到，东西方文化存在着民族性差异，两者的政治观、价值观、道德观等文化传统都存在着明显的区别，我们要取其精华，去其糟粕，洋为中用，推陈出新，把西方优秀的文化有机地融入我国民族传统特色之中，形成新时期具有中国特色的“两课”体系和内容。用这样的知识和理论来教育学生，不仅吸收了人类创造的优秀文明成果，而且坚持了民族特色。

### （四）联系实际原则

“两课”建设要注重实效性。这种实效性，一方面，体现在内容合理充实，结构体系稳定坚实，方法灵活扎实；另一方面，在讲授和指导大学生运用“两课”理论知识过程中，要紧密联系实际，联系国内外政治、经济、文化的实际，联系教育发展的实际，联系大学生的思想实际，也就是说，“两课”要贴近社会、贴近生活、贴近大学生，真正做到“学马列要精，要管用”，使大学生在理论上得到循循善诱的引导，政治思想上得到入情入理的启迪，道德品质上得到潜移默化的熏陶，行为上得到切实有效的激励，使他们成为品行端正、政治合格、信念坚定的大学生。

## 二、大学生思想教育主渠道——“两课”建设的基本内容

### （一）课程体系建设

目前我国的“两课”教学体系，具有以下几个方面的优点。

①增强了马克思主义的整体性和发展观。马克思主义基本原理的开设改变了过去其三部分各自为政的局面，使大学生能够系统、全面地掌握马克思主义的本质特征和基本规律，了解马克思主义科学理论的历史渊源、基本内容和在当代的发展；②增强了马克思主义的现实性。比如《毛泽东思想和中国特色社会主义理论体系概论》的一个重要特点就是把科学社会主义理论与中国社会主义建设实际相结合，对大学生进行中国特色社会主义的理论、路线、政策和实际知识教育。其他几门课也都体现了与现实问题的联系；③增强了马克思主义理论课的时代感。《当代世界经济与政治》的开设，不仅拓宽了大学生的知识面，而且全面介绍了战后世界政治经济格局的发展演变，使学生适应改革开放的形势，增强对当代世界的认识和了解，从而开阔了视野；④紧密结合了大学生的实际，增强了对大学生的集体主义、爱国主义、社会主义和遵纪守法观念的教育。《中国近现代史纲要》的开设，将原《中国革命史》横向拓宽，纵向延伸，从历史上的纵横对比和史论结合的阐述中，使大学生了解具有悠久历史文化传统的中国是怎样根据历史的必然走上了以共产党为领导力量的社会主义道路的。三门思想政治教育课也从不同侧面，回答了大学生成长过程中所面临的一些迫切需要解决的问题。

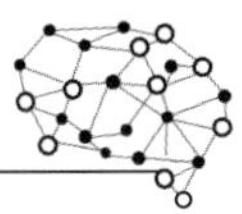



## （二）“两课”主要课程教学内容建设

### 1. 《马克思主义基本原理》课程的内容建设

《马克思主义基本原理》主要突出以下几点。

第一，突出大学生世界观、人生观、价值观教育的内容。在这一部分，要克服只侧重于马克思主义三个组成部分的理论阐述，把它只当作知识而忽视政治的倾向。要强调哲学的党性原则，强化哲学的思想政治教育的功能，强化世界观、历史观与人生观的关系。在讲实事求是时，既讲懂不懂、会不会实事求是，又讲敢不敢、能不能实事求是。讲辩证法时，注意讲主观辩证法与客观辩证法的关系。把改造主观世界与改造客观世界的关系作为辩证唯物主义的重要内容，强化改造世界观的重要性。要注意引证大学生在世界观改造中存在的问题，把人生的奋斗目标与社会发展方向一致是正确选择等内容加以强化。

第二，突出哲学方法论功能。大学生学习哲学，既要学习马克思主义的基本原理、基本知识，又要学习马克思主义的立场、观点和方法，提高认识问题和解决问题的能力。马克思主义要管用，这是一条重要原则，因为实践性是马克思主义哲学的本质特征之一。为此，我们要在内容上加大“辩证法”的内容，每讲一个规律或一个范畴，都要强调“方法论意义”，在认识论部分要讲“认识的基本方法”，把系统方法、控制方法、结构方法等现代科技新成果纳入教学内容，增加时代感。

### 2. 《毛泽东思想和中国特色社会主义理论体系概论》课程的内容建设

毛泽东思想是马克思主义中国化的第一个重大理论成果，是在我国新民主主义革命、社会主义革命和社会主义建设的实践过程中，在总结我国革命和建设正反两方面历史经验的基础上逐步形成和发展起来的，是被实践证明了的关于中国革命和建设的正确理论原则和经验总结，是中国共产党集体智慧的结晶。它在许多方面丰富和发展了马克思列宁主义，构成了一个博大精深的科学思想体系。

对大学生进行毛泽东思想教育，要按照基本教材规定的内容，重点教育学生理解以下内容：①实事求是、群众路线、独立自主是毛泽东思想活的灵魂，是贯穿于各个理论的立场、观点和方法；②统一战线、武装斗争和党的自身建设是中国共产党在中国革命中战胜敌人的三大法宝，是毛泽东思想达到成熟的主要标志；③关于人民民主专政，关于社会主义基本矛盾及处理方法，关于经济工作与其他工作、经济建设与其他建设的关系，关于民族关系处理与民族团结，关于共产党与民主党派关系，关于科学文化工作方针，关于民主政治建设等一系列具有战略意义的正确思想、方针和主张，对后来的中国特色社会主义建设道路的探索具有重要的指导意义；④革命军队建设和军事战略的理论，人民军队建设思想、军队政治工作的方针和方法，人民军队的宗旨、原则、纪律，不同时期的战略战术、军事原则，加强国防，建设现代化武装力量和发展现代化国防技术的重要指导思想；⑤政策和策略的理论。政策和策略是党的生命，必须根据政治形势、阶级关系和实际情况及其变化制定党的政策，把原则性和灵活性结合起来；⑥思想政治工作和文化工作的理论，党的建设理论，关于国际战略和外交工作思想方法和工作方法的理论等。

中国特色社会主义理论是马克思主义同当代中国实际和时代特征相结合的产物，是毛泽东思想在新的历史条件下的继承和发展，是马克思主义在中国发展的新阶段，是引导我们建设社会主义现代化的光辉旗帜。在当前必须把中国特色社会主义理论作为对大学生政治理论教育的重要内容。

“三个代表”重要思想是对马克思列宁主义、毛泽东思想和邓小平理论的继承和发展，反映了当代世界和中国的发展变化对党和国家工作的新要求，是加强和改进党的建设、推进我国社会主义自我完善和发展的强大理论武器，是全党集体智慧的结晶，是党必须长期坚持的指导思想，是我们党的立党之本、执政之基、力量之源。对大学生开展“三个代表”重要思想教育，要结合实际突出以下内容：①“三个代表”重要思想的内涵和精神实质。关键在于坚持与时俱进，核心在于坚持党的先进性，本质在于坚持执政为民；②贯彻“三个代表”重要思想的要求，必须使全党始终保持与时俱进的精神状态，不断开拓马克思主义理论发展的新境界；必须把发展作为党执政兴国的第一要务，不断开创现代化建设的新局面；必须最广泛最充分地调动一切积极因素，不断为中华民族的伟大复兴增添新力量；必须以改革的精神推进党的建设，不断为党的肌体注入新活力。通过教育，达到用“三个代表”重要思想武装大学生头脑的目的。

科学发展观是对党的三代中央领导集体关于发展的重要思想的继承和发展，是马克思主义关于发展的世界观和方法论的集中体现，是同马克思列宁主义、毛泽东思想、邓小平理论和“三个代表”重要思想既一脉相承又与时俱进的科学理论，是我国经济社会发展的重要指导方针，是发展中国特色社会主义必须坚持和贯彻的重大战略思想。对大学生开展“科学发展观”教育，要结合实际突出以下内容：①科学发展观的内涵和精神实质。科学发展观的第一要义是发展，必须坚持把发展作为党执政兴国的第一要务，牢牢抓住经济建设这个中心，坚持聚精会神搞建设、一心一意谋发展，不断解放和发展社会生产力。科学发展观的核心是以人为本，要始终把实现好、维护好、发展好最广大人民的根本利益作为党和国家一切工作的出发点和落脚点，做到发展为了人民、发展依靠人民、发展成果由人民共享。科学发展观的基本要求是全面协调可持续，要按照中国特色社会主义事业的总体布局，全面推进经济建设、政治建设、文化建设、社会建设，促进现代化建设各个环节、各个方面相协调，促进生产关系与生产力、上层建筑与经济基础相协调。科学发展观的根本方法是统筹兼顾，要正确认识和妥善处理中国特色社会主义事业中的重大关系，统筹城乡发展、区域发展、经济社会发展、人与自然和谐发展、国内发展和对外开放，统筹中央和地方关系，统筹个人利益和集体利益、局部利益和整体利益、当前利益和长远利益，充分调动各方面积极性；②科学发展观的根本要求。深入贯彻落实科学发展观，要求始终坚持“一个中心、两个基本点”的基本路线；积极构建社会主义和谐社会；继续深化改革开放；切实加强和改进党的建设。通过教育，使大学生全面把握科学发展观的科学内涵、精

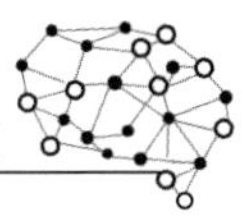

神实质和根本要求，增强贯彻落实科学发展观的自觉性和坚定性。

### 3.《思想道德修养与法律基础》课程的内容建设

思想道德修养的主要内容：①要以中国特色社会主义理论为指导，突出思想道德修养课的思想教育功能；②要强调理论性和知识性的统一，注重以科学的理论和知识帮助大学生提高思想道德水平；③要注重针对性和实效性，要从大学生的实际出发，密切联系实际，帮助大学生树立正确的人生观、价值观，提高适应能力，克服不良的行为和心理倾向，养成良好的行为习惯和心理品质，提高综合素质。

为此，在内容建设上要抓好以下几个问题。

一是抓好人生观教育。在思想道德修养课程中进行“人与社会”“人生目的”“人生理想”“人生价值”等重大问题的理论阐述，帮助大学生深刻把握个人的发展与社会需要之间的辩证关系，指导大学生树立正确的人生观。

二是抓好成才观教育。从大学生肩负的历史使命谈起，激励大学生明确目标，勤奋学习，掌握方法，勇于创新。围绕他们在成才过程中遇到的具体问题，如理想信念问题、责任感和使命感问题、奉献和索取问题、人际交往问题、爱情问题、心理健康问题、行为与规范问题等，运用马克思主义的基本理论以及心理学、社会学、教育学、管理学等知识进行分析和探讨，帮助他们正确认识和把握规律，从而完善自身素质，提高能力，促其健康成长。

三是抓好道德观教育。中华民族是一个伟大的民族，有着悠久的历史和灿烂的文化，历来十分重视道德修养，并形成了优良的传统。道德教育的内容从介绍中华民族优秀的伦理道德传统入手，从建设中国特色社会主义文化的需要出发，加强爱国主义、集体主义和社会主义思想教育，加强以为人民服务为核心、以集体主义为原则的社会主义道德教育，提出大学生应重视道德修养的要求，促其加强自身修养，不断把社会的道德要求内化成自己的道德信念，促其不断完善自己的道德品质。

四是抓好案例教育。案例具有真实性、针对性和生动性，易于引起学生的学习兴趣，提高学习的效果，加深对法律理论与规范的理解。

### 4.《形势与政策》课程的内容建设

《形势与政策》课程的任务是向大学生进行形势教育、政策教育，帮助学生正确地了解国际、国内形势，正确地理解党和国家的方针和政策，促进大学生树立正确的政治观。《形势与政策》的内容具有政治性、政策性和时间性的特点，它随着国际、国内环境和条件的变化而变化。因此，它的内容不可能一成不变，这就给讲课带来了困难，也提出了更高的要求。《形势与政策》的建设必须为党的教育方针服务，为高校的培养目标服务，为大学生的发展服务。为了开好这门课程，应注意把握好以下几点。

第一，坚持改革和建设的原则。不管形势如何变化，《形势与政策》课程的内容建设都必须坚持有利于大学生认识重大国际、国内形势的原则，有利于学生理解党的路线、方

针、政策的原则，有利于学生知识、素质、能力综合发展的原则。

第二，让大学生掌握观察形势的立场、观点、方法。无论是观察国际形势，还是观察国内形势，都有一个根本立场、观点和方法问题。帮助大学生掌握马克思主义的立场、观点、方法，才能使他们抓住主要矛盾和主要矛盾方面，在复杂的形势面前，能够看得清，看得透，看得准。

第三，要突出重点。让学生了解重大国际、国内形势与党和国家采取的政策。其中，最主要是以下三个方面：一是重大的国际事件与形势要及时讲清；二是重大的国内事件与形势要讲透；三是党和国家重大方针与政策要讲深。

## 第三节 21 世纪大学生思想教育主渠道的拓展

### 一、深入开展大学生社会实践活动

#### （一）社会实践在大学生思想教育中的作用

社会实践在大学生思想教育中的作用主要表现在以下几个方面。

**1. 社会实践能够促进大学生了解社会、了解国情**

有组织的社会实践紧密结合大学生的思想实际，牢牢把握时代发展的脉搏，能够创造性地引导大学生开展思想理论的学习、宣传和贯彻活动，让大学生了解国家的大政方针，了解社会，提高分析问题、解决问题的能力。通过社会实践，大学生能够从切身感受中认识到我国处于并将长期处于社会主义初级阶段的国情，认识到各个地区的实际情况，从而自觉地把自己的思想认识统一到党和国家的路线、方针、政策上来，并起到一般理论教育所无法起到的“润物无声”的良好效果。

**2. 社会实践可以使大学生增长才干，激发他们奉献社会的热情，可以让大学生锻炼毅力，培养品格，增强社会责任感**

社会实践活动的内容是多方面的，方式也是多种多样的。就内容而言，可以让大学生到改革开放的前沿地区感受祖国改革开放以来发生的翻天覆地的变化和取得的伟大成就，激发其爱国之情、报国之志；可以让大学生到贫困落后的老区体验生活的艰辛和中华民族的勤劳与坚强，从而磨砺意志、发愤图强；还可以让大学生到城市、乡村、部队、工厂，深入不同的生活环境，接触不同的人和事物，丰富其生活阅历和实践经验。

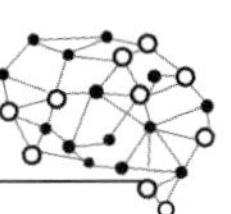

**3. 社会实践有利于大学生的全面发展，实现大学生思想教育的社会化**

社会实践的最大作用在于帮助受教育者在受教育过程中，将所接受到的信息同一定的社会实际相比较，并做出选择。正确的社会实践活动能够帮助人们做出正确的选择。另外，社会实践也为受教育主体的个体社会化提供了充分的社会条件，使之将在社会实践中所积累的经验反馈到教育者那里，也有利于大学生思想教育自身的改进与完善。在信息化的趋势下，社会实践可以帮助思想教育的受教育主体避免知识自我与现实自我的分离，而将两种倾向有机地综合起来，这一点也有利于个体的全面发展。因此，社会实践是大学生思想教育不可或缺的渠道之一，它所提供的现实经验信息，一方面可以完善受教育者的主体人格；另一方面可以改造思想教育实践自身，使之社会化。

**4. 大学生社会实践活动有助于大学生树立科学的世界观、人生观和价值观**

大学阶段是青年学生世界观、人生观和价值观形成的关键时期。在大学里，系统的理论学习对于帮助大学生树立科学的世界观、人生观和价值观固然重要，而大学生社会实践活动对于帮助大学生树立科学的世界观、人生观和价值观则具有更为直接的作用，更富有针对性和实效性。大学生通过参加社会实践活动、投身中国特色社会主义建设，在实践中认识自然，了解社会，了解国情，了解人民，亲身体验人民群众的劳动实践，亲身经历社会经济、政治、文化事业的发展，向人民群众学习，充分认识人民群众在社会历史发展中的巨大作用，在思想上产生强烈的震撼，对于帮助大学生形成辩证唯物主义和历史唯物主义的世界观、全心全意为人民服务的人生观和价值观发挥着极为重要的积极作用。

**5. 大学生社会实践活动有助于大学生增强道德意识，提高道德水准**

社会主义道德建设是发展先进文化的重要内容，是建设社会主义精神文明的必然要求。思想道德素质是青年大学生最重要的素质，大学生知识层次较高，对他们的道德教育既要有理论的灌输，更要重视道德实践的教育。大学生的道德实践教育最重要的途径就是参加一系列社会实践活动，如青年志愿者活动、校园精神文明创建活动等，让大学生在社会实践活动中身体力行社会主义道德规范的要求，养成良好的道德行为，增强自身的道德意识，提高自身的道德素质。

培养大学生的能力和素质，不能仅仅囿于学校、囿于教室，不能仅仅只对课堂，还必须要求大学生走出学校，走向社会，深入实践。社会实践活动可以检验大学生捕捉问题的能力以及分析问题、解决问题的能力，大学生捕捉问题的能力以及分析问题、解决问题的能力也可以在社会实践活动中得到运用和提高。因而，社会实践是大学生思想教育的主要阵地之一，是实施思想教育的重要途径之一。在大学生思想教育中，必须充分重视社会实践的重要作用。

### （二）大学生社会实践活动应坚持的原则

**1. 自主性原则**

自主性原则是指以大学生为主体，从计划的制订、形式的选择到活动进行的全过程，教师要始终处在指导的位置，放手让大学生自主进行，培养大学生的自主精神和独立工作能力。高校应明确要求大学生必须参加社会实践活动，但在内容和形式的选择上，要区别于课堂教学，应该允许大学生根据自己的兴趣和特长自愿选择，这样才能充分调动大学生的主动性和积极性，发挥其自觉性和创造性，取得理想的效果。

2. 专业性原则

社会实践一般是结合专业知识进行的活动，在这一过程中，大学生利用自己所学，深入实际，实现了理论和实践的有机结合。一方面，用自身所学为广大群众服务；另一方面，在服务过程中，遇到新情况、新问题，促使他们不断深入学习专业知识或相关知识，使专业知识在服务中得以提高、在实践中得到检验，同时也为大学生社会活动能力、实际操作能力、社会适应能力等方面的锻炼和素质的提高提供了良好的机会。

3. 互利性原则

大学生社会实践必须动员全社会的力量，为社会实践活动营造好的氛围。一方面，要大力宣传，争取社会的理解和支持；另一方面，还必须坚持与市场经济相对应的“互惠互利、双向受益”原则。在确定活动内容时，既要考虑大学生思想和能力的提高，也要有利于地方“两个文明”建设，让大学生在服务中实现自我，在贡献中受到思想教育。

4. 实效性原则

通过社会实践活动，达到大学生自我教育的目的，这就是开展社会实践活动的实效性。因此，在组织开展社会实践活动中，须从有利于大学生增强自我意识，有利于大学生成才和发展等方面出发，且赋予的思想内容和引导的方式方法要得当。

社会实践活动是大学生思想教育的一种形式，更是高校实施素质教育、促进大学生素质拓展的一种有效途径。在建立社会主义市场经济体制、推进高等教育改革的新形势下，大学生社会实践活动需要进一步加强和深化。要发挥社会实践在大学生思想教育中的功能，必须做到以下几点。

第一，建立健全大学生社会实践保障体系，探索实践育人的长效机制，引导大学生走出校门，到基层去，到工农群众中去。

大学生社会实践活动是高校实施素质教育的重要途径，是我国高等教育不可缺少的一项重要内容，高校要正确认识大学生参加社会实践活动的必要性、重要性，尤其是领导要充分重视，结合大学生理论学习，把大学生社会实践活动当作培养新形势下合格的高级专门人才的必要环节来抓，端正办学思想，加大经费投入，提供物质保障，确保政策落实。高校团组织、大学生管理和教务部门要在高校党政的统一领导下，齐抓共管，从计划、动员、实施，到考核、总结、交流等，各司其职，认真做好各项具体管理和服务工作，保证大学生社会实践活动的顺利开展。

“实践出真知”，重视社会实践，是马克思主义理论教育的重要内容；实现教育和生产实践相结合，在社会实践中育人，也是高校提高教学质量和教学水平的重要保证。高校

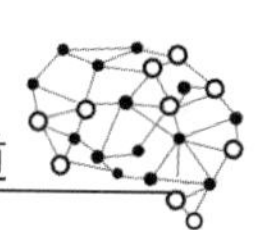

要改变过去那种重理论教学而轻实践锻炼、重课堂传授而轻社会影响的“象牙塔”倾向，要把社会实践纳入学校教育教学总体规划和教学大纲，规定学时和学分，提供必要经费，建立相应的社会实践保障和评估机制；重视社会实践基地建设，不断丰富社会实践的内容，提高社会实践的质量和效果。此外，发挥社会实践在大学生思想教育中的重要作用，还必须建立相应的保障机制，使各项社会实践能够落实到位，落实到人，避免社会实践流于形式。

大学生社会实践活动以社会为课堂，以社会主义现代化建设的生动实践为教材，以基层干部和群众为教员，这是一项牵涉面很广的社会教育工程，如果不能赢得社会的支持，就必然寸步难行。因此，必须动员全社会的力量，为大学生社会实践活动营造好的氛围。

第二，积极探索和建立社会实践与专业学习相结合、与服务社会相结合、与勤工俭学相结合、与择业就业相结合、与创新创业相结合的管理体制，增强社会实践活动的效果，培养大学生的劳动观念和职业道德。

高校要利用好寒暑假，认真组织大学生开展形式多样的社会实践活动。大学生社会实践活动主要是以科技、文化、卫生“三下乡”志愿服务为主要内容，以集中组队和分散返乡为主要形式而组织开展的。实践证明，这些都是很好的做法，可以继续运用。同时，新形势下也需要进一步发展和完善大学生社会实践活动。每年暑假由共青团中央发起的大学生暑期社会实践活动，为大学生深入社会基层、深入生产第一线提供了重要的实践机会。多年来，大学生暑期社会实践工作取得了很大的成绩，但也出现一些大学生应付了事、部分高校重视程度不够、组织不力的现象。对于大学生社会实践工作中存在的问题我们要认真对待，及时总结经验和教训，在探索中不断地完善，力争做到“年年有改进，岁岁有提高”，除了利用好寒暑假进行实践外，在日常工作中，也要积极组织大学生参加社会调查、生产劳动、志愿服务、公益活动、科技发明和勤工助学等社会实践活动。

第三，重视社会实践基地建设，加强基地建设的实效性和可持续发展能力，不断丰富社会实践的内容和形式，这样才能不断地提高社会实践的质量和效果，更好地服务于大学生思想教育。

大学生社会实践基地重在建设。当前在社会转型的过程中，大学生社会实践基地建设出现一系列问题、矛盾和困难。一方面，新的社会风尚和社会结构为基地的建设提供了新的手段、新的平台和新的框架；另一方面，由于市场经济的利益驱动，许多大学生社会实践基地在确立、挂牌时有积极性，但真正到落实具体实践活动时，往往容易抽象肯定、具体否定，落实大学生社会实践活动的具体部门常常感觉很为难。因此，大学生社会实践基地建设要以“加强能力，增强素质，面向社会，紧跟时代”为根本出发点，以“优势互补、互惠互利、共同发展”为基地建设的现实基础，大学生社会实践基地建设的基础要反映出主办方与协办方、承受方双赢的局面，要各自真正地拿出自己的优势资源，要相互明确其间的比较利益，要统筹经济效益和社会效益，否则，一个缺乏扎实基础的基地只能流于形式。

大学生实践基地的建设要加强认识、强化管理。这是基地建设的重要保障。大学生实践基地的作用通过各种显性的和隐性的方式反映出来，基地的类型和特征又是多种多样，在不同时期，不同场合，不同背景下，对大学生实践基地的认识和管理往往有所不同，基地建设往往也因此迷失方向。因此，加强合作双方形成对基地的共识，加强合作双方协调对基地的管理就显得十分重要。它是关系到基地生存和发展的重大问题。此外，基地建设还要确立长期化、规范化、有效化、层次化的有效目标，既要有眼前的目标，也要有长远的目标；既要有单一的目标，更要有系统的目标，最终达到有效性和可持续性。

## 二、大力建设高校校园文化

### （一）校园文化对大学生成长的作用

校园文化是由学生根据自己的兴趣、爱好自发形成的、在学校有关部门管理和引导下的群体性文化。它为学校营造了特有的文化氛围，弥补了课堂教学的不足。加强校园文化建设，营造良好的育人环境，是促进大学生早日成才的重要途径。

#### 1. 良好的校园文化有利于大学生提高自我教育和自我管理能力

良好的校园文化能够促进大学生思想道德素质的发展。思想道德素质居于人才素质之首。我国高校具有重视思想道德建设的优良传统。以校园文化活动作为载体，可以充分发挥大学生自我教育的能力，提高大学生的思想道德素质，从而让大学生在思想教育中由被动变为主动、由客体转为主体。此外，充分发挥校园文化的寓教于乐功能，还可以提高大学生对思想教育内容的兴趣。比如，在校园文化活动中组织、建立马克思主义学习研究会和中国特色社会主义理论学习研究会，通过这些组织把专业相近、爱好相近的同学组织起来，使之互相影响、互帮互学，同学们变成学习的主体，提高了学生的积极性。除此之外，同学们还可以开展以爱国主义、形势政策、职业道德等为内容的知识讲座、形势报告会、专题研讨会等自我教育活动，引发学生对思想教育内容的兴趣，从而培养高尚的思想境界，树立其正确的世界观、人生观和价值观。校园文化活动这些形式，充分增强了学生的自我教育能力，有效地提高了大学生的思想素质。

#### 2. 良好的校园文化有利于大学生个性的全面发展和个体的社会化

良好的校园文化赋予大学生一种文化意识。大学生通过参加校园文化活动，置身于校园文化浓郁的氛围，在潜移默化中受到熏陶和影响，可以在不知不觉中形成一种文化意识和文化品格。人们之所以希望到高校去深造，是与那里所特有的文化氛围分不开的。校园文化是实现大学教育目标的最重要途径之一，从某种意义上讲，它甚至比一般的课程学习更重要。积极参与校园文化活动，有利于大学生组织能力和管理能力的提高，能够发展学生兴趣，拓宽学生知识面，培养学生组织管理能力、演说写作能力、自主自律能力和创新创造能力等综合技能。校园是学生受教育的场所，更是锻炼学生的试验场。大学生通过亲身参与高校有目的地组织的一系列活动，不仅可以陶冶他们的情操，增长知识，更能起到

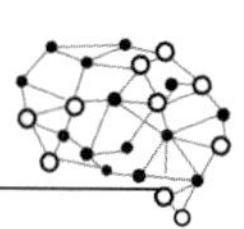

锻炼学生的作用。学生的自我组织、自我管理，就是对他们能力的检验和锻炼，为他们走向社会和服务于社会奠定基础。

**3. 良好的校园文化有助于大学生思想教育目标的实现**

人际关系是一种以个性为基础，反映个人情感和行为的不同个体之间的关系。人际关系的好坏，直接影响着人的心理状态，影响着一个人能否接受社会的教化，形成社会所期望的品格，成为一个社会人。和睦的人际关系，体现了人们对自己与他人的社会关系本质的理想状态的理解和追求。在社会主义条件下，和睦的人际关系是实现个人自身发展的基本途径，是感受自我存在的价值、提升自己的精神境界、顺利适应社会的途径。对社会来说，是形成良好的社会风尚的保证。在人际关系好的群体中，人们会受到健康、向上、积极进取、正义等思想和作风的感染，道德品质得到陶冶，坏的意志、行为受到抑制，不健康的风气得以克服，坏的成分被改造，有利于人们在互敬互爱的相互关系中提高思想境界，净化精神，使群体充满生机和活力。由此，在校园中努力培养师生对人真诚坦率、谦虚宽厚、关心体贴他人、主动交往、合群等良好的交往品质，才能在师生之间、同事之间、邻里之间形成团结互助、平等友爱、共同前进的人际关系，这不仅有利于大学生的心理健康，而且对他们良好品德的形成也有积极的推动作用。因此，良好的校园文化有助于形成和睦的人际关系，帮助大学生克服心理障碍，保持良好的心理健康状态，从而保证大学生思想教育目标的实现。

**4. 良好的校园文化有助于大学生创新意识和创新能力的培养**

校园文化在各高校中呈现出多样性，表现形式丰富多彩，如各校举办的科技文化节、文艺活动、体育竞赛等。此外，网络文化的发展已经极大地丰富了大学校园文化，并使大学生的个性特征更加明显，这对高校人才培养的途径也产生了不可低估的影响，以课堂为中心的教育方式逐渐弱化，代之以学生为中心、以实践为中心的现代教育方式。创新意识成为校园文化的重要特征。目前很多高校都在努力营造浓厚的学术氛围，为大学生提供发表学术见解的平台，以培养他们的学术创新能力。

总之，良好的校园文化有助于大学生创新意识和创新能力的培养，促进大学生早日成才。

### （二）校园文化建设的主要领域与要求

**1. 校风建设是校园文化建设的核心**

校园文化建设必须为社会主义现代化建设服务，为高校的育人目标服务，着眼于大学生思想教育的现状，展现新时期高校的人文精神和大学生积极向上的良好风貌。校风建设是校园文化建设的核心。校风建设实际就是学校精神的塑造。一所好的大学，总是能够以其具有代表性的精神影响广大教师和莘莘学子，激励其奋发向上。校风作为构成教育环境独特的要素，体现着一所学校的精神风貌。好的校风具有历史的传承性，是大学在其沿革中积累下来的宝贵财富和精神食粮，是激励师生孜孜以求的内在动力；好的校风具有深刻“强制性”的感染力，使不符合环境气氛要求的心理和行为时刻感受到一种无形的压力；好的校风对学校成员的心理发展具有保护作用，对不良的心理倾向和行为具有强大的抵御作用，能有效地排除各种不良心理和行为的侵蚀，形成集体成员心理特性最协调的兼容状态。

校风最集中的体现是学风和教风。教风是主导，学风是主体。要抓好校风建设首先必须抓好教风建设（包括工作作风建设），而抓好领导作风建设是抓好教风建设的重中之重。因此，首先，要从领导入手，通过理论学习，统一认识，端正办学方向，树立起“团结协作、勤廉高效”的工作作风，为促进良好校风的建设奠定基础。其次，我们要开展师德教育活动，并结合形势和文化建设的侧重点，充实学习的内容，把学习与学校的实际工作结合起来。通过学习和建设，在教师中树立良好的教风。再次，在学风建设方面，要在班级开展“创文明班级、树优良班风”为主要内容的创建活动，通过各种载体和形式将社会主义社会所倡导的价值观念、道德规范和行为准则，以启迪、熏陶、感化等方式潜移默化地引导和规范学生的思想、行为，使学生树立科学的世界观和正确的人生观、价值观，养成良好的道德品质和文明行为。此外，要充分利用专题讲座、学习交流会、图片展、知识竞赛等各种载体开展形式多样、符合大学生特点的学习宣传活动，在学生中形成爱党爱国、遵纪守法、尊敬师长、团结互助、勤奋好学、积极向上的良好风气。

**2. 开展丰富多彩的学术、科技、体育、艺术等娱乐活动，寓教育于文化活动之中**

高校校园文化建设要根据本校的实际和当代大学生的实际，着重围绕提高大学生文化素质这个中心，开展研究与探索。

一是实施校园品牌文化。校园品牌文化代表一所高校的“品位”和整个校园文化的发展水平，体现了时代精神，影响较大。因此，高校校园文化建设要重视品牌文化建设，要精心策划与部署，投入相应的物力、财力和人力，营造适合本校办学特征的全校性的大型活动，如德育节、科技节、体育节、合唱节等，让其成为学校校园文化的标志，成为实施大学生素质教育的一道亮丽的风景线。

二是激活校园大众文化。校园文化存在于学校全部教育与管理行为之中。要充分利用一切手段，从各个方面丰富师生员工的文化生活。除多组织大型活动之外，还要综合协调教师的业余生活和学生的课外活动，激活大众性生活文化。要针对当前学生活动的实际，探索通过社团文化、班级文化、寝室文化、食堂文化建设，促进学生在较长时期的潜移默化的过程中既增长才干又接受主旋律文化，同时，要在照顾大多数人的群众性大众文化活动的基础上，注重从本校学生的实际出发，提高文化活动的档次，如文学创作、科技创作、交响乐欣赏等，努力建设高雅的校园文化。

三是要善于结合传统节庆日、重大事件和开学典礼、毕业典礼等，开展特色鲜明、吸引力强的主题教育活动。主题教育活动针对性强，具有时尚性和时效性的特征，容易吸引

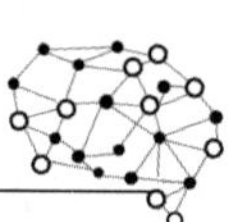

大学生的注意力，让他们在主动参与中受到“润物细无声”的教育。

**3. 重视校园人文环境和自然环境建设，完善校园文化活动设施**

在校园精神文明建设方面，高校要努力做到：铸就校园精神，突出先进性；加强人文素质，注重时代性；开展丰富多彩的校园文化活动，体现群众性。为加强学生人文素质教育，各高校特别是一些以理工科见长的高校应该对各专业有针对性地开设人文选修课，开设强化班，举办各种形式的人文素质讲座，组织人文精神大讨论，以网络为载体，积极主动全方位地将学校丰富的人文内容搬上校园网，积极营造高品位的校园人文环境。

在校园文化物质建设方面，高校要精心设计，科学布局，处理好建筑风格上传统与现代的关系，实现山水园林、人文景观和自然景观的完美结合，使其既有传统的韵味，又有现代的气息；根据自身特色，突出深邃的文化底蕴，建设一批先进的基础设施；充分发掘历史文化财富，建造一些有教育意义的人文景观，为师生读书、思考、探索真知提供良好的物质文化环境。

在校园文化制度建设方面，高校应强化制度建设，坚持依法治校，在管理原则上坚持兼容并蓄；在管理方法上坚持收放有度；在管理制度上不断建立、完善检查防范督促机制。目前国内一些高校相继成立了精神文明建设指导委员会、教职工思想政治工作领导小组、思想教育工作领导小组等职能机构，加强师生的思想道德建设，坚持以德治校，取得了很好的成效。

# 第三章 大学生思想教育中的理想信念教育

## 第一节 大学生理想教育

### 一、理想的分类

对于理想，我们可以按照不同的标准分为不同的类型。

#### （一）根据理想超越对象的主体不同，分为个体人格理想和社会理想

所谓个体人格理想，是指个体对人格的追求和向往。关于人格的定义，据心理学家奥尔波特的统计，已达 50 多种，目前也有 15 种之多。每个人的行为、心理都有一些特征，这些特征的总和就是人格。人格特征可以是外在的，也可以是隐藏在内部的。总体来讲，个体人格理想是一种个体对于自身修养与完善方面追求的目标，是个体所追求的在人格修养方面的最高境界。

社会理想的概念较为广泛，它涉及社会学、文化学、伦理学、心理学、教育学等多学

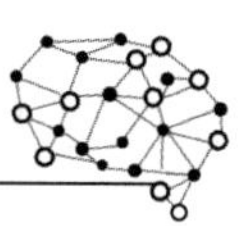



科领域。社会理想是一定社会或阶级对未来社会发展图景的总体设计和社会成员对此设计的奋斗目标的共同追求。社会理想是一个由多种因素构成的统一的整体。从理想所属的对象（主体）来看，可分为社会的社会理想和个人的社会理想。社会的社会理想对个人来说，是前进的奋斗目标，是人生的精神支柱；对社会来说，则是对未来发展前景的设计，是民族凝聚力的体现。两者之间既有区别，又有联系。离开了社会的社会理想，个体的理想追求就会偏离社会发展的轨道；离开了个体的理想追求，社会的社会理想就会成为空中楼阁。因此，社会理想是社会的设计与个体追求的统一，亦即社会的社会理想与个人的社会理想的统一。从这个意义上来说，个人的社会理想仍属于个人理想的范畴，它与个人的生活理想、职业理想、道德理想是并列的关系。个人的社会理想与社会的社会理想是对立统一的辩证关系，它们之间是可以相互转化的。社会理想无论是社会的设计，还是个体的追求都涉及社会生活的各个方面，包括政治、经济、科学、文化、道德等的理想。

### （二）根据理想所包含的内容，可以把理想分为政治理想、职业理想、生活理想和道德理想

所谓政治理想，也称为社会政治理想，是社会成员对未来社会政治制度的追求与向往。所谓职业理想是指人们对未来所要从事的工作种类、性质以及将要达到的工作成就等方面的向往与追求。职业就是人们所要从事的工作，职业理想在大学生理想追求中占有重要地位。职业理想不仅是一种追求谋生的需要，更是人们实现自我价值和发挥自我才能的重要手段。心理学家马斯洛在对人们的心理需要进行研究时提出了著名的“需要层次论”，他认为人的基本需要有五个层次，即：生理需要、安全需要、社会交往的需要、尊重的需要和自我实现的需要。自我实现的需要是最高层次的需要，人们只有在与他人和社会打交道，并且在为社会做出贡献，满足自我需要的同时，才会真正实现自我价值。这一过程离开了人们的职业生涯是很难做到的，所以职业理想也是人类社会历史发展的产物，是随着社会分工的出现而产生的；同时，根据各种职业的差异以及人们对职业的认识，产生了不同的追求和向往。

所谓生活理想，是指人们对未来生活方式、生活习惯、生活目的和生活态度的向往与追求。在生活理想中，人们对生活方式的追求占据主导地位。所谓生活方式，则是指一定社会的人们的行为方式，包括吃、穿、住、行等方面，是人们的生活水平、生活习惯、生活爱好、生活态度以及生活目的的总和。生活方式可以分为物质生活方式和精神生活方式，物质生活方式是人们为了满足基本生存与发展而进行物质生产和物质消费的活动方式；精神生活方式则是人们为了满足生存和发展需要所进行的精神生产和享受（诸如文化、体育、音乐等）的活动方式。人们只有在保证了基本物质生活的前提下，才能进一步发展到对于精神生活的追求。所以，物质生活的满足是基础，而精神生活的满足则是升华，精神生活对于物质生产有着极大的促进作用。

所谓道德理想，是指人们基于一定社会或阶级基本道德要求的认识而自觉追求和向往的某种理想人格与理想社会中的道德关系。道德理想是历史发展的产物和现实社会关系的反映，各个时代、各个阶级的道德理想都同当时社会的现实需要或现实矛盾密切相关，它往往既是一定社会或阶级激励人们在道德品质和社会道德关系方面所追求的目标，又是一定社会或阶级反对异己势力和现存不合理现象的手段。它以当时社会或阶级的基本道德要求为主要内容。道德理想能不能成为人们热忱向往和执着追求的目标，能不能激励人们改善个人道德品质和现实道德关系，最终要看它是否正确反映了现实社会关系发展的趋势，是否符合社会发展的要求。

### （三）按照理想的性质和层次，可以把理想分为科学理想和非科学理想、崇高理想和一般理想

崇高理想和一般理想、庸俗理想是针对理想的层次而言。所谓崇高、一般和庸俗的理想是从树立的理想所反映的客观事物发展规律以及人民根本利益的程度而加以区别的，崇高理想是指树立的理想能够符合事物发展的规律、反映人民根本利益的高尚追求与向往。在社会主义市场经济条件下，就客观的经济关系来说，每个经济活动主体既是自我目的，同时又是其经济活动主体实现自我目的的手段。从这个意义说，这种互为目的和手段的关系，就是“主观为自己，客观为别人”的关系。人们可以通过正当劳动的手段，获得正当个人利益。他们道德觉悟虽不高，为人境界也不高，但不能否定他们行为的正当性。“主观为自己，客观为别人”的行为是存在的，还可以说它是商品经济的“必然事实”，但并不是说“主观为自己，客观为别人”是社会主义社会普遍的行为法则，也不能说是市场经济活动中的普遍必然法则。对于这种道德理想的追求，既不能认为就是庸俗理想，也不能认为是一种崇高的理想，只能把它视为一种一般理想。所谓庸俗是指平庸鄙俗、不高尚。庸俗理想就是指那种不能反映事物发展客观规律和人们根本利益的理想。一切反社会、反人类的阶级的理想都是庸俗理想。

### （四）理想按照其发展阶段，又可以分为远大理想和近期理想

所谓远大理想，是指个体对于较为久远的未来的社会政治、道德、职业、生活等方面的向往和追求。远大理想是一座照亮人生前进方向的指明灯，是人们前进发展的精神动力。有人认为远大理想是遥不可及的，会让人生活在自己设计的虚幻之中。这种观点并非正确。的确，在现实生活中有些人为自己确定的远大理想形同虚设，以至于只想做大事，不屑于做小事，甚至看不起做小事的人。但如果认为这些人之所以如此高不成低不就，就断定是因为远大理想害了他们，则是不正确的。关键就在于远大理想同样需要建立在现实基础上，不能完全脱离社会发展的客观基础。所谓近期理想，是相对于远大理想而言，在最近想要达到的现象，因此也可以称为一种近期计划或规划。

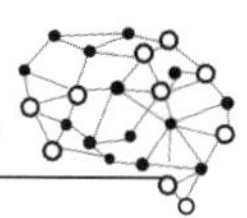

## 二、理想的作用和意义

个体的心理需求不仅有着生理上的要求，更有着交往和尊重等精神方面的要求。人们一旦没有了理想和信念，就会过得浑浑噩噩；有了理想，才有了追求的目标和方向，也就有了前进和发展的动力。由此可见，理想在人们的生活和事业中有着举足轻重的地位。

理想成为人们的精神支柱。邓小平曾经说过：“为什么我们过去能在非常困难的情况下奋斗出来，战胜千难万险使革命胜利呢？就是因为我们有理想，有马克思主义信念，有共产主义信念。”黑格尔有一句名言，他指出：“理想的人物不仅要在物质需要的满足上，还要在精神乐趣的满足上得到表现。”人们在满足了一定物质需求之后就会把目标转向精神享受，精神享受是人们的更高层次的心理需求，人们如果没有得到较好的精神生活享受，就如同没有支撑自己前进的动力。从古至今，关于理想作为精神支柱的事例举不胜举。典型的如当年的红军，在敌人围追堵截、条件异常艰苦的情况下，能支撑他们前进的动力和支柱不可能是优越的物质享受而只能是一种精神力量，这种精神力量就是理想。而这种理想就是一种远大的社会政治理想。

理想确定人们的前进方向。作为一种对未来的向往和追求，理想会确定人们的前进方向，也就是说，确定了理想之后，人们就会按照自己的理想前进和发展。理想为人们提供力量源泉。

人们在生活历程中难免遇到各种各样的困难，困难的出现是正常的，而对困难采取什么样的态度却是千差万别的，有的人采取回避，有的人采取克服困难。有了理想，才有了克服困难、实现自我理想的动力。理想的一个非常显著的作用就是为人们提供前进的力量源泉。

# 第二节　大学生信念教育

## 一、信念教育的内涵

### （一）信念教育的重要性和必要性

大学生群体的信念状况是促进大学生保持良好身心状态和具有良好学习生活状态的前提。当前某些大学生的信念淡薄，或者没有树立正确科学的信念。这同未能很好重视信念教育有着很大关系。某些地方、部门和学校对大学生信念教育工作重视不够，办法不多；同时，全社会关心大学生信念教育的合力尚未形成；此外，学校信念教育实效性不强，信念教育与大学生的思想实际结合不紧，相关教材和教学的内容滞后，缺乏吸引力和说服力。

信念教育未能取得比较好的效果，其中一个重要因素便是我们的信念教育未能很好地跟上时代发展的步伐，脱离了实际，不能很好地解决大学生的信念问题。因此，高校需要深刻认识信念教育的重要性和必要件，有针对性地开展科学的信念教育。

### （二）信念教育的长期性和艰巨性

信念既然是一种认识、情感和意志的结合体，那么，要形成科学的信念就是一个系统工程。信念教育有其长期性和艰巨性。

首先，要将信念教育贯穿于大学生思想教育的始终。在完善社会主义市场经济体制过程中，由于市场经济的某些负面影响，有些大学生对讲理想、讲信念不感兴趣，表现出明显的浮躁心态。如果我们不加强对大学生的信念教育，他们的成长就会受到损害，社会主义现代化事业就会受到损害，这是关系到大学生健康成长、关系到国家意识形态的大是大非问题。

其次，要把信念教育与道德理想教育结合起来。信念教育需要培养大学生对某种主张、预见和理想的持续性、坚定性，把信念教育与培养良好的理想结合起来，只有这样才能完善大学生的信念教育。例如，我们在对学生进行信念教育的时候，就要立足于教育大学生养成正确的理想，并将这种理想道德与科学信念结合起来。

最后，要把信念教育与挫折教育结合起来。坚定信念的树立并非易事，需要大学生有着坚忍不拔的勇气和精神，因此，信念教育需要与挫折教育结合起来。就是说，在信念教育的过程中，要有意识地为大学生设置某种受打击、受挫折的情景，通过这种方式培养大学生在遇到困难的情况下经得住考验，从而树立坚定的信念。

## 二、大学生信念教育

### （一）将信念教育与信仰教育结合起来，丰富信念教育的内涵

信念和信仰是一对既有联系又有区别的概念。信念是对于某种思想、主张或预见产生坚信不疑的态度；而信仰是指人们对于某种事物或思想、主义极度尊崇和信服，并把它奉为自己言行的准则和指南，甚至终生深信不疑、执着追求的一种意志行为，它是富于思维的人类所普遍具有的意志品质。因此，信仰强调人们对某种理论、学说的认识和态度，信念则主要表现为人们内心深处的判断标准和行为动机。信念不是先天的，而是后天形成的。它是人在社会实践中对各种观点、原则、理论和事业等经过鉴别与选择而逐渐形成发展起来的。当某个人确认某种思想、某种理论和某种事业是正确的，并自觉维护这种思想理论和事业时，就确立了信念。在阶级社会，信念居于不同的阶级意识。基于不同的信念，人们就会对事物有不同立场、观点和态度。信念是认识、情感和意志的有机统一，是一种综合性、稳定性和持久性很强的心理品质。在社会生活中，人们总是从自己的信念出发去观察事物，又总是根据自己的信念，站在不同的立场去判断是非。同时，人们又总是为了自

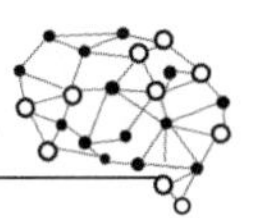

己的信念去努力奋斗。人们既有共同的信念，又有不同的信念。共同的信念是人们共同活动的思想基础。信念是可以改变的，是可以培养的。

为了使信念教育达到良好的效果，需要将其与信仰教育结合起来。所谓大学生信仰教育，是指对大学生进行马克思主义信仰教育，目的就在于促使大学生形成科学的世界观、人生观和价值观，成为中国特色社会主义事业的建设者和接班人。其主要内容可以概括为“四信一坚定”，即：对社会主义的信念、对改革开放的信心、对现代化建设的信心、对党和政府的信任以及对马克思主义思想的坚定。

### （二）构筑网络新阵营，深化信念教育的辅助教育

当前的网络阵营甚少有宣扬马克思主义、共产主义的网络平台，占据主导地位的往往是涉及西方主流价值观的平台。为此，我们应当逐步构建网络新阵营，扭转这种被动的局面，将高校的理想信念教育纳入新的方向标。当前，各大高校均已开设了校园思想教育网站，形成了较为完善的网络思政系统，我们应不遗余力地运用已有的校园思政网络，建设高校理想信念教育的网络新平台，通过开设不同层次、不同方向的主流教育网站，构建网络新局势。我们可以将“两课”的教学纳入网络平台，并逐渐展开心理咨询和思想调研平台。我们可以不断完善各类主题网站，集中整合思政理论、马克思主义理论、社会主义理论等各大课程体系，通过远程教育的形式，方便高校大学生运用网络平台进行讨论交流。我们可以不断细化各类网络文化活动，充分调动学生群体的积极性，如针对当前的时事政治，开展网络主题征文活动、开展网络投票活动，以期打造网络的“第三课堂”。总而言之，我们应该借助网络新阵营这类传播形式，大力开展高校大学生信念教育，以科学的理论武装当代大学生的头脑。

# 第四章
# 大学生感恩意识培养研究

## 第一节　感恩及感恩意识

### 一、感恩意识的形成

感恩意识属于人意识的一种，不是人类与生俱来的，它源于人的社会性，形成和发展经历了较长的时期。古代的思想家、哲学家及教育家对感恩意识有很丰富的论述。“受人滴水之恩，当涌泉相报”“卧冰求鲤”等从古沿袭至今的做人信条和民间故事都能显露出感恩意识的思想痕迹。的确，感恩作为人的一种内心意志，已经延续了几千年的历史。

### 二、感恩意识的功能

感恩意识是责任意识、团结意识与自立意识的表现，良好的感恩意识对社会和个人的发展都具有巨大的作用，在社会主义和谐社会建设过程中，感恩意识的作用表现得更为突出。它引导人们形成正确的价值观念，评价人们的是非善恶，调节人与人之间的关系，推动社会主义文化的发展。

首先，感恩意识的导向功能。弘扬感恩意识的传统美德，让感恩意识凝聚人心，形成

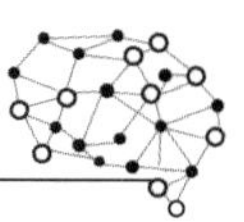

团结互助的良好风尚。充分发挥感恩意识的价值导向功能，让人们更加和善，家庭更加和睦，社会更加和谐。感恩意识是一种融合于人性之中的心理意识，它引导着人们对价值的态度、信念，支配着人的行为等。正确的感恩意识让人明白感恩对自己或者是对他人的重要意义，它是一种责任意识、一种独立意识、一种爱和善的表现。当人们的内心之中有了这种感恩意识，并且这种感恩意识占据着主导地位时，它就会时刻影响你的行为，将孝顺父母之心、对他人的感激之情自觉地转变成一种行动。同时，通过传播、发散、说明正确的感恩意识，激发人们欲做某些事情的行为动机，共同的感恩意识可以促使一部分人接受或肩负一些共同的使命，可以自发地为一个患者捐款，在他人有难之时共同伸出援手等行为都是不需要组织的团结力量。

其次，感恩意识的促进功能。良好的感恩意识能促进人们形成和谐的人际关系，加强人与人之间的沟通，增进互相之间的理解，人们真诚而友好地互相交流沟通，以恰当的方式处理问题，加深彼此之间的情感与信任度，改变自己的为人处世态度，形成和谐的人际关系。在社会中，热情、无私、和善的人总是受到大家的喜欢与欢迎，他们也有着良好的人际关系；而人们都对冷漠、自私的人敬而远之。原因就在于缺乏感恩意识的人总是给人一种冷冰冰的感觉，不太容易让人接近，从而在一定程度上造成人际关系的冷漠和紧张，也导致自己心情不愉快，进而影响自己的学习和工作。社会主义的新型人际关系是建立在平等、互助、协作、友爱、和谐等基础之上的。怀有良好的感恩意识，懂得用一颗感恩的心去回报对自己有恩的人，能用一颗感恩的心去工作、学习、生活，他们心胸宽阔，善于理解人、原谅人。长此以往势必会形成良好而和谐的人际关系。中国社会主义文化建设要求提高整个中华民族的思想道德素质，而感恩意识的培养就是提高思想道德素质的一个重要方面。感恩意识是每一个人都应该具备的基本道德素质，良好的感恩意识有利于人们学会善待自己、尊重他人，进行必要的自我教育，有利于培养强烈的责任感与无私的奉献精神。而且，感恩意识促进良好心态的形成。心态即心理状态，是指人的心理活动在某一短暂时间内的相对稳定特征，如快乐和苦闷，紧张、失望、缺乏信心等。人们的心理状态受一定外界环境和主观反应的制约，外界环境的刺激或者是主观反应过程中的问题都使人们的心理状态不佳，特别是现代生活节奏的加快，竞争的日趋激烈，人们的幸福指数降低，感觉社会不公平等消极情绪。感恩意识能给人们一个全新的看问题的视角，维护人们内心的安宁、提高个人幸福充裕感。怀有感恩意识的人，感谢周围的人与物，深深地懂得没有他们就没有自己，是国家和社会提供了一个稳定的生活环境，是其他人给自己帮助，才有今天的和谐与美好。一个人会因感恩而感到快乐，一个不懂感恩的人，将不会了解什么是真正的快乐及满足。

再次，感恩意识的评价功能。感恩意识不仅对价值观念和人际关系的形成有引导和促进作用，还对人们的人格、生活态度和责任意识有着一定的评价作用。感恩意识是人格是否完善的一个标尺。人格是指人在社会生活中处理自己与自己、与他人、与社会的关系时所形成的一种稳定的心理和行为特征的总和。而完善的人格不是与生俱来的，是在不断地成长与发展过程中形成的，完善的人格不能缺少良好的感恩意识，只有拥有良好的感恩意识才能处理好人与人、人与社会的关系，形成一种良好的互动关系，并在不断的践行过程中内化为一种稳定的为人处世的特征。感恩意识也是衡量生活态度是否良好的坐标。感恩是一种处世哲学，是一种生活态度，是一种做人的境界。人的一生都会与自然、社会和他人发生各种各样的关系，无论是好的还是坏的，对这些问题的观点看法及选择，都取决于每一个人的生活态度。生活就是一面镜子，你笑，它也笑；你哭，它也哭。一个怀有感恩意识的人懂得理解、尊重他人，会自觉自愿地帮助其他的人，是一个受欢迎与被尊重的人。他有海纳百川的精神，会用一颗包容的心来接纳生活的赐予，更能理解和诠释生命的真谛。感谢生命，珍惜生命，只有珍惜生命，才能更珍惜和爱护他人，感谢他人对自己的付出，这才是生活中的大智慧。感恩意识不仅是一种良好的品德意识，也是一种责任意识。一个人只有拥有感恩意识才能体会来自社会的关怀，理解父母的艰辛，增强社会责任感。学会感恩的人，才能体会到个体的成长离不开他人的帮助，离不开社会关怀；才会树立自觉服务社会、建设社会的社会责任感，在实现个人价值的同时感觉到奉献的快乐。感恩意识是责任意识的诠释，感恩意识越深刻，责任意识就越强烈。

## 第二节　感恩意识的重要性

### 一、有利于大学生责任意识的增强

感恩意味着承担，感恩意识促进责任意识的增强。有了感恩之德，会使我们增加信任、理解和宽容，不求索取及对等的回报，而只有无私地与人为善。有了感恩之责，会使我们更加真诚、公正，为社会承担应尽的义务，做出应有的贡献。大学生感恩意识的培养，促进他们对学习、工作具有高度责任精神，对国家、社会也能够尽职尽责。一个拥有感恩意识的大学生能深刻了解父母的艰辛，所以他学会了为父母分担，做一些自己力所能及的事情；他也懂得老师的辛苦，所以他学会了尊师和努力学习；他明白同学和朋友对自己的意义，所以他学会了团结合作，学会了负责；他体会到了粮食来之不易，所以他学会了简朴，不奢侈浪费，增强了人情味和社会责任感。

### 二、有利于大学生身心的全面发展

高校的教育任务是将大学生培养成全面发展的合格人才，以满足国家、社会对人才的需求和大学生自身发展的需要。当代大学生是朝气蓬勃的一代，有着较强的权利意识、自

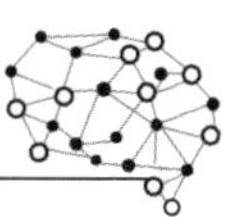

立意识和开拓创新的精神，同时也是科学知识和专业技能的掌握者。但仅仅有专业知识教育人是不够的，通过专业教育，他可以成为一个有技能的人，但是不能成为一个和谐发展的人……他必须获得对美和道德上的鲜明的辨别力。否则，他连同他的专业知识就更像一只受过很好训练的狗，而不像一个和谐发展的人。感恩意识是大学生形成良好德行的重要因素，所以，对大学生感恩意识的培养极其重要。感恩意识让大学生能更好地适应自然、适应社会，促进身心和谐健康的发展，让他们懂得感恩、懂得回报，在生活、学习中都能在帮助别人与别人的帮助中拥有愉快的心情和满满的幸福感，成为“德才兼备”的社会主义接班人。

# 第三节 感恩意识的理论基础

## 一、儒家“仁爱”观是感恩意识的伦理基础

孔子儒学思想的核心是仁学。儒学的内容非常丰富，仁为天地之道，圣人之德，君子之性，庶民之归，其核心是爱人。“仁”字从二从人，表示人与人之间的社会关系。一男一女，二人因爱而结合，则产生了社会细胞——家庭。由家庭而有父母子女，因而产生了慈孝友悌等伦理关系，推广上下则有君臣上下等政治关系，这就是社会。孔子就是从这一点看到了“仁”是一切社会关系的基础地位。他要求弟子“入则孝，出则悌，谨而信，泛爱众，而亲仁”。他认为，“仁”的根本是孝悌，人最大的恩情莫过于给予自己生命的父母，只有先对自己的父母孝顺，尊敬自己的兄长，才能把家庭的仁爱推广出去，泛爱一切，怀有一颗仁爱之心，对所有人都施以爱。“恩者，仁也”。“恩”就是仁慈之心、爱人之心，“爱”构成了“恩”的本质。这种“仁爱”关系背后彰显了一个核心内容——感恩意识。只有对父母怀有感恩意识，随着“仁爱”之心的扩大，感恩意识才会逐步推及朋友、老师、社会和国家等所有帮助你的人及为你的生存与发展提供便利的一切事物。一个对自己父母都没有感恩意识的人，而能去感恩别人是很难想象的。以伦理为本位的中国古代社会主张百善孝为先，把孝看成最重要的事情，这种伦理规范给感恩意识提供了良好的基础。

## 二、马克思“人的本质”论是感恩意识的社会基础

人之所以要感恩，要怀有感恩意识，这不仅仅是我们每一个人内心的基本需要，而且也是由人的社会属性决定的。马克思指出：“人的本质不是单个人所固有的抽象物，在其现实性上，它是一切社会关系的总和。”人的社会属性是人区别于动物的本质属性，而且

社会越发展，人们之间的依赖性就越强，社会越发展，个人越是不能离开社会，社会越是赋予个人所不能单独产生的本质。因此，人只能是社会中现实的、具体的、历史的人。而且一个人活着不只是在为自己而活着，由于一些千丝万缕的情愫，使得人在某种程度上乐意为别人而活着，不得不为别人而活着，感恩就是情愫中的一种。大学生是现实社会中一个具体的、现实的个人，他无论是在家里、学校还是以后走向社会都不能成为一个脱离社会、脱离他人帮助的纯粹的、抽象的个人，他的生存与发展需要他人的帮助与协作，需要阳光雨露的滋润。所以大学生就应该心存感恩，感恩帮助过你的人，感谢为你的生存和发展提供的各种条件；社会需要感恩意识的存在，每个人都心怀感恩意识，人们才会感到希望和温暖，社会才会更加和谐。

## 第四节 大学生感恩意识的现状

### 一、大学生感恩意识的积极表现

#### （一）责任意识明显

对当代大学生来说，感恩意识不仅仅是一种传统美德，更是一种责任意识。马克思指出：“人的本质不是单个人所固有的抽象物，在其现实性上，它是一切社会关系的总和。”人的本质属性是社会属性，每一个人都生活在社会这个大集体之中，特别是随着科学技术的飞速发展与社会分工的越来越细化，任何一个人都无法单独在这个世界上生存，是恩情这条纽带联结了人与人之间、家与家之间，甚至是国家与国家之间的不同群体的关系，进而支撑起了人类社会。因此，人们在享受别人的帮助与关爱的同时，每个人也都承担着相应的责任与义务。大学生在家庭教育、学校教育与社会教育的综合作用下，认识并体验到了社会上每一个人的生存和发展必须依靠社会发展和他人的劳动，个人离开社会，不可能得到幸福。由此，大学生学会了承担责任，认识到了自身获得的同时也要回报国家和社会以及他人，深刻理解到只有感恩与回报人类才能获得更多，才能取得更大的成就。在汶川大地震面前，高校学子表现出英勇无畏的精神。在救灾一线他们满怀对灾区的爱与责任，迅速展开了救援行动；在后方，他们积极地参与到募捐、献血以及充当志愿者的活动中去，用自己的实际行动证明自己的责任感与感恩情怀。他们在面对个人与国家的利益相冲突时，具有舍小我为他人的精神；他们想问题做事情能从整体着眼，以大局利益、集体利益为重。

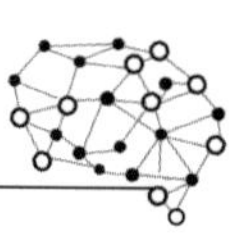

### （二）感激父母之情日益增强

尊重长辈、孝敬父母是中华民族的传统美德。对一个人来说，最大的恩情莫过于给予自己生命的父母，是父母把自己带到这个世界并抚养成人。大学生对父母怀有强烈的感激之情，也给父母的关爱回报浓浓的爱。他们把父母对自己的恩情没有看成是简简单单的物质上的付出，而是出自更深、更重的内心的爱。在与父母的价值观不一致时，他们尊重父母的意见、建议和决定，或者保留自我意见而不顶撞父母；上了大学离开家后更深深地体会到了对父母的牵挂，经常给父母打电话，了解父母的身体状况，对父母讲述学校里面的趣事，汇报学习和生活的相关事情。大学生能理解、体谅父母的艰辛，特别是农村的学生，对父母的生活与辛劳有着深刻的了解，为了减轻父母的负担，他们会寻找一些兼职，例如家教、商场促销员、到公司去做兼职等，并在此过程中增强了感激父母的情意。同时，当代大学生对父母的孝不拘泥于传统的孝道形式，他们提出了很多很有时代特色的孝顺父母的方式，例如，为父母买礼物，带父母出去旅游，甚至是去做美容等，他们了解父母的心理、情感需求，给予父母充分的爱和情感支持。

## 二、大学生感恩意识缺失的成因分析

### （一）家庭教育的影响

首先，家庭教育方式不当。现在的大学生多数是“90后”，而且是家庭中的独生子女，他们被看成是家里的“星星、月亮”，特别是在“四二一”家庭结构中生活的大学生，两辈人为他们创造出了舒适的生活条件，每天过着“饭来张口，衣来伸手”、过分溺爱的生活，从来没有经历过艰苦的生活与学习环境的熏陶。在他们看来，我是父母的一切，父母为我做的事情是理所当然的，从没思考过感恩的问题。本应该是父母与子女双向互动的家庭关系，而现在竟成为父母为儿女无私奉献的单边行动。是谁抹杀了一些大学生最初的感恩意识？是父母的教育方式。因为从自然关系说，父母与孩子具有最亲的血缘关系，他们之间最易沟通和交流；从恩德关系说，父母对孩子的恩德最大，孩子形成感恩意识有现实基础；从学习关系说，父母是孩子最初的老师，他们教孩子做人、认识事物，其中就包括教孩子学会感谢别人，学会识别善与恶、恩与仇。不少人将现在的一些大学生称为“草莓族”，他们外表光鲜、夺目，却质地绵软，稍微施压就整个抵抗不住变成一团稀泥，但是它的表层却疙疙瘩瘩挺有个性。对于这些大学生感恩意识的缺失，父母要负首要责任。

其次，家庭教育观念的偏差。随着社会的发展，社会竞争力的加大，越来越多的父母过分关心孩子的学习成绩，而忽视他们的道德品质。“望子成龙”“望女成凤”。为人父母天下同心，但这种期盼的重心，在大多数父母心中已经从德才兼备向“更重学习成绩”偏移。“只要你好好学习，就会拥有一切”“孩子，成绩最重要”，这些话在父母的口中不知道重复了多少遍，父母给孩子灌输的思想就是学习成绩是别人对你评价的唯一标准。这样的家庭教育观念不重视孩子的全面发展，使他们形成了只会读书而不知世间万物、以自我为中心而不关心他人、思想拘谨、缺乏兴趣等一些不良思想和行为习惯。此种教育观念阻碍了孩子的情感的发展，使他们不懂得关心，不懂得感恩，不懂得爱，不懂得如何处理人际关系。

再次，父母感恩意识欠佳。父母感恩意识的缺乏，也是导致大学生感恩意识欠缺的原因之一。孩子是父母的一面镜子，家长可以在孩子的身上看到自身的形象，正如奥马利所说的那样：在你拷打一个孩子之前，要确知你自己本身不是那罪行的根源才好。现在很多大学生感恩意识的缺失来源于父母的影响，感恩意识良好的父母，给孩子正确的感恩观念，教会他们什么是感恩，什么是爱，为什么要感恩；而感恩意识欠佳的父母，本身灌输给孩子的感恩观念就是消极的。父母的错误感恩观与学校的感恩观发生冲突，这使很多大学生产生困惑或者是感恩意识弱化。在这样的家庭感恩观的影响下，大学生成为感恩意识的缺乏者。

### （二）高校教育的影响

首先，高校教育理念重智轻德。高校的教育理念虽然一直提倡以“素质教育”向“应试教育”转变，但完成这项庞大复杂的任务还需要很长的时间，应试教育在很多高校中留下了很深的烙痕，一些高校仍把“重智育，轻德育”作为教育理念。学科成绩、就业率是衡量一所学校的教学质量，衡量一个学生成才的重要标准，甚至主宰着学校的生存与发展。学校以学生的学习成绩、科研成果和论文的发表量作为衡量尺度，来确定是否能获得奖学金，是否能获得少数优秀的名额标准。因此，学生也把注意力转到如何获得高分、发表论文上面，淡化了自身感恩意识的修养。高校为了获得较高的就业率把实用价值很高的自然科学和技术科学放在教育的首位，导致学生一味追求个人技能的提高，忽视了自我品质的培养。

其次，感恩教育方式单一。一些高校感恩教育方式单一，致使感恩内容枯燥乏味。部分高校依然沿用十几年甚至几十年前的教育模式，方式陈旧呆板，教育方法单一化。大多数的学者把感恩教育的内容作为一门自然科学知识来教，使感恩教育的内容变成一个个加以记忆的知识点，成了与学生自身无关的客观知识。这种简单的“说教”“灌输”的方式，其教育结果只会换来思想活跃的大学生的反感。只关注成绩，忽视感恩教育，学生的感恩“情弦”没有“拨动”，学生也只会形成只知受恩、不会感恩的意识。感恩意识的培养要求教师在教育过程中应做到以理服人，以情感人，情理交融，感人心灵，让学生在不知不觉中受到教育，使其知、情、意、行在情理交融中实现自我更新、自我完善。

再次，感恩教育形式主义。学校是感恩教育的主阵地，是增强大学生感恩意识的有利场所，但很多学校感恩教育只是流于形式。感恩不仅仅是一堂课、嘴上的一句话、身上的个别行为，它是一种深入持续的感情，是言行一致的表现。许多高校传递感恩意识仅限于

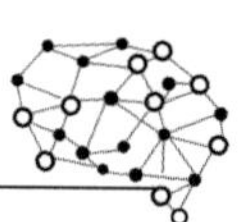

思政课堂，没有针对部分或个别的学生做一些感恩教育工作，甚至认为一场以感恩为主题的活动就达到了增强大学生感恩意识的目的。据悉，某大学给大学生设置的寒假作业是回去给父母磕头，以示对父母的感恩，此种方式是否能达到增强大学生的感恩意识，此举引起很多关注者的争论。学校对感恩教育没有做到长远的规划和管理，缺乏扎实、协力的教育风范，也违背了感恩教育循序渐进的原则。

最后，校园感恩氛围淡薄。校园是大学生求学、生活、社交的基本场所，也是进行感恩教育的基本阵地。校园感恩氛围对大学生的影响不是强制的、有形的，它是一种“润物细无声”的隐性教育。这种影响使学生在不知不觉中受到心灵的感染、情操的陶冶，使人的感恩意识发生变化，进而提高到新的感恩水平。然而，部分学校校园的感恩氛围淡薄。一些学校并没有树立起为学生服务、对学生负责的办学理念，一些道德素质欠佳的教师也没有给学生做出感恩的榜样。一些教师只注重知识的传授，缺少师生间的沟通与互动。在生活和学习上面，一些学生的实际问题不能得到很好的解决，没有建立起互助氛围。校园的感恩榜样的事迹没有得到及时的、积极的宣传。获得奖学金的要花钱请客，殊不知这钱是用来做什么的；过生日要大肆宴请同学，没想过父母为钱付出了多少的辛苦；卫生间的水“任其自流”，破坏校内的公共设施，甚至还有些学校的毕业生在离校之前，以集体的形式对学校的公共物品，进行“打、砸、烧”等恶劣的行为，根本没意识到如何感恩、回报自己的母校。这些现象的存在，严重地影响了大学生感恩意识的形成与发展。

### （三）复杂社会环境的影响

首先，社会价值观念的多元化。价值观寓于人的思想之中，是控制行为选择的思想活动，对人的行为产生着广泛而深刻的影响。但随着经济全球化的进程加快，东西方文化的交流越来越频繁，发生碰撞并发展着，相对稳定的价值观念也随社会的发展而不断地变化发展着。特别是当代大学生较强的思辨力及对各种思潮的敏感性使得大学生群体更容易思考和接受新的思想，并将其内化为自身价值观的一部分。感恩在一部分大学生的眼中似乎是一个古老而陈旧的观念，他们没有把感恩作为价值观的一部分。在他们的头脑中感恩也没有一个完整而明确的概念，不知道什么是感恩，我为什么要感恩，何种行为算是感恩，采取什么样的方式表达自己的感恩情怀。他们常以集体主义要求别人，以个人主义对待自己，反对别人自私自利，却会在很多时候以自己的利益为重。他们不能用衡量他人的标准来约束自己，这就会导致大学生错误价值观念的滋生，产生严重的自私心理，从而抑制感恩意识的发展。

其次，市场经济的负面影响。随着改革开放的不断扩大，社会主义市场经济的深入发展，我国社会经济成分、组织形式、利益关系和分配方式的多样化，人们的思想活动的独立性、选择性、多变性和差异性日益增强。这有利于大学生树立自强意识、创新意识、成才意识和创业意识，同时也带来了一些不容忽视的负面的影响。一部分大学生以自我为中心的价值倾向也凸显出来。在道德行为选择和个人利益取舍之间，一部分大学生更注重利益的选择而忽视高尚的道德。他们越来越看重金钱，“金钱万能”的观念深入身心。同学之间缺少关心与真挚的友情，尽管谈不上纯粹的金钱关系或物质至上，却也沦为赤裸裸的实用主义；实用性与功利性操纵着大学生的人际关系。

再次，传统感恩文化的遗失。中华民族是感恩意识底蕴浓厚的民族，感恩精神是伟大的精神财富。然而，随着社会的进步，科学技术的高速发展，人员的流动性日益频繁，人际关系日益打破血缘关系和地域关系的限制，人际关系日益“陌生化”。大学生置身于这样的社会环境中，不知不觉地也在受到影响。一封 E-mail 可以取代“抵万金”的家书，安逸舒适的环境无须子女为父母“温席”。“孝文化”的遗失，是对其他对象感恩意识淡漠的开始，一个人连生养自己的父母都不感激，很难想象他会对社会负责、回报他人的恩惠。甚至还有一些大学生追求单纯的所谓“个性与自由”，追求绝对的“个体化”，不想承担任何的责任与义务，片面看待感恩意识，认为感恩是一种愚忠、愚孝，对古代的文化持有历史虚无主义的态度，视其为文化中的糟粕。同时，传统文化中感恩是基于自然性血缘关系的原始情感，是以血缘、情感来维系的实体性关系。而现代社会强调的是权利义务关系、契约关系，这恰恰与我们的传统观念相左，自然也就造成了传统感恩文化的遗失。

### （四）一些大学生以自我为中心的价值定位

首先，大学生自我价值定位的不准。当代的大学生大多数都是独生子女，都多少患有“四二一”综合征，在家庭的溺爱之下，缺乏人生磨砺，意志力薄弱，想事情看问题以自我为中心，自我认识不清，看问题片面主观化，自我价值定位不准，常处于迷茫状态之中。感性意识占据他们的心灵，看待问题缺乏全面、辩证的思想，很难用理性来把握现实中的自我。在对待自我与对待他人、社会的价值判断上使用双重标准，对待自我价值偏高，想问题、做事情，以自己的价值定位为准，我是其他价值判断的“参照物”，而用社会上的主流价值定位来期待和要求他人和社会。过分地强调自我价值，忽视他人的价值，不是让自己感到困惑就是让自己感到绝望。也正是由于这种自我价值定位的偏差，才会导致很多大学生在道德方面的失衡、感恩意识的欠缺。

其次，大学生自我教育的缺失。教育的最高境界是受教育者能自觉地进行自我教育，然而，当代的一些大学生很少能将他律转化成自律。大多数大学生能在外界的监督与管制的情况下，严格地要求自己，做到应有的自律，这样就能够按照社会规定的道德培养目标发展自己的道德认知能力，进而形成良好的道德行为能力，使自己的品质日渐完善，不良品质得到克服。但是，一些大学生虽然知道自己的行为与社会的要求相违背，但却不能自觉地遵守原则。明知道应该对养育自己的父母、培养自己的学校、帮助自己的社会感恩，但却没有怀有感恩意识，常把自己了解到的、看到的一些社会冷漠现象当作社会的本质，认为感恩意识缺失又不是我一个人的错，多一个人感恩也改变不了什么。因此，放纵自己感恩意识的缺失，对自己不加以约束，殊不知提高自律是养成感恩意识的前提。

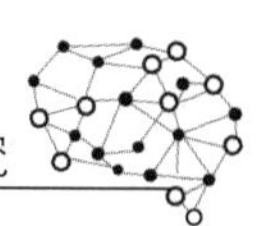

再次，大学生自我修养的不足。一个修养良好的人应该有宽广的胸怀，不吝啬爱的付出，不计较感恩的施予。

# 第五节 培养大学生感恩意识的途径

## 一、充分发挥高校感恩教育的主导作用

### （一）丰富感恩教育的内容

高校要以马克思“人的全面发展”理论为指导，加快转变高校的教育理念，丰富感恩教育内容，帮助大学生形成良好的感恩意识，将其培养成德才并重的社会主义合格人才。首先，高校树立“德智并重”的教育理念。近些年来，高校受一些社会功利思想的影响，教育出现“重智轻德”的失衡现象，忽视了教育的育人功能。当代许多教育家也认为至今我们仍没有走出“半个人的时代”，杨叔子院士指出了当今教育随着知识经济产生了“五精五荒”，即“精于科学而荒于人学，精于电脑而荒于人脑，精于网情而荒于人情，精于商品而荒于人品，精于权力而荒于道力。”当然，大学生“失恩”的原因有很多，既有外部的社会原因，也有教育的自身原因，而教育的自身原因是根本性的。高校首先要走出“重智轻德”、重知识轻人文修养的教育理念，树立“德才兼备”的全面发展观念，学校的教育不仅要重视大学生知识、技能的培养，还要注重学生的心理、情感方面的教育，感恩意识的培养就是情感教育的一个重要内容。高校要逐步调整学校的教育理念，转变为“以学生为本”，将学生培养成既有知识才能又懂情重义的人，使其适合社会的发展、国家的期待、学生发展的需要。感恩是我们中华民族的传统美德，需要我们继承和发扬，但感恩的具体内容要融合时代的发展不断地更新，不断地充实。处于信息时代的大学生思想活、观念新、信息灵，迫切要求课程内容鲜活、新颖、张扬、具有吸引力。因此，传统的感恩内容需要结合现代的一些问题进行调整，以满足大学生的求知欲，解决一些他们所面对的问题。现今，感恩最急切的要求是生命教育、生态环境教育与传统美德和社会主义荣辱观的教育。人只有存在才可以谈得上是否感恩和具有感恩意识，以及是否懂得感恩。大学生珍视自我的生命，是具有感恩意识的基础。自然界是我们人类赖以生存的天然屏障，失去它人类就会走向灭亡，大学生要学会与自然和谐相处，学会尊重自然，这样人类的明天才会更加辉煌灿烂。高校应结合时代的发展要求以社会主义荣辱观教育为切入点，将其与感恩教育相融合，激发学生的爱国情感，增强民族责任感。

## （二）创新感恩教育的方式

首先，参加社会实践。所谓社会实践就是在教育者的指导下，通过有目的、有计划、有组织的社会实践活动，培养受教育者感恩意识和行为的教育方式。高校的感恩教育要遵循理论与实践相结合的原则，大学生毕业之后会走进社会，要将在学校中学习到的知识应用到现实社会。所以，他们学习到的理论知识要投入社会这个大课堂之中，来检测自己的学习成果。同时，大学生也具有很强的实践能力，这就让感恩教育的实践活动有较强的可行性。因此，学校要组织一些与感恩相关的社会实践活动，如带领学生参加社会劳动、社会志愿服务，帮助困难学生、孤寡老人，到偏远、贫困的地区支教等，给学生提供关爱他人、自我、社会的机会，懂得奉献自我的无私精神。只有投身社会大环境中，才能快速地提高大学生的感恩意识。

其次，创设教学情景。所谓情景教学就是教育者根据教育目的和受教育者的身心发展特点，有目的、有意识地创设贴近受教育者生活实际的情境，引导他们融入其中，激发他们的情感，鼓励他们自主选择正确的行为方式，从而形成良好的德行方法。这一方法为高校的感恩教育提供了有益的指导，让学生在轻松、好奇中得到教育。但感恩情景的创设要科学合理，所谓的科学合理就是感恩情景要来源于大学生的生活实际，情景不要太复杂且又能反映社会中的典型，要符合大部分学生的感恩意识水平，有讨论的可能性。课堂上教师可以指导学生对感恩时间进行讨论，来确定最佳的解决问题的方案，角色模拟亲身体验此时所处的环境，培养学生理解、体谅他人的良好品质，最后由教师做出总结与点评。

再次，疏导教育。疏导教育法就是教育者和教育对象之间通过平等的对话、思想交流，在教育对象充分表达自己的认识的基础上，教育者循循善诱，帮助教育对象学会正确分析问题、解决问题，引导他们从正确的立场去看待问题，帮助他们转变错误的观念和认识，从而达到教育目的的方法。目前，社会上人们的感恩意识还不是很浓厚，增强学生的感恩意识，疏导教育的方法显得尤为重要。通过疏导，可以帮助大学生正确认识社会上少数“失恩”的现象，让他们真正看到社会上有强烈感恩意识的集体和个人比比皆是，不懂得感恩的人只是少数。同时，让他们明白不感恩的行为最终会受到社会的“惩罚”，而时时刻刻能对自己严格要求，这既是社会对大学生的要求，也是大学生提升自我人格的要求。

## （三）拓宽感恩教育的手段

首先，整合课程感恩资源进行感恩教育。学校教育根本在于“育人”，任何一门学科都承担着育人的责任，知识为教育所用，而非教育为知识所用。所以，要充分挖掘各种课程中的感恩资源，培养大学生的感恩情怀，增强大学生的感恩意识。语文中感恩的文章，政治课中感恩的事例，伦理学上的老幼尊卑，数学课上的投资计算，等等，都可以成为感恩教育的平台。学生参与到课堂之中不仅学到了科学知识，感恩意识也得到了良好培养。

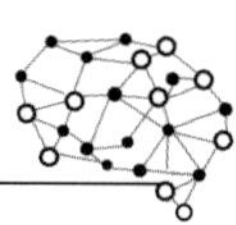

其次，开拓网络教育载体。随着科学技术的高速发展，现今网络已经成为高校大学生获取信息的主要来源，这就为高校感恩教育增加了一种新的教育平台。通过加强和优化网络文化建设，充分发挥网络的教育和导向作用，建立融思想性、知识性、趣味性于一体的信息量大、覆盖面广、服务功能强、访问人数多的感恩教育网站，开展网上交流，加强感恩文化的宣传力度，进一步扩大感恩教育的影响面。例如，学校建立以感恩教育为主题的网站，每年都招聘一些感恩意识较高的学生和负责此工作的教师作为网站管理人员，这些管理者在收集与感恩相关的材料时无形之中也受到了感恩教育。管理人员定期地更新网站信息，搜集一些社会中典型的感恩案例进行讨论、交流。教师也可以通过与个别学生网络交流，及时回答和解决他们提出的问题，让他们在交流中提高自身感恩认识和明辨是非、分清美丑的能力。鼓励大学生写一些以感恩为主题的文章，学校对于较好的文章恰当地给予物质或者是精神上的奖励，这样既可以增强学生学习感恩内容的积极性，也可以锻炼学生的写作能力。

再次，以劳动教育增强大学生的感恩意识。劳动是人们一生中最重要的活动，是人们的生存手段，他们从中获得生存与享受所需要的东西的同时，也获得相应的精神回报。在劳动中感觉到收获的乐趣、付出的美好、别人给你的鼓励和赞许等。大学生们参加劳动，能使他们亲身体会到“一粥一饭，当思来之不易；半丝半缕，恒念物力维艰”的道理。参加劳动可以亲身体会到父母工作的艰辛、他人无私的奉献、保护环境的重要等在书本上无法体会的种种感觉。高校可以让大学生参加校园的劳动，打扫校园、植树、设立值日周等，并对先进的个人和集体给予表彰，让大学生在劳动中接受考验与锻炼，在活动中培养感恩意识。

### （四）创造良好的校园感恩氛围

大学生仅仅将感恩的条文背熟，不一定能知道感恩。对于不少大学生来说“感恩”意识的形成除了需要了解感恩的条文外，还需要在良好的感恩环境中耳濡目染、感受效仿，在环境的熏陶下逐渐增强感恩意识。这就要求高校要搞好校园文化活动，充分发挥校园内的各种人文环境的熏陶作用。

首先，运用好高校校园宣传设施。各高校要利用好校园内的宣传设施，以此宣传积极、向上、健康的文化思想，还要开设与感恩相关的专栏，讨论与感恩相关的热点问题，弘扬正确感恩观，宣扬优秀的传统感恩思想，倡导大学生要继承优秀的传统感恩思想，摒弃不良的感恩行为。同时，也可以利用校园中的建筑、人物雕像等物质载体将尊师重教、关爱自然、珍爱生命等名言警句贯穿其中，让校园随处可以看到感恩的迹象。

其次，开展以感恩为主题的校园文化活动。利用母亲节、父亲节等节日开展孝敬父母、尊重长辈的主题活动，算算自己从小到大的经济账和父母对自己养育之恩的“流水账”，通过这一活动让大学生较为深刻地体会到父母无私的爱，了解父母给自己每一笔钱的背后都付出了诸多的辛酸，从而帮助学生树立合理的消费观，增强自我的责任意识和勤俭节约的精神。利用教师节开展“感谢老师”“人生路上的良师益友”等尊师重教的演讲活动，培养学生尊师和努力学习的意识。组织学生下社区开展“手拉手”献爱心的活动，去看望养老院的孤寡老人，作为志愿者去参加义工、“感恩先烈，祭扫烈士墓”等活动，让大学生感受到尊重和爱戴关爱自己的人的重要性，以此来培养学生关心他人、关爱社会的良好习惯，珍惜今天的美好生活。

再次，建立完善的感恩评价体系。我国高校承担着为社会发展培养全面发展、德才兼备的合格人才的任务，培养的大学生不仅要掌握牢固的专业知识，还要求形成良好的道德素养。而目前我国高校过于重视大学生专业技能的培养、就业率的提高，在一定程度上忽视了学生道德素质的培养，导致大学生感恩意识缺失。因此，高校应该充分意识到培养大学生感恩意识的重要性。高校需建立一套比较完整的感恩意识考核体系，学校要时刻关注大学生感恩意识变化情况，把感恩意识作为大学生是否全面发展、合格毕业的一个衡量标准，并具体量化到“学分”和感恩“积分”之中，最后将大学生在校的感恩意识情况登记到学生的感恩档案之中，以此来规范学生的感恩言行。

## 二、营造良好的社会感恩环境

### （一）营造良好的社会舆论导向作用

社会，它演绎人生百态，它是大学生体会感恩最生动、最复杂的大课堂。社会风气的好坏，社会各种事件的发生，给大学生传达了各种各样的教育信息。因此，让正确的感恩舆论观点来引导大学生对各种事件的观点与看法，阻碍一些错误思想观点对大学生的腐蚀，发挥社会舆论导向的作用是不容忽视的。要发挥舆论对大学生感恩意识的引导作用，就要旗帜鲜明地褒奖富有感恩意识和行为的好人好事，抨击一切不知感恩的丑恶现象，批评各种受恩不报的忘恩者，打击诬陷施恩者的卑劣行为，用正确的感恩意识武装人，用正确的舆论导向引导人。同时，社会要开设社会公民道德课堂，提高公民道德素养。尽管学校是大学生培养感恩意识的主阵地，但大学生也和社会有很大的接触，而且毕业后也会走向社会之中，在社会生活的时间较之学校要长很多，感恩意识也仍然在不断地发生着变化，但是由于中国教育的特点，许多公民在步入社会后就结束了自己的学习生涯，道德素养也由于社会氛围的影响、经济利益的诱惑而下降。他们的一些不好的语言和行为，对大学生的感恩意识培养产生了不良影响。人的所有的社会行为，都是在社会环境的影响之下，观察与学习示范行为得以形成或是提高的。对大学生而言，模仿在维持纪律和遵从社会规范方面颇为重要。因此，社会应该有继续教育的课堂来纠正一些成年人的行为，提高他们的道德水平，净化社会风气，为大学生感恩意识培养起到很好的示范引导作用；同时，也可以提高公民素质，达到公民终身教育的目的。

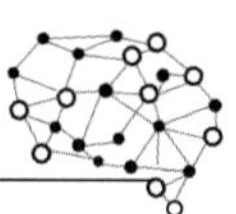

### （二）发挥大众传播媒介的宣传力度

现在的社会是一个信息传播快速便捷的社会，大学生们通过各种传媒能获得来自社会的各种信息。大众传播媒介有着较强的监督功能、文化功能和舆论功能，因此，要利用好电视、广播、报刊、网络等传媒工具的优势，对一些感恩典型事例进行推广和宣传，让感恩的公益广告大面积进入电视台，在教材中添加当代社会一些感恩人物的典型案例，在社会中形成一种大力弘扬感恩精神的良好氛围。对冷漠无情、不懂感恩、不会感恩等现象进行揭露和批评；对感恩图报、施恩不图报的行为要及时给予肯定和赞赏，要给大学生树立识恩、知恩、感恩的榜样，努力促进“我为人人，人人为我”的良好社会风气的形成。

## 三、重视家庭教育对大学生感恩意识培养的作用

### （一）树立科学的教育观念

家庭是社会的细胞，家庭教育是大学生教育的基础环节。家庭教育的职能是十分明确的，即教会孩子如何“做人”，这是奠定孩子良好人格和个体社会化的基础。诸葛亮告诫子孙：“非淡泊无以明志，非宁静无以致远。”郑板桥说得更为明了：“读书中举中进士做官，此是小事，第一要明理做个好人。”

由此观之，应把做人作为家庭教育的主要目标。但是，现代许多家长对家庭教育的认识存在很大的片面性，把家庭教育仅仅理解为智育，这是家庭教育观念发生了错位现象——没有承担起做人的教育职能。现代的许多家长并不缺少对孩子教育的责任感，特别是城市里的父母很重视孩子的家庭教育，但他们却缺少对孩子的教育方式、方法，盲目地按照自己的意愿来培养孩子，往往期望过高，与孩子的实际不符，抹杀孩子接受教育的积极性，因此家长必须树立起科学的教育观念。无论是学校教育、社会教育还是家庭教育都要遵循全面的发展观念，要充分挖掘学生的潜质能力，力求他们在德、智、体、美、劳等方面都能得到充分的发展。家长要树立起科学的教育观念，让德、智均衡发展，注重技能的培养和人格的塑造。父母应该让孩子在家中做一些力所能及的事情，承担相应的责任，要让他们了解到每一件事都需要付出一定的努力，任何一样东西的获得都需要付出很多的努力，只有努力才会有收获，想得到就要付出。家庭的劳动也可以培养孩子的责任心，告诉他们享受权利的同时也要承担一定的义务。所以在今后，他们无论是在学习还是生活过程中不会一味地想索取而不知付出，不会不理解他人对自己的帮助和关心，会以一种感恩的心态来对待所拥有的一切。家庭教育为孩子迈向校园、走向社会奠定了坚实的基础。

### （二）发挥家长的表率作用

孔子说：“少成若性，习惯之为常。”年少时通过口耳相传、躬行践履的方式，能“培

其根，固其本”。从中我们足以看出孩子早期教育的重要性。而父母在孩子早期习惯的形成过程中起着主导作用，不但要对孩子进行言语的教育还要培养孩子的实践能力、独立意识和责任心等。孩子的理性意识尚未形成，因此感性认识在孩子的认识过程中起主导作用。其中家长的表率作用对培养孩子的感恩意识是极其重要的，言行举止能对他们起潜移默化的榜样教育作用。

首先，提升家长的感恩意识。家长的感恩意识如何直接关系到孩子感恩意识的培养，拥有正确感恩意识的家长，传递给孩子的是无限的美好与感激；感恩意识淡薄的家长传达给孩子的是无限的抱怨与沮丧。因此，感恩意识淡薄的家长要提升自己的感恩意识，将孩子培养成乐观、开朗、向上的人。广大家长要不断地学习和浏览感恩的内容，加强自身对感恩教育的认识和理解，参加与感恩相关的教育系列讲座，并且围绕感恩话题进行讨论，增强当代大学生感恩教育实效性等；同时，还要严格要求自己的言行，做到言行一致，经常对自己的感恩情况进行自我反思、自我感悟，这无疑为培养孩子的感恩意识打下了良好的基础。

其次，注重言传身教。孩子从小到大接触最多的就是父母，父母的一举一动、一言一行都对孩子产生潜移默化的影响。所以，家长在日常生活中，就得注意自己的言行举止，注重从思想上和生活细节上逐渐培养孩子的感恩意识。简单的说教并不能真正增强孩子的感恩意识，家长只是告诉孩子要感激谁、为什么要感激，但从来不做出感恩的行为，这样会给孩子传达感恩只要藏在心里就可以的心理暗示，所以家长必须做到言行一致，对增强孩子的感恩意识起到榜样作用。在家里，家长可以让孩子做一些力所能及的家务劳动，让他们承担起一定的家庭责任，使其体会到今天的幸福生活来之不易，体验到父母的辛劳，使其养成勤俭节约、热爱家庭和生活的良好品行。

### （三）改变家庭的教育方式

家庭的教育方式大致分为三种：专制型、民主型与放纵型。很多家长，其中不乏一些高级知识分子的家长，他们为孩子设计好一切，规定孩子要按事先画好的“地图”一步步地走下去，他们的初衷是好的，也可谓是用心良苦，可孩子是否会体谅你的良苦用心？答案是这种教育方式只会令孩子反感，使孩子感觉受到极大的约束，不能充分地自我发展。也有的父母依着孩子的性情，过分地溺爱孩子，无论孩子要什么都会尽其所能办到，长此以往，孩子学会了命令，似乎也忘记了或者是根本不知道作为儿女该如何来对待父母。所以家长要转变教育孩子的方式，坚持以民主的教育方式教育孩子，在家长引导之下结合孩子的实际情况以及孩子的个体意愿做出决定，以和谐的形式达到教育孩子的目的。

# 第五章
# 大学生思想道德教育

## 第一节
## 大学生思想道德教育过程

### 一、大学生思想道德教育过程的特点

#### （一）大学生思想道德教育的过程

思想道德教育过程就是教育者（一定的个人、群体或组织）在教育环境之中通过教育介体（一定的教育内容和教育形式）把思想道德教育的客观要求（一定的思想观念、政治原则、价值标准和行为规范）转化为大学生思想道德素质的过程。

对于思想道德教育过程的界定就是对于具体的思想道德教育活动及其运行过程之特征、矛盾和规律所进行的理论概括。思想道德教育过程有广义和狭义之分。广义的思想道德教育过程是指思想道德教育中所有要素、所有阶段和所有环节都被逐一展开的过程，这个过程一般开始于确立教育目标和制订教育计划，然后是展开积极的互动以促成顺利的转化，最后是反馈教育效果和提升教育实效。狭义的思想道德教育过程则是教育者展开针对

大学生的具体教育活动的过程，整个过程也是大学生思想道德素质提高的过程，还是教育者和大学生直接面对并推进教育活动的过程，教育者和大学生出现在狭义思想道德教育过程的始终。

广义和狭义的思想道德教育过程既有区别又有联系。在广义的思想道德教育过程中，确立教育目标和制订教育计划，以及反馈教育效果和提升教育实效等环节，自然也都需要大学生的参与。但是大学生直接参与其中并不是必然和必须的，或者说，在这两个环节之中，大学生一般都是间接地参与其中的。而在狭义的思想道德教育过程中，则不仅需要教育者和大学生双方共同的直接参与，并且教育者和大学生的彼此互动构成整个思想道德教育过程中最有实质意义的环节。在这个层面上，狭义的思想道德教育过程也可称作思想道德教育的核心过程。狭义思想道德教育过程中教育者的施教以及大学生的受教过程，即教育者和大学生直接互动进而促进大学生思想道德素质形成，是整个思想道德教育过程最为关键的环节。在这个过程中，教育者和大学生同时在场，从教育者作为主体实施教育，到大学生作为客体接受教育，再到大学生转为主体，发挥自身的积极性和创造性形成思想道德素质的过程，集中体现着思想道德教育过程的本质特征、其中存在的矛盾以及所要遵循的规律。

思想道德教育过程包含着四个要素，即教育者、大学生、教育环境和教育介体；也包括四个阶段，即强化思想政治认知、丰富思想政治情感、磨炼思想政治意志和养成思想政治行为；还包含三个环节，即准备环节、实施环节和反馈环节。在思想道德教育过程中，有四个关键点：①客观的思想政治要求，即一定的思想观念、政治原则、价值标准和行为规范是思想道德教育过程的依据；②大学生思想道德素质形成和发展所展现的规律是这个过程始终要遵循的；③针对大学生所开展的思想道德教育活动是一个确立目标并制定计划、展开互动并促进转化、反馈效果并提升实效的动态活动；④思想道德教育过程最典型的阶段就是教育者和大学生展开互动并促进大学生自身思想道德素质提升的过程。

### （二）大学生思想道德教育过程的特点

思想道德教育过程的特点是思想道德教育过程概念的具体展开。它体现着思想道德教育过程与其他形式的教育过程相区别的本质特征。这些特征体现在教育者与大学生互动之中前者给予后者的正向引导、教育实践过程中大学生的社会化、大学生思想道德素质形成的阶段性和长期性的统一，以及思想道德教育过程在处理复杂教育因素上的有序性等方面。

#### 1. 引导性和互动性

思想道德教育过程是教育者引导大学生实现自身思想道德素质提高的过程。这里的“引导”体现在教育者选择积极的教育内容，并以最有效的教育方式进行正向的指引和教导。思想道德教育要促进社会的进步和个体的发展，其展开过程中的教育内容和教育方式必然是有利于社会进步和个体发展的。思想道德教育的过程要以马克思主义理论、共产主义理

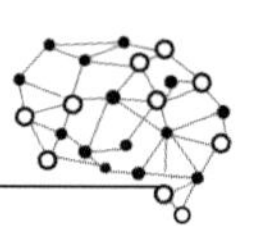

想和集体主义价值观作为内容，通过灵活生动且有针对性的途径和方法，把大学生培养成为有理想、有道德、有文化、有纪律的公民，这些教育内容和形式都集中地体现着我国思想道德教育的正向引导。

思想道德教育过程的引导性是在教育主客体之间的互动过程中实现的，或者说，思想道德教育的引导体现在教育者的主导性与大学生的主体性的辩证统一之上，而这种辩证统一又是在二者进行互动之中实现的。一方面，教育者是一定思想道德教育要求的传递者，也是思想道德教育活动的组织者，还是大学生能动性的激发者，因而在思想道德教育过程中发挥着主导作用；另一方面，大学生在教育过程中也不能被动地接受教育影响，而要发挥自身的主动性积极性和创造性，以使自身得到更快的发展。只有在教育者和大学生双向互动的过程中，思想道德教育的引导作用才能有效地实现。

**2. 社会性和实践性**

作为社会大系统中一项社会活动的思想道德教育，天然地具有一般社会活动所具有的特征。思想道德教育的社会性特点根源于思想道德教育与社会之间存在的内在关联性。思想道德教育过程在本质上就是引导大学生实现社会化的过程。这个社会化的过程就是大学生学习并践行社会所要求的思想观念、政治原则、价值标准和行为规范的过程。在这样的社会化过程中，教育者引导大学生所学习并掌握的观念、原则、标准和规范，并不是任意的，而是社会上的主流价值，即一个社会的核心价值观。

思想道德教育过程的社会性自始至终都是在教育实践之中实现的。思想道德教育的客观要求在教育实践的发展中被提出，并在教育实践中被大学生贯彻和落实。在思想道德教育过程中，大学生的思想政治认知需要教育实践加以明确，思想政治情感需要教育实践加以陶冶，思想政治意志需要教育实践加以锤炼，思想政治行为需要教育实践加以养成。可以说，大学生所有与思想道德素质形成有关的要素均是在教育实践活动中得以形成和发展的。只有在动态的、开放的、丰富的教育实践中，思想道德教育过程才能有效地完成。

**3. 阶段性和长期性**

思想道德教育过程的阶段性是针对思想道德教育过程的若干阶段和若干环节而言的。其一，思想道德教育过程中准备环节、实施环节和反馈环节等各个环节的推进都是不断展开的，而不是暂时性的；其二，大学生思想道德素质的形成和完善也是有阶段的，而不是一蹴而就的。因此，思想道德教育过程中，教育者要根据大学生的具体情况，因人、因时、因势地确定教育的开端，有的放矢地使大学生在认知、情感、意志和行为（以下简称“知”“情”“意”“行”）等方面得到相应的发展。“知”“情”“意”“行”诸要素在大学生思想道德素质形成过程中是逐步推进的，并同时发挥着作用，如果孤立地从某一阶段进行教育，则很难推动大学生自身思想道德素质发展的矛盾运动。同理，思想道德教育三个环节的展开也是逐步推进的，具有阶段性的特征。综上，实施思想道德教育活动，可以以某一阶段或某一环节作为开端，也可以有所侧重，但不能忽视或放弃其他阶段和环节，要尽可能地使“知”“情”“意”“行”各个阶段以及准备、实施、反馈等各个环节同时发挥作用。

人的思想和行为是发展变化的，因而思想道德教育过程也是一个循环往复的过程，既定阶段或环节的完结，就是新阶段或环节的开始。人的思想和行为不仅是发展变化的，还会受到各种因素的多重影响，因而教育也很难立竿见影。也就是说，人的思想道德素质中各个要素要得到全面的提升，并不是一次教育就能奏效的，往往需要进行长期的教育；思想道德教育过程中各个环节的展开也不是一劳永逸的，也就是说，教育的过程不只是三个环节的一次展开，而是多次循环往复的结果。但是要注意的是，长期的循环往复的教育并不是内容的简单重复，而是根据大学生思想政治意识和行为的变化，不断地调整教育内容，使大学生长期地接受启发、感染、陶冶和磨炼。

4. 复杂性和计划性

思想道德教育过程中的主要任务是要解决大学生思想道德素质现状与思想道德教育所提出的客观要求之间的矛盾，并在克服这对矛盾的过程中，促使大学生思想观念的转变以及行为习惯的养成，有时甚至还涉及对个体利益的调整。因此，相对于智育、体育和美育，思想道德教育在影响因素、影响过程、影响结果等方面都具有复杂性。在影响因素上，就教育者来说，多方面的教育者均参与到教育过程中，他们所实施的影响在性质、方向和层次等方面既有可能一致，也有可能不一致，甚至还会互相抵触，因而需要协调整合；就大学生来说，教育过程要考虑到其在兴趣、爱好和习惯等方面的不同特点，相应的教育过程因此也就具有多样性和层次性。在影响效果上，思想道德教育活动的效果有时是直接的，有时是间接的，有时是即显的，有时则是潜在的……上述情形都反映了思想道德教育过程的复杂性。

思想道德教育过程的复杂性，也要求它能够被有计划地组织实施，以使自身得以顺利地完成。思想道德教育过程的计划性集中体现在三个方面：①思想道德教育过程总是围绕一定的教育目的，制订出一定的教育方案，并依据教育方案的设计而开展相应的活动；②思想道德教育过程需要对能力不同、水平有差异的大学生进行有效的指引和教导，否则就很难见成效；③思想道德教育过程要根据大学生在“知”“情”“意”“行”方面的不同情况采取有针对性的教育活动，以最终实现大学生思想道德素质的全面提升。能否在复杂多变的进程中，及时调整和控制整个教育过程，是思想道德教育科学性和有效性的重要指标之一。

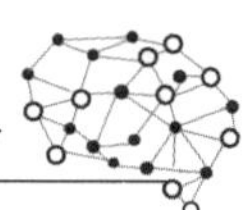

# 第二节 大学生思想道德教育的内容

## 一、核心价值观与大学生思想道德教育

### （一）中华优秀传统文化与社会主义核心价值观宣传教育的关系

澄清中华优秀传统文化与社会主义核心价值观宣传教育之间的关系是以中华优秀传统文化开展社会主义核心价值观宣传教育的基础环节。界定中华优秀传统文化与社会主义核心价值观宣传教育二者相关的概念又是这个基础环节的基础。首先要界定的是与中华优秀传统文化相关的概念，诸如何谓传统文化，何谓优秀传统文化，最后才是何谓中华优秀传统文化。在这样思路追问下的中华优秀传统文化，就是中华民族流传下来并对当代仍具有积极影响的古代文化（尤其是古代道德文化）。具体地说，中华优秀传统文化指的就是从先秦到辛亥革命时期，存在和发展的儒墨道法等各家传统道德文化的总和。要界定的是与社会主义核心价值观相关的概念，诸如社会主义核心价值观的基本内涵、具体内容，具体内容之中三个层面之间的关系以及每个层面内部各组成部分之间的关系，此外还有社会主义核心价值观的本质属性、社会主义核心价值观与社会主义核心价值体系之间的关系以及社会主义核心价值观在中国特色社会主义建设过程中的地位和作用，等等。在这些之中，社会主义核心价值观中的 12 个词，就是承接“修身齐家治国平天下”的中国古训，从国家、社会和个人三个层面对当代中国核心的价值观理念的最大公约数表述；在社会主义核心价值观基本理念的统一体中，体现国家层面基本价值诉求的“富强、民主、文明、和谐”居于最高层次，体现社会层面基本价值诉求的“自由、平等、公正、法治”居于中间层次，体现公民思想行为层面基本价值诉求的“爱国、敬业、诚信、友善”居于基础层次；三个层面的基本价值理念相互联系、相互作用、相辅相成，共同服务于中国特色社会主义事业和实现中华民族伟大复兴中国梦的进程；具有社会意识形态本质属性的社会核心价值观，还具有鲜明的社会主义制度属性和阶级性。社会主义核心价值观是与资本主义的个人主义核心价值观根本对立的社会主义集体主义价值观，并成为社会主义核心价值观体系之中最深层的精神内核；凝练社会主义核心价值观是社会主义核心价值体系研究过程中凸显的重要理论和实践问题，培育和践行社会主义核心价值观是我党对社会主义核心价值体系建设的新部署和新要求。最后，培育和践行社会主义核心价值观是抵制资产阶级核心价值观渗

透的迫切需要，也是实现全面建成小康社会宏伟目标的内在要求，还是实现国家治理体系和治理能力现代化的应有之义，亦是全面推进依法治国，建设社会主义法治国家的根本要求。

在界定中华优秀传统文化与社会主义核心价值观之间相关概念基础之上，还要进一步探究二者的关系。其一，中华优秀传统文化是社会主义核心价值观的重要思想资源。中华优秀传统文化之中的爱国情怀、民本观念、创新思想以及和谐理想等方面都是社会主义核心价值观的渊源，虽然它们在中华优秀传统文化之中的各种表现形式没有与社会主义核心价值观的表现形式完全一致，但是中华优秀传统文化所体现出来的精神要义却与社会主义核心价值观息息相通，并紧密地契合在一起。我国传统的核心价值观经过长期不断的发展和反复的实践锤炼，最终积淀成为中华民族的文化传统、民族性格、思维方式和精神特质，亦成为今天我们凝练社会主义核心价值观的思想文化之源。其二，社会主义核心价值观是中华优秀传统文化的升华。社会主义核心价值观跟我们过去发生的、至今对社会仍然有深远影响的中华优秀传统文化密切相关。建立在中华优秀传统文化基础之上的社会主义核心价值观，正成为我们中华民族认同的价值基础，也成为引领中华传统文化走向世界的精神支柱。培育和践行社会主义核心价值观无疑是在继承和弘扬着中华优秀传统文化，因而对于中华优秀传统文化来说，也是一种提升。进一步地说，社会主义核心价值观将包括中华优秀传统文化在内的各种优秀文化融为一体，为中华优秀传统文化进一步的传播和发展奠定了基础。

在厘清中华优秀传统文化和社会主义核心价值观的关系之时，还不能遗漏两个关系。第一个关系是培育和践行社会主义核心价值观的过程中继承和弘扬中华优秀传统文化与借鉴国外优秀文化成果的关系。把握这个关系的基本点在于：社会主义核心价值观的培育和践行，要对外国文化中的积极成分进行学习借鉴和吸收，但并非要放弃对外国文化中消极成分的批判。具体地说就是，既要高度重视培育公众的民族自信心、自豪感，又要引导公众树立世界眼光，博采众长；既要大胆借鉴资本主义核心价值观中的合理成分，又要划清社会主义核心价值观与资本主义核心价值观的界限，防止拜金主义、享乐主义、个人主义价值观的消极影响。第二个关系是在培育和践行社会主义核心价值观的过程中继承和弘扬中华优秀传统文化与传承我党革命传统文化的关系。把握这个关系的基本点在于：作为我国革命文化重要组成部分的革命道德是当代中国社会主义现代化建设的宝贵财富，更是与中华传统美德一脉相承的，它继承了中华传统道德的精华，摒弃了中华传统道德的糟粕，是中华优秀传统美德的延续和发展。继承和弘扬中国革命道德是继承和弘扬中华传统美德的应有之义。具体地说就是，要在培育和践行社会主义核心价值观的过程中，不能忘记中国共产党人开创的革命道德传统。继承我党的革命道德传统首先要把握其丰富的内涵，这些内涵包括革命道德的原则、要求、态度、修养、风尚等方面。还要注意的是，要把继承革命道德与弘扬中华传统美德结合起来，为培育和践行社会主义核心价值观奠定基础。

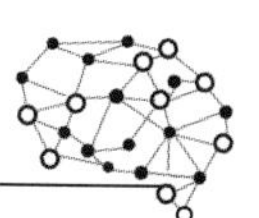



## （二）中华优秀传统文化可为开展社会主义核心价值观教育所运用的资源

探究中华优秀传统文化之中有哪些资源可以为开展社会主义核心价值观宣传教育所运用，是以中华优秀传统文化开展社会主义核心价值观宣传教育的中间环节。经过梳理，可以认为中华优秀传统文化应当是一个统一的整合体，它的精髓是中华传统美德。正如习近平总书记所说："中华传统美德是中华文化精髓，蕴含着丰富的思想道德资源。"或者说，讲仁爱、重民本、守诚信、崇正义、尚和合、求大同的中华传统美德，是中华优秀传统文化统一体中的精髓。我们所常讲的热爱祖国、团结统一、天下为公、爱好和平、自强不息、厚德载物、人际和谐、和而不同、立志高远，艰苦奋斗等一系列道德规范和要求，都是中华优秀传统文化之中超越时空的价值理念，它们既体现着中华优秀传统文化的精髓，也是社会主义核心价值观的重要来源，应当成为中国特色社会主义现代化建设所需要的精神资源，更应当成为社会主义核心价值观宣传教育活动的有效资源。

首先，要将中华优秀传统文化中的资源为社会主义核心价值观宣传教育所运用，关键是要找到承载这些资源的载体。把握好这些句子、篇章、传说和故事所体现的精神也就是前面所说到的那些跨越时空的价值追求，才能抓住中华优秀传统文化的精髓，实现社会主义核心价值观宣传教育的目的。

其次，发掘中华优秀传统文化能够为社会主义核心价值观宣传教育所能提供的资源，还可以从中华优秀传统文化的不同思想流派观点之中去探寻。社会主义核心价值观的提出，融合了中华优秀传统文化资源之中儒墨道法各家学说的精髓。

再次，挖掘中华优秀传统文化能够为社会主义核心价值观所用的资源，还可以从社会主义核心价值观不同层次的内容之中去探寻，也就是将中华优秀传统文化放在国家层面的价值目标、社会层面的价值取向以及公民个体层面的价值准则等方面进行考察，挖掘中华优秀传统文化中的各种资源对于当前社会主义核心价值观宣传教育活动的具体启示和借鉴。以社会层面的内容为例，中华优秀传统文化崇尚独立的人格，向往洒脱的心境，强调个体的修为，同时，也看重社稷的整体利益，看重个体对于社会的责任，看重个体对于群体的义务，认为个人的价值只有在社会的发展之中才能真正实现；中华优秀传统文化也主张社会福利要在社会成员之间进行公平分配，做到"矜寡孤独废疾者皆有所养"，其中的"大同世界"之社会理想更是强调所有社会成员的平等性，不存在不劳而获的特权；建设公平正义的社会，也是中华民族所一直向往的，我们不仅把公平正义这一价值理念看作个人修养的要求，也是治国理政的现实保障；中国古代社会的治理模式及其理念，虽然从根本上说还是人治模式下的法治理念，但也蕴含着丰富的法治思想。上述内容分别反映出中华优秀传统文化是社会主义核心价值观中"自由、平等、公正、法治"等基本理念的重要思想来源，自然可以成为宣传教育过程之中培养公民相关核心价值理念的资源借鉴。

最后，在发掘中华优秀传统文化为社会主义核心价值观宣传教育提供资源借鉴的过程中，要把握一定的原则才能起到更好的效果。这些原则具体是指：①坚持传统性与现代性的辩证统一。一个民族不能轻视自己的传统，也不能囿于、沉湎于传统。要在继承中进行创新，使中华优秀传统文化精髓与当代社会的时代精神融为一体；②坚持民族性与世界性的辩证统一。中华优秀传统文化所具有的兼收并蓄、精益求精的特质，以及开放包容、和平发展的精神，有效地推进了世界多元文化的交流，因而要把这种经验有效传递下去；③坚持主导性与多样性的辩证统一。发挥社会主义核心价值观的主导和统领作用，引导不同群体认同社会主义核心价值观，从而自觉地认同社会主义核心价值观及其评判标准。上述原则的坚持也就是要用当前时代的语言、用当代的表达方式来发掘传统文化中的丰厚资源，结合中国特色社会主义现代化建设的实际，对中华民族传统文化之中那些时刻调整着社会关系，时刻激励着人们向上、向善的价值理念、主要命题、思想精华、道德基因做出体现时代性的全新阐释，如此才可能真正地继承和弘扬中华优秀传统文化；④还要注意的是，运用中华优秀传统文化资源开展社会主义核心价值观宣传教育活动，并不是找到中华传统文化之中可以继承的资源之后，照搬照抄就行了，它还需要被赋予新的时代的内容，并吸收世界各国先进文化，进行综合创新。这也是习近平总书记所指出的“创造性转化”“创造性发展”之主旨所在。

## 二、公民道德与大学生思想道德教育

### （一）公民道德与大学生思想道德教育的目标

公民道德教育的目标是对公民道德教育活动预期结果的一种价值限定和观念化形式。它规定了公民应该具备的道德标准，直接关系到公民道德的性质，影响公民道德教育内容的确定和途径的选择，在整个道德教育活动中起着主导作用。

长期以来，我国的道德教育尤其是大学生思想道德教育目标存在着总体上要求过高的问题。中华人民共和国成立以来，我国道德教育的目标脱离现阶段的超前要求太多，真正从实际出发的适应性要求很少，如钱伟长先生通过调查就认为：“在德育工作中，往往以政治教育代替道德教育，以成人化的内容和形式对青少年进行教育，要求提得过高，脱离实际，以至于流于形式，不能适应社会转型期青少年教育的需要，因而收效不大。”可以说，正是由于我国道德教育目标要求过高才使思想道德教育带来了一些负面效果。因而当务之急要尽快建立一种比较明确的，可被普遍接受的公民道德目标体系，大力开展公民道德教育。

当前我国利益主体多元化的事实，必然会导致多元化的道德需要和价值观念的出现。为了适应经济发展的需要，必须考虑作为公民的大学生群体的不同道德需要和水平。在不放弃崇高道德理想的前提下，尤其要注重对大学生公民基础道德的养成。表现在道德教育的目标上，就是要注重培养那些作为公民都必须遵守的基本道德。具体地说，就是培养具

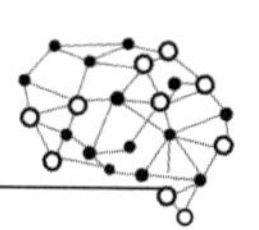

有热爱祖国、热爱人民、热爱劳动、热爱科学、热爱社会主义的思想感情，具有社会主义民主观念和法治观念以及能够遵纪守法的行为习惯，对他人和社会负责的公民。使大学生自觉地接受、选择和践行具有中国特色的社会主义公民道德规范，在全社会形成团结互助、平等友爱、共同进步的人际关系，形成良好的社会主义公民道德风尚，是大学生公民道德教育的最终目标。

### （二）公民道德与大学生思想道德教育的原则

公民道德教育原则对于约束道德教育主体，正确实施教育措施，提高公民道德素质具有十分重要的作用。大学生思想道德教育在公民道德教育的过程中要坚持如下原则。

**1. 先进性和广泛性相结合的原则**

公民道德教育的先进性就是道德教育过程中要强调对共产主义道德的宣传和教育工作，加强对大公无私、毫不利己、专门利人、全心全意为人民服务和无私奉献的教育，以及共产主义理想的教育；公民道德教育的广泛性是指教育要照顾大学生的思想实际和文化教育水平，考虑到他们人际关系的现实需求，加强基本的社会公德、职业道德和家庭美德的教育。遵循先进性和广泛性相结合的原则，公民道德教育就要区分不同层次大学生的不同特点，采取多层次的教育方式。对于整个社会来说，中国共产党党员的道德要求要比一般工作者高，教育工作者的道德要求要比其他工作者高，高科技工作者的道德要求要比一般工作者高；针对大学生的教育则要加强如文明行为习惯、遵纪守法、积极负责等公民基础道德修养的教育。上述情形更符合我国现阶段多数人的道德需求水平及其变动的趋势。现实生活中最为缺乏的并非惊天动地的“道德楷模”而恰恰是平凡之中能够恪守基本道德的人。因而大学生思想道德教育要以广泛性的提高为前提，以先进性为理想和追求的目标，带动广泛性道德的发展，实现公民道德素质的普遍提高。

**2. 继承与创新相统一的原则**

社会主义道德是无产阶级道德与中华民族优良传统道德有机结合的产物，是根植于中华民族五千年的优秀道德土壤，是融合传统美德与现代道德为一体的现代道德，是充分体现了时代性与继承性相统一的新道德。中华民族有五千年的文化积淀，其中关于道德修养的智慧博大精深。传统道德修养的“忠、信、孝、礼、义、廉、耻”，以及“智、仁、勇”的道德人格，虽具有明显的封建色彩，但对于社会公德和家庭美德的维护和发展仍有重要作用。同时，社会主义现代化建设的发展要求道德要在继承传统美德的基础上不断创新，建立弘扬一切有利于促进国家统一、民族团结、社会进步的思想道德；一切有利于追求真善美、抵制假恶丑、弘扬正气的思想道德，一切有利于履行公民权利义务、用诚实劳动争取美好生活的思想道德，进而营造社会主义扶正祛邪，扬善惩恶的良好道德氛围。

**3. 理论应用于实践的原则**

大学生思想道德教育要进行爱国主义、集体主义、社会主义以及社会公德、职业道德、家庭美德和共产主义理想信念等理论教育。与此同步，大学生思想道德理论教育必须结合实践进行，针对不同专业开展职业道德教育，使之运用到公民的具体学习、工作实践中。例如，以工作团体或社区为单位组织参观、访问、社会调查、社会公益活动和文体娱乐活动；开展文明社区、文明单位的评比活动，以实践活动调动大学生的积极性，把理论教育的效果转化到实践中。

### （三）公民道德与大学生思想道德教育的内容

#### 1. 教育内容要以为人民服务为核心

为人民服务是社会主义道德建设的核心，也是公民道德教育的核心。对于不同层次的公民来说，他们在自己的职业活动和社会生活中遵纪守法，勤勤恳恳的劳动，尽力做好本职工作，为他人、为集体、为社会服务，也就做到了为人民服务。而对于公民中的共产党员，国家机关工作人员和先进分子来说，为人民服务应当有较高的要求：要以符合广大人民群众利益作为衡量标准，评价自己的言行和工作。公民道德教育是一项长期的工作，要始终以为人民服务的宗旨为核心，有针对性、有层次地进行教育，这样才能保证道德教育的质量，实现道德教育目标。

#### 2. 教育内容要以“五爱”为基本要求

“五爱”是社会主义道德建设的基本要求。在针对大学生的公民道德教育中“五爱”的基本要求具体体现在：教育大学生维护国家主权，反对霸权主义，促进祖国统一大业的完成，积极投入社会主义建设；在家庭生活、职业活动、社会生活中团结和关心亲友、同事、师长、同胞，尊重广大劳动人民群众的权利，关心人民的疾苦；发扬艰苦奋斗的精神，热爱劳动，积极投身于工作和学习的劳动实践；以学习科学文化知识为责任和光荣，尊重知识，尊重人才，坚持真理，勇攀科学高峰；积极学习中国特色社会主义理论，拥护并投身于改革开放的实践活动，坚决反对一切腐败和丑恶现象。

#### 3. 教育内容要以“三德”为重点

公民的社会生活主要表现在社会公共生活、职业生活、家庭生活中。社会公德、职业道德和家庭美德是社会主义公民道德教育中最重要和最基本的内容。教育大学生要文明礼貌、助人为乐、爱护公物、遵守社会公共秩序，遵守法律法规。加强大学生社会公德的宣传活动，形成良好的社会主义道德风尚；教育大学生要爱岗敬业、诚实守信、办事公道、服务群众、奉献社会。针对职业道德的多样性和具体性，对大学生进行不同职业道德规范的教育；教育大学生要做到婚姻自由、男女平等、尊老爱幼、夫妻和睦、勤俭持家和邻里团结。

### （四）公民道德与大学生思想道德教育的途径

#### 1. 公民道德教育与法治建设相结合

针对大学生的公民道德教育，以培养大学生的思想道德品质为目标，还要辅以法治教

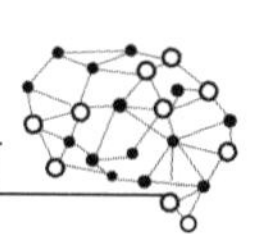

育作为重要的内容。使道德和法治二者相互作用的关系更明显地体现在具有最广泛基础的公民道德教育活动上。法治的完善能够更好地维护社会秩序和社会稳定，协调人际关系，这也是公民道德教育的目标；法治的完善可以使良心和社会舆论在其力量不变的情况下对大学生行为产生更大的积极影响；法治的完善还可以校正大学生的道德观念，强化他们的道德意识，提高他们的道德境界。综上所述，法治建设与道德教育是相互补充、相互促进的关系。当前加强公民道德教育应加强立法工作，尽快将那些关系重大的某些道德要求法制化，同时加强法律法规的宣传工作，为公民树立正确的道德观念、履行道德规范打下坚实的制度基础。

2. 公民道德教育与体制建设相结合

道德是由社会关系特别是经济关系决定的，完善规定各种社会关系的体制，对于改善公民道德状况具有十分重要的意义。①要完善分配体制。我国财富分配体制基本上是合理的，但其中仍有一些不合理、不完善的地方，如国家工作人员合法收入偏低等，这助长了不道德现象的产生，必须加以改进；②完善社会主义民主法治体制。例如，要促进党政机关和领导干部道德状况的改善；③完善新闻媒体的舆论监督机制。例如，要发挥舆论监督对道德行为评价和导向的重大作用。最后，完善对道德行为和品质的奖励机制。例如，要对一些高尚的道德行为实行奖励，改变“奖才不奖德”的现状，使道德奖励制度化，促进公民道德素质的不断提高。

3. 公民道德教育与文化建设相结合

文化建设同样具有重要的道德教育功能。充分发挥文艺陶冶情操、纠正是非、提高境界、激发斗志的功能对于提高大学生思想道德水平具有重要意义。①各级政府要加强对文化事业的投入和引导，为文化事业发展提供自由空间，促进校园文化的发展；②加强文化市场领域的法制建设和行政管理工作，加强对文化市场的舆论监督，发挥先进文化对道德教育的促进作用，抑制腐朽文化的消极影响，最终使大学生扬善惩恶，践行时代所要求的道德要求和道德理想。

## 第三节 大学生思想道德教育中的人生观问题

### 一、人生理想的问题

#### （一）人生理想的形成

人生理想在个人头脑中形成的第一个阶段是反映。人在生活实践中，首先产生对生活现实的感觉和知觉，有了对现实生活的感受，形成对实存人生的图景。在这种人生图景中，有价值的和无价值的东西尚未加以区分，应当存在和不应当存在的东西混在一起，因此还没有理想的东西和现实的东西的区别。例如，一个人在他没有对自己的实存进行认真思考之前，只是从直感上意识到自我的生存和活动，而没有自觉到在自己身上哪些东西是应当保留发扬的优点，哪些是不应当保留的缺点，自己应该是一个什么样的人。这时他对自己的实存还是简单的反映，只是作为一个自在的人感受着、意识到自己的生存和生活。这时他就是一个对自己"应当如何"还没有自觉，即还没有形成理想的人。可以说，这是人生的一种混沌不自觉的状态。可以说，凡是在人脑中对自己的生活还只有反映而没有形成应当如何的自觉的时期，都是处在这种没有人生理想的时期，不过，这种状态并不是完全无用，它是进一步形成理想有用的、必经的阶梯。假如一个人连对自己的人生实存这种感受都没有，他就不可能形成符合自己发展的人生理想。

评价阶段对人生理想的形成具有关键性意义。这里的评价，是人在自己的意识中，对自己的认识和感受的反思过程。所谓"反思"，就是在自己的思维中把自己作为对象加以思考。在这里，就是人脑通过理性和情感的作用，对反映在大脑中的各种认知和感受，进行价值评价，区分出好的东西和不好的东西，应当保留的东西和应当抛弃的东西。这样就在原来混沌的反映中有了好和坏、肯定与否定的价值区分，同时也在心理上激起"应当如何"的启蒙，使人进入形成理想的自觉阶段。凡是认真对待自己人生的人，都能够并善于经常评价自己的行动和处境，并能及时地调整自己的生活计划和行动方式，相应地、及时地改变自己。这种状态可以说是一个人从不自觉状态向自觉状态的觉醒和转变，是由不成熟走向成熟。所以它是关键阶段。

把评价看作理想形成的关键阶段，还因为评价的恰当不恰当、正确不正确，对进一步形成理想至关重要。如果对反映实存的认知和感受做出了过高的评价，即不恰当地估价了其中有价值的和应当保留的东西，那么进一步形成的理想就会受到影响；反之，也是一样。人脑对人生实存进行价值评价如何，从社会条件方面说，固然要受到社会价值观念和社会价值标准的影响，但关键还是评价主体的内在精神状态，包括理智和情感两方面的状态。这里要特别注意情感评价的作用，必须与理性的评价相结合，才能保持稳定和恰当。从道德的选择来说，也首先是理智为先。

理想形成的第三阶段是升华。所谓升华，就是人脑通过评价之后，对肯定和否定的判断、情感、情绪等做出选择，抛弃那些应该否定的判断、情感和情绪，保留那些应该肯定的判断、情感和情绪。这样就在对实存反映和评价的基础上，形成了一定的比较切实的理想意识。这时的价值目标选择就是精神的升华，因为它在善恶、美丑、肯定否定之间，做出了应该如何的选择决定。这种选择决定，集中地表现出一个人的生活态度和人生观倾向，也表现出一个人的意志和情操。这种升华过程，在每个人的意识中是经常进行的。但是，这种升华也是相对的、多元的。由于在升华过程中，支配升华过程的价值导向不同，升华过程的结果也不同，从同一实存中可以升华出几种不同的理想图式。无论对自身理想、家

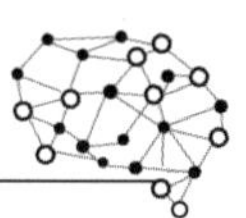

庭理想、职业理想还是社会理想，都可能产生几种不同的理想图式。有时从这些图式中可能产生出一种占主导地位的图式，有时也往往几种图式并存，互相参照，直到随着生活实践的发展得到实际的取舍。上述过程就是所谓最后的整合。整合是对理想意识的综合。经过综合，最后确定一种比较完整的理想。这是整个想象过程的结束或总结。经过这样的整合，在想象过程中产生的理想片段，以及局部的、并列的理想图式，经过比较、综合，最后得到完成理想的创造过程，从而达到理想的升华。

理想在人的头脑中经过三个阶段后，是否就是人生理想的确定呢？理想形成的过程是否就此结束了呢？应该说，从头脑活动的过程来说是结束了，但是从人生全过程来说，还没有完结，甚至可以说只是开始。贯彻人生全过程的人生理想，其形成比较复杂，明确和坚定就更需要较长的时间。一般来说，童年时期对人生的未来还只是幻想和憧憬，在青年和成年时期才能形成比较明确的人生理想。这是因为每个人都必须独立地寻找自我、面对自我，人生理想的稳定只有在自我意识成熟时期才有可能。当然，中年和晚年形成的人生理想往往在中间有过变化，在这种情况下，其理想往往不是形成的问题，而是改换的问题。由于客观环境和主观精神状态的变化，人生理想发生较大变化也是有的，不过有的从落后转向先进，有的则从先进转向落后，甚至与社会前进的方向完全相背。这种变化，常常发生在社会大变动和新旧交替时期，特别是在革命和反动激烈斗争时期。在这种历史时期，由先进向落后的转换，往往就会成为历史的落伍者。所以，对于关系人生的最终理想来说，一旦确定了正确的、进步的理想，就应当一以贯之，坚定不移，直至终生。

### （二）人生理想的类型

社会生活是多方面的，如物质生活、科技研究、经济管理、行政组织、法制控制、政治决策、艺术创造，等等，都是由人参与的、有一定社会意义的生活。既然如此，每个人就会有不同的理想追求。一个健康、合理的社会制度，就应当在社会统一的价值目标前提下，容许理想的多样化、个性化，即各种不同的人生理想经济理想、政治理想、科学理想、艺术理想、道德理想乃至宗教理想，等等。只要不是邪恶的、反动的，而是正当的、追求真善美的，都有存在的必要和理由。这样就会给每个社会成员开拓一个自由选择人生理想的广阔天地。

社会生活中的现实问题也是多方面的，人们对现实问题的认知和对未来的想象，也是形形色色的。因此人生的理想也必然呈现多层次、多方面、多视角、多元化的特点。根据认识和实践的不同需要，人们可以做出大体的类别划分。例如，有人把人生理想分为社会理想、工作理想、生活理想、人格理想；有人把人生理想分为社会理想、职业理想、家庭理想、生活理想，还有人把人生理想分为审美理想、道德理想、功利理想、社会理想，等等。这些划分都从不同的划分标准上对人生理想作了分类，有助于认识、指导人生理想的认同和选择。不过，从逻辑划分上看，前两种划分不够严格，划分后的概念有外延的重叠和包含，一定程度上会影响对人生理想的认同和选择。如把生活理想与家庭理想、职业理想并列划分，就不太明确。家庭和职业活动，也都是生活，职业生活也是社会生活。所以这种划分很容易引起误解。后一种划分从理想的内容上说，概括了主要的东西，大体上也可以反映出人生真、善、美的内容，但划分标准也不统一，社会理想与前三者之间的概念内涵和外延也都不易分清。

我们则按照人类生活的主要方面、阶段来划分人生理想。人生理想亦即理想人生。人生有几个主要方面和主要阶段，人生理想的划分也就应该有相应的划分。但人生方面和人生阶段两者很难同时照顾，很难同时作为划分人生理想的标准，因此只能大体兼顾，而不能完全符合。这样说来，人生大体可以分为个人生活、家庭生活、职业生活、社会生活四方面。人生理想也可相应地分为自身理想、家庭理想、职业理想、社会理想。

所谓“自身理想”，是指个人自身素质的理想，包括知识、能力、品德所能达到的完善程度或最佳状态，也包括举止形象的完美。前一方面可概括为内在素质完善，后一方面则是外表形象完美，内外两方面统一就是人的自身理想。所谓“家庭理想”，包括正当、和睦的家庭关系，也包括丰富的经济生活和文化生活。家庭关系主要是亲子关系、夫妻关系、长幼关系，以及部分家庭中主人和佣人的关系。经济、文化生活也包括所谓“致富术”。所谓“职业理想”，是指拥有合乎现代社会发展水平的、满意的职业工作，这其中包括职业工作的性质、内容、环境条件、报酬和社会荣誉都合乎现代社会发展水平以及被主体满意。至于“社会理想”包含的内容比较复杂，其中有作为政治团体和政党成员的政治理想，有国家公务员的社会政治理想，也有一般社会成员的社会理想，还包括作为人生理想基础的社会经济理想；或者概括为经济理想、政治理想、法律理想、道德理想、艺术理想，以及一定范围的生态理想等。当前，建设中国特色社会主义、实现社会主义现代化和幸福的生活，就是我国人民的共同理想，将来我们还要为更加美好的未来而奋斗。

### （三）人生理想的认同

以上各种类型的人生理想能否成为社会普遍承认和接受的理想？每个社会成员又是怎样形成自己的理想并作出自己的选择？这就涉及理想认同、价值取向问题。人生的理想与现实不同，它是人通过头脑对现实的认知和对未来的想象创造的。这种创造，有群体的，也有个体的。就一个社会来说，形成社会性的理想模式，是全社会共同创造和综合作用的结果；但就个体来说，却不能靠自己的头脑创造方方面面的人生理想。有些理想要由自己创造，有些理想就不能由个人单独创造，而要经过自己头脑的思考，接受他人或社会提出的理想模式。如我们说要做一个对社会主义现代化建设有贡献的人，这个理想就不能是个人单独创造的，而要经过自己的学习和认识，自觉地接受和认同关于现代化建设的理论和实践。

理想认同是指个人对他人或对社会所提出的理想模式的接受和趋同。理想认同与理想

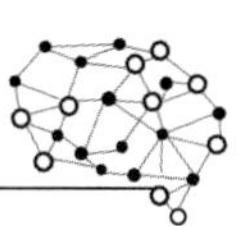

创造不同，理想认同是指个人接受、采取他人或社会所创造的理想，作为自己追求的人生理想；理想创造则是指个人通过自己的认知和想象，从自己所处的现实条件中提出自己要追求的人生理想。而理想认同与理想认知也属于不同的范畴，应加以适当区分。一个人可以认知某种理想，但不一定就认同此种理想。一个人道主义者可以认知专制主义理想，但不一定会认同专制主义。一个自由主义者可以认知婚姻义务，但一般不会认同这种婚姻方式。一个理想主义者可以认知功利主义职业理想，但在正常发展的条件下，不会认同功利主义职业理想。反过来也会是如此。认同要有认知的认识基础，没有正确的认知就不会有恰当的认同。但认知不能代替认同。认知要有清楚、如实的判断，而认同则要有丰富的经验、执着的热情和精明的利害权衡。

对于人生实践来说，理想认同更具有决定性意义。由于人生离不开理想，而个人进行理想创造的能力又有限，所以人们必须通过理想认同才能满足精神生活的需要。这就是说，理想认同是个人参与社会生活的基础和入世的门径。因此，人在青年时期，对社会价值导向、目标，不可以采取无所谓、不屑一顾的态度，而要有认真的理性思考和认同。事实上，个人的理性思考、价值取向等具有社会性的心理活动，就是建立在理想认同基础之上的。如果一个社会集体中的每个成员，都有对共同理想的认同，那就可以形成以这种理想认同为基础的统一意志和行动；而个人就会对集体的目标、决策采取比较一致的、积极的态度，为实现集体的和社会的共同理想尽职尽力。如果个人没有对集体理想的认同，就会疏离集体，思想不合拍，情绪不协调，行动不合群，就会产生心理孤独、分裂感，以致沉沦自毁。

理想认同是确立人生理想的方式，但并不是每个人的认同取向都会相同。由于人们的利益、兴趣要求不同，理想认同也会不相同；同一个人在不同时间所认同的理想往往也会有变化。各种理想认同之所以不同并发生变化，就是因为其主观的价值取向各不相同或发生变化。其实不尽然，如果我们从另一个角度去看，猴子对于栗子并不在于认识数目，而在于满足需要。如果需要得到满足，他们就会高兴，反之就不高兴。由此可以得出一个普遍的道理：朝三暮四与朝四暮三，都是满足需要的方式，也是个体的两种生活理想和价值取向。喜欢哪一种，对哪种生活理想认同，取决于需要、兴趣和价值取向。

人的理想认同也有类似情形。同样的生活内容，方式不同也会表现出不同的生活理想和价值取向。有人追求平稳的职业生活，有人追求流动较大的生活；有人喜欢一家老少几世同堂的大家庭生活，有人比较喜欢分家单过的小家庭生活；有人偏重独善其身，有人偏重兼善天下，如此等等各不相同。至于偏好艺术还是偏好技术；喜欢从政还是愿做学问，这就更是各有所志。每个人在生活中所获得的有意义的东西都是不同的，感受也是不同的。从有限的意义上说，人各有志，不可强求。理想认同是多元的，价值取向也各不相同，每个人的理想也不会千篇一律。只要各个人的价值取向，不违背社会进步的价值目标和基本原则，就应当允许个人理想认同和价值取向的自主和自由。只有这样，才能形成既有统一意志，又有个人自由和心情舒畅的、生动活泼的社会生活局面。当前，建设有中国特色的社会主义，把我国建设成为富强、民主、文明、和谐的社会主义现代化国家是全社会的共同理想，也是评价每个有觉悟的中国人的人生定向的基本标准。这是一个共同的、基本的标准，在这个标准之下，个人可以有自己的人生理想认同和选择，而这种个人自由的认同和选择，归根到底都是源于一个总目标，即实现中华民族伟大复兴的中国梦。

### （四）理想与现实

本来在客观世界中，或者说在世界的本体领域，并不存在理想与现实的矛盾。理想与现实的分离，只是在人生领域，在人的主观世界才发生。这个分离实质上就是主观与客观的矛盾在人生过程中的反映。如前所说，客观世界作为实存，是包含着差别和矛盾在内的。对于事物的内在差别和矛盾，通过人脑的认知和想象，就在人的主观意识中形成理想，于是就发生了理想与现实的关系问题。显然，理想的形成是以现实为根据的，是现实发展的条件和主观要求的统一。也就是说，理想来自现实，现实中孕育着理想。但是，理想是通过人脑主观加工过的，是集中了现实中有价值的、有前途的东西加以整合形成的，因而是高于现实、优于现实的。特别是科学的社会理想，达到了对客观世界内部矛盾的规律性认识，能在事物发展的总体上、在矛盾运动的必然趋势上，把握事物的发展和人生的未来，就更是引导现实的旗帜、把握现实的力量。

因为理想和现实是有必然联系的，所以在人生过程中所建立的各种理想，都必须紧密地依据于现实，不能脱离现实。就像走路不能脱离大地一样，要脚踏实地，如毛泽东所说，“踏着人生社会的实际说话”俄国早期马克思主义理论家普列汉诺夫也说过：“思想要超出既定现实的界限，……可以走两条道路：第一，走那条引导到抽象领域里去的象征的道路；第二，走现实本身所走的同一条道路，通过这条道路，现实—今天的现实—以自己本身的各种力量发展自己本身的内容，超越自己的界限，比自己本身存在更久，并且为将来的现实创造基础。”如果抛开生活中的许多特殊情况或偶然现象，人生对待理想与现实的态度也是这样。人的理想超越既定现实的界限，有时候走第一条路，有时候走第二条路。走第一条路，表明他不善于理解现实的意义，因而不能判明现实发展的方向，确立自己应当追求的理想；走第二条路，表明他能够理解现实的意义，解决了现实中的困难问题，看到了未来发展的前景。但是，另一方面也不能把理想和现实等同起来，把理想归于现实，消融于现实。实际上，把理想归于现实就是取消理想，也就是取消人的前进的目标和主观能动性，其结果或对现实昏然粉饰、随波逐流，或者是与假恶丑的现存人事同流合污。由此可见，不能因理想是有价值的、完善的，就只去赞美理想，蔑视、诅咒现实；也不能因现实是实在的，理想只是将来的设想，就认为理想只是虚幻的，因而摒弃一切理想。这两种倾向都不利于打开理想与现实沟通的心理症结。

那么，什么是正确的、真实的理想呢？正确的、真实的理想，就是符合社会发展要求和实现根据和条件的、具有可实现性的理想。就实践结果来说，可以实现的理想就是正确

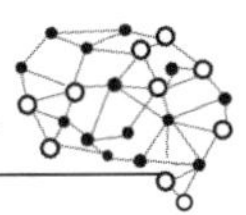

的、真实的理想，不可能实现的便是不正确的、不真实的理想。有现实根据的、合理的理想是可以实现的，因而是正确的、真实的；没有现实根据的、不合理的理想是不能实现的，因而是不正确的、不真实的。这就是说，理想是否真实，不仅在于它是否符合现实，而且在于它是否包含着理想的根据和条件，是否可以通过实践而转化为现实。人生的理想不同于一般客观知识之处，就在于它不只是通过观察证实是否符合现实，更在于通过实践是否可以转化为现实。一般来说，凡是能够转化或最终能够转化为现实的就是真实的、正确的理想；反之，就是不真实的、不正确的理想。

理想自身包含着现实性的可能性。理想从可能性变为现实，要依据现实中的根据和条件发展，并不是建立在空想、幻想之上的。一般来说，在现实中具备了发展根据和条件的，就有可能变为现实。但是，并不是在一切情况下都能充分展开现实中的根据和条件，提供发展的一切可能性。从可能性向现实性转化的一个决定性条件，就是人的主观能动性的发挥，是人积极争取实现理想的努力。这就是说，现实与理想的因果联系是以实践为中介的实际联系，不经过实践这一实际环节，现实与理想之间不可能发生因果联系，并实现由因到果的转化。在实践过程中，由于人们对实践的主观条件和客观条件不可能百分之百地认知，由于主观条件也可能因不同的情境而有不同程度的发挥，因此人们对理想实现可能性的把握，也只能是近似地达到准确或“有把握”，而不能绝对准确，绝对的“有把握”。就是说，理想的实现只能包含着人为因素的一种可能性，而不是像自然界事物发展那样的必然性。因此，任何实现理想的实践，都带有一定的预测性、探索性，因而也都具有一定的冒险性。这就是为什么社会改革事业往往不能完全避免有曲折、有失误、有风险的道理。从这个意义上说，人生就是寻求，就是探索，一定意义上也要冒些风险，这也可以说是一种对人生的“看透”。

### （五）乐观与悲观

在对待理想和现实的关系问题上，特别强调要有积极、乐观的态度。生活态度是决定人生的主观因素，是人生目的、目标能否实现的必要条件。一个人的人生选择是成功，还是失败，可以说生活态度决定了一半。成功者与失败者可能有许多差别，但有一个重要的差别就是生活态度的不同。成功者始终用积极的思考，抱着乐观的精神，充分调动一切有利的因素，支配和控制自己的人生；而失败者则总是受种种消极思想和疑虑、悲观的情绪支配，看不到积极因素，打不起精神，成了悲观情绪的奴隶。从这个意义上说，一切取决于用什么精神和态度去把握自己。事实证明，凡是生活高效率和有大贡献的人，无不与他们的积极、乐观的生活态度相联系；反之，消极、悲观的生活态度，必然使人生低效率，事业上很少成就。当然，有了积极的精神和生活态度，并不能保证事事成功，但是没有积极的精神和生活态度，事情必定不能成功，即使偶尔得幸，持续的成功也是不可能的。

乐观与悲观，表现着两种不同的人生态度和生活情绪。这里包含着理智的方面，也包含着情绪的方面，以及两方面的相互作用。从理智的方面说，乐观与悲观，都是对人生的一种“观”，包含着对人生理想目标和实现理想目标的条件的看法、洞见。人生活动要有理智的指导和主宰，没有理智的指导和主宰，就会盲目行动。如果人生活动是在正确认识客观条件和主观条件的基础上，洞见理想目标实现的必然性与可能性，就会对人生充满信心，对生活抱着乐观的态度。反之，就会失去信心，产生悲观的生活态度。所以，理智判断或洞见的正确与否，对人生态度如何具有决定性作用。从情绪方面说，乐观与悲观又都表现着人生的一种“情”，体现着人们对待理想目标的情绪和情感。情绪对人生态度有直接的影响，往往比理智更活跃，更有力，但是也因此而不如理智的作用更稳定，更持久。如果没有理智的判断和洞见，单纯的情绪却是盲目的，忽冷忽热，时悲时喜，都不是正常的人生态度。根据一般生活经验，单从情绪的乐悲上说，乐观与悲观都可能错误。在这种情况下，正常的态度应当是冷静思考，正确判断，保持清醒的头脑和稳定的情绪。从上面的分析可以看到，悲观与乐观的基础是理智的判断和洞见，而不只是情绪的激动或消沉。所谓乐观，实质上就是指理性的判断、正确的认识、健康的心理，而不是指没有理智根基和健康心理的情感。情感、情绪，只是理性态度的表现，在情绪和情感的背后，还是理性的认识。所以，不能只从情绪、情感上分析乐观与悲观，得出理智或理性都不可取的结论。当然，也不能忽视情感和情绪的作用。

一般来说，乐观与悲观是与人们对理想目标实现可能性的认识明暗相联系的。悲观主义人生态度，常常是从不能正确对待现实和理想开始的。悲观主义有时表现为夸大客观条件的决定作用，消极地看待现实条件中的不利因素。前者往往表现为在理想与现实撞击失败而感到失望时，走上悲观厌世的道路；后者往往是面对人生艰难和生活痛苦的时候，以为人生就是痛苦。而一个现实感很强的人，能够根据对现实的深入观察和思考，正确分析实现理想目标的客观条件和主观条件，认清理想目标实现的真实可能性和必然性，从而对前途充满信心，并对生活抱着乐观的态度和高亢的情绪，去积极促进可能性转化为现实；或者创造条件，使根据不足的可能性变为有充分根据的真实可能性，并全力以赴争取实现夙愿。这样的人就是真正的乐观主义者。他的乐观不是盲目的，而是建立在对现实的科学分析和理想预见之基础上的。他的理想就是有把握实现的明天的现实。他之所以能够乐观，从客观方面说，在于他所要实现的理想目标是根据现实发展的要求提出的，因而符合现实发展的必然趋势；从主观方面说，他清楚地认识到现实的要求，自觉地把现实要求作为自己的使命，并充分掌握实现理想、完成使命的条件，因而能够以极大的热情和毅力去完成使命。当然，一个乐观主义者，在生活中有时也会有悲哀、痛苦，但是他决不为这种情感所左右，也不会因此而悲观，而是以理智驾驭情感，发愤图强，把悲哀和痛苦变成奋起拼搏的力量。

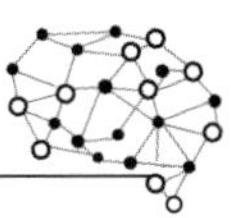

## 二、人生道路的问题

### （一）自立与合群

自立与合群，是人生道路上的第一大问题。人要能生存和发展，必须能自立，能合群。不能自立与合群，就不能生存和发展，也就无所谓人生。因此，正确地认识和对待自立与合群的问题，对人生各个阶段和各个方面的发展，都是至关重要的。

人要能在世上生存和生活，首先必须能自立。自立是个人发展和完善的根据，是一个人的自强能力和独立人格的体现。人之所以为人，从其个体的存在来说，首先是一个有肉体、有意识和思想的存在。而且只有当他依靠自己的意识和力量存在的时候，他才是独立的。人的自立能力和精神是贯穿人生全过程的，但在人生的不同发展阶段上，自立的性质和内容都有其特殊性。人生的自立在未达到成人之前，总的来说，还不是全面的、完善的自立。全面的、完善的自立应该是能力自立与人格自立的结合。这种全面完善的自立，一般来说，是在摆脱了对父母和教师的依赖之后，在能够生活自理并进而能够自谋生活开始的。这是不用拐棍儿自己走路的自立。这种自立的形成，是人生从童年进入青年、再进入成年的标志。

自立重在立身。立身是指个人对于自身成长和事业的认识和把握，能够独立生活。立身就是自立。立身是每个人在人生道路上都必然要经历的磨炼，任何人都不能逃避，否则就不能自立成人。事实上，一个人从儿童进入青年时期，就开始了自立的过程，就要谋求生存的手段和技能。全面的立身自立，应当是从青年时期开始的，特别是青年的成熟时期，即所谓成年人时期。

人生一旦达到成人时期，就进入比以前更为复杂的社会关系和活动，就要承担多方面的社会责任，包括家业和事业。因此在此后的生活过程中，不论是哪个方面或哪个时期，都有一个贯穿自我的德操和人格，具有应对和担当的能力。具体地说，一个成熟的人，其自立不仅表现为能够自主学习、工作、齐家、立业，而且还具有立身处世的成熟的德操和人格。作为个人的社会特质和内在倾向，德操和人格始终是人生立身的脊梁。

自主的学习是青年自立的首要标志。人一生都离不开学习，但人生各个阶段的学习意义是不同的。儿童时期，学习只是初始的、被动的。青年时期是人一生中学习最集中、最重要的时期，因为青年时期不仅精力最旺盛，而且是开始独立地承担社会责任，准备接替老一代履行社会责任、勇于担当的关键时期。青年时期，学习主要表现为自主学习，即自觉地、主动地为实现理想目标而学习，不像儿童时期依靠家长和老师的督促。特别是学习中的独立思考和创造性的研究，更突出地表现着青年时期的自立和自强。所以，青年时期就是立业的开始，也是立志成人、博学成才的开始。

人到了青年时期，随着身体的发育和性机能的成熟，会产生对异性的要求。性欲作为一种生理欲求，具有动物性，是“类行为”发展的规律，它本身纯属自然。人的这种性机能构成了爱情萌发和维系的自然基础。但是，人的爱情却不是仅以这种生理的、自然的性欲为条件的。如果仅是这样，那种“情”就只是停留在同动物一样的水平上，或者说仅仅是一个自然人的性欲的表现，而不是爱情；真正的爱情是以相互倾慕、互爱为基础的。其中包括对异性的生理要求，但更主要的还是互相倾慕的情感，是真实的认识和具有道德意义的精神沟通。正是这个方面体现着人之为人的本性，体现着人生的自立精神和人格。一个人如果不能在这个情感、精神方面具有自立能力，他就不可能有正当的爱情，不可能处理好对异性的恋爱关系。爱情的力量，只能在非性欲的情感和人格中存在，并得到健康、持久的发展。

爱不仅表现个人的自立，同时还表现着人的合群能力。按中国古代文字的表达，人与仁是同义的。仁即是二人的结合，只有二人结合才能成人。这里是指男女二人合作，也包含男女阴阳合和的意义。所以，爱就体现着合群、结合。但是，爱的合群不仅是自然的、生理的结合，更是有意识和思想的社会的结合，是抱着相互爱慕的感情和终生为伴的目的的精神的结合。

成人自立与合群的第二个基地是家庭。家庭作为以血缘亲情为纽带的生活共同体，具有多方面的职能，如组织家庭成员共同生活、获取物质生活资料、延续家族人口、进行家庭成员教育，以及参与社会活动等。这五种职能表明家庭是社会的一种基本单位。因此，建立一个家庭，对个人来说不仅是使爱情变为正常的伦理关系，而且是使人进一步承担社会责任，促进人的自立与合群能力的发展。应当理解，置身于婚姻关系并委身于这种伦理关系的，不只是身体，根本的乃是人格。家庭作为爱情和缔结婚姻的结果，不但意味着爱情的继续和发展，而且意味着新的责任意识和人格的形成。

爱情与家庭是人生不可缺少的组成部分，是人生道路上的两个重要关口，如果没有正确的认识和妥善的处理，必将影响一生的幸福，造成终生的遗憾或悲剧。在人生的几大领域中，还有高于并重于家庭的领域，这就是社会事业的领域。所谓“事业领域”，包括很广的范围和长久的时间。在现实生活中，事业和职业体现着一个人的社会关系、地位和使命。因此在事业和职业中，特别要求个人在能力和人格上，能够承担起特定的社会关系所赋予的责任和使命，也就是要求个人要有承担一定权利和义务的资格。人无才，心思不出；无胆则行动畏缩；无识则不能取舍；无能力则不能自立，不能成就事业。人的事业和职业活动，不仅将在大部分人生时间里去实现理想目标，创造社会价值，而且要求个人实现人格的完善。一个具有自立与合群能力的人，在自己的社会事业和职业中，通过自己的劳动、创造和与他人的合作，为社会创造出物质财富和精神财富，同时也就是进行着自我人格的塑造，实现人生的价值。

人在成就事业的过程中，都会有许多痛心和纠结的事。对此务求心胸豁达。所谓“豁达”就是遇事想得开，看得透，冷静对待，尽人事后则泰然处之。在工作中，同事相处，不要心胸狭窄，事事较“真”。如发生纠纷，可采取宽容、谅解态度。人际关系之事固然也有是非曲直，但更多的还是感情，友谊与合作。因此，除非涉及重要的原则问题，要重

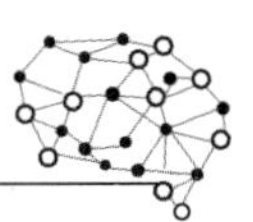

在沟通说理，同时注意分寸，维系友好合作关系。应当记住：在任何工作单位，都有这样那样的利益纠葛，友情往往比一些你多我少的利益更珍贵。事事计较吃亏占便宜，结果反会造成同事关系紧张，影响工作，加重自己的心理苦恼。生活的经验证明，无论在单位还是在家庭，能事事宽容一些，超脱一些，豁达一些，就能坦然自处，友善共事，事业有成。

### （二）竞争与合作

竞争与合作是相互联系的。在事业的进行中，有时要单干，有时又需要与他人合作，如在遇到个人无法克服的困难时，与人合作、形成集体，就比单干更能克服困难，获得成功。在多人的合作中，人们可以化解困难，同时保持自己的独立。在集体的合作关系中，个人可以实现既有个人活力又有集体相互配合、相互促进的发展。应当说，与集体合作是成年人成熟的标志和应有的本事，不懂得集体合作和不善于集体合作，是做人还不成熟的表现。许多成功事业的经验说明，在事业的进展过程中，每个人必须学会在与他人的合作中独立，同时又成为集体的一员。有些职业或事业的活动，可能表现为单干的形式，如书画创作、陶瓷雕绘、乐器独奏等，但这只是这些职业或事业活动的一部分，而不是全部。就其全部来说，它们都有需要与他人配合的活动内容，其创造活动也都离不开或大或小、直接或间接的群体协助；至少有一条是无疑问的，即他们个人离开制造和提供原材料的社会群体就不能成就自己的作品。可以说世上的各种职业或事业，都必须这样那样地依靠群体或集体的力量，互通有无，互相配合，才能完成自己的创造，实现自我的价值。事实上，每个成功者的道路都要经过三个相互联系的阶段：独立—依赖更高的独立。这也就是独立、合作和个人成就的过程。

合作需要有诚意。与人合作要多想别人和集体的需要，不能老是想着自己，这样就会得到别人的信任和帮助。当然，与别人合作有可能上当，也有可能因合作者不默契而使事业不成，也可能使自己也变得不诚实。但是，经过一段人生的磨炼，见过一些世面之后，就会明白：做人如果不诚实有信，内心世界就会不平静、不踏实，也不会得到别人的信任。人们终究会明白那句中国古训：“人无信不立。”失信即失人，只有诚信做人，善与人同，才能立身成人，成就事业。

合作还要讲究方法。在寻找和选择合作伙伴时，可以采取逐步推进的方式，使合作程度分阶段加强、加深。可以先进行试验性合作，有条件的合作，即考虑到一定条件下解除合作的可能性。这里要区别朋友关系和集体合作关系，两者不能等同。朋友是忠诚的伙伴，集体合作者并不一定是朋友；前者是个人对个人的关系，后者是个人与集体的关系，尽管这里也要通过个人间的合作，其情况却有所差别。把两者简单地等同起来，可能会遇到情感的困惑，集体合作和朋友关系的发展都会碰到尴尬。

有些合作不好的社会群体，情况比较复杂。它们不乏有能力的人才，也有一定的集体合作条件，但是却不能实现有效的集体力，其原因可能是多方面的：有的个人竞争性强，集体合作搞得不好；有的强化集体合作，而个人竞争性发挥不够；有的集体的领导不力，等等。那么，有好的个人竞争又能集体合作的人生能否实现呢？理想的模式固然难说，但在现实生活中，这样的情况不但可能而且还是真实存在的。在我们社会各界，都有许多先进的单位和个人，都能够顾大局、识大体，在发挥个人积极性的同时，努力完成集体和社区的建设任务，促进集体和社区共同事业的发展。这样的先进单位，大体上形成了一种既有集体统一意志、又有个人心情舒畅的动态和谐局面。我们的多种卫星上天，各种高难度的项目成功，既有个人超群的技能，又有严格的集体合作，这就是最有力的证明。总之，在人生过程中，既要敢于竞争，善于竞争，也要敢于合作，善于合作，把竞争与合作统一起来，以积极的态度成就个人的事业，并推进共同事业的和谐发展。

### （三）利己与利人

人的本质是在社会关系中体现出来的。人生的境界、权利和义务的统一，也是在个人同他人、个人同社会的关系中体现出来的。这里，最能体现人生道路的，是如何对待个人与他人、社会的利益关系。人生的道路，不论是重理想或重实惠，实际上都表现着一定的功利性追求，或者说都是在功利的基础上表达和实现着人生的追求。从这个意义上说，人生的道路，就表现为如何对待个人与他人、个人与社会的利益关系。

人生要不要利益？要不要讲实利？正常的人都会做出明确肯定的回答。人生要利己，还是要利人？如果不是挑剔问题提法上的毛病或对概念发生误解，那么正常情况下的回答也只能是两者都要。人生就是自利与利人的统一。这里所说的“利己”，是在人生必要的、正当的需要意义上使用的，犹如个人往自己嘴里吃饭，它同“自利”是同义的。这里说的利己、自利，都是指人生的需要这种科学事实，不是道德诫命。从这种意义上说，它不同于自私、也不等于利己主义。“自私”这个概念包含着只为自己而不顾别人、甚至损害别人的意思。自私与善没有共通之处，因为善之为善是以不自私为前提的。我们平常说“某某人自私”，就是对某人为人处事的道德品质的批评，也包含着对他的行为品性的评价。而利己、自利则不包含只顾自己不顾别人的意思，因为它不是以利己、自利为根本行为准则对待人己关系。利己、自利在合理的社会利益关系中，在正义的法律和道德的范围内，就是正当的个人利益。所谓合理，就是利己与利人统一、自利与利他统一。这正是公正的社会法律和道德的普遍性、广泛性要求。

先人后己与先公后私，是与自利利人、利己利公一致的或兼顾的选择，这是正常的、正当的。但要注意，先公后私的“私”，指的是正当个人利益，并不是指利己主义、自私自利。如果指后者，那么无论放在前或放在后都是错误的。先己后人、先私后公，这是比较低层次的选择。就其先顾自己，后顾别人和公利而言，是自私的选择；但就其没有损害他人和公利而言，在一定程度或在结果上还是正当的选择。但“先私后公”也是指正当个

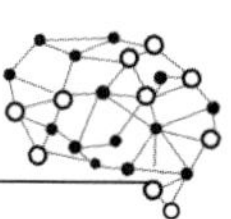

人利益，而不是自私自利。不仅如此，这种取向的境界也时时埋藏着一种危险性，即“先己”“先私”实际上是以私利为标准去权衡利益得失，在发生冲突时就会以损人利己、损公益私的手段实现自我利益。损人利己与损公益私，这种选择之不道德是古今共谴的。不仅道德谴责，法律也不容。所以做这种人生利益选择终究逃不脱害己的命运，或受他人、社会的惩罚，或受自己良心的谴责。自私自利必不长久，也无真正的快乐和幸福可言。

人们常常把“先公后私”与“大公无私”区别开来。其实这两种道德要求是一致的，同属一个层次。先公后私的“私”，与大公无私的“私”，不是同一个意义。前者是指正当的个人利益，后者是指自私自利。两个提法是从不同角度提出的要求。前者是反对自私自利，损人利己的思想和行为，后者是提倡办事以公为重，先公后私，私事服从公事，也是反对自私自利的思想和行为的。因此，两者应当既是现实的行为原则，是可行的道德要求，同时又是理想的道德要求，是人们应当努力的方向。人们在处理个人与他人、个人与社会的利益关系时，要尊重先公后私、先人后己的原则，同时必须坚持大公无私的原则；而坚持大公无私的原则，在具体处理公私事务和利益关系时，也往往就要做到先公后私、先人后己。这是一致的道德要求。不能说先公后私就低于大公无私，大公无私就高于先公后私。

如果人们能够全面地、冷静地理解上述用语，就不至于在对待利益关系的选择和价值取向上，产生过重的心理不平衡，也不会在人生的十字路口上停下来，责怪生活提出那么多应当如何的要求和理想人生的选择。理想人格，大公无私的浩然之气，不是乌托邦空想，它是正当的行为中所包含的道德价值的集中，是高尚品德的人所具有的人格特质。一个人一生做到时时事事高尚，是难以的做到的，所以理想人格的完美，只是相对的、比较而言的典型。但是，就个人的行为品性来说，高尚的价值并不是不可企及的。在适当的条件下，只要人们愿意和决心去做，都是可以做到的。对于畏难者、自私自利者来说，当然是做不到的。其所以做不到，不是不能为，而是不愿为，只要他愿为就能做到。

### （四）奋斗与成功

人生没有现成的路，路是个人闯出来的，也是众人走出来的。就我们的社会来说，社会环境以及社会共同理想给人们指出了共同的路，或者提供了开辟人生道路的大环境和多种机遇。但是就个人来说，实现人生目标的道路还要靠自己走，任何人都不能代替。每个人都必须在社会主义现代化建设中树立开拓进取的探索精神，发挥自己的潜能，实现自我的价值。在这个意义上说，走自己的路，自我奋斗、自我实现，都是一个意思。它们只是表示个体人生发展的形式，并不意味着自私或无私。人生就是奋斗，就是通过奋斗服务群众、贡献社会的自我实现过程。

再者说来，人生道路既然是复杂的、易变的，有必然性也有偶然性，因此不可避免地会有顺境和逆境。良好的社会制度和环境，总体上给人生准备了顺利成长的道路，但就个体的人生活动来说，由于条件的复杂和易变，由于各种随机因素的难以把握和个人的行为选择不当，仍然不可避免会有挫折和逆境。这里强调逆境对人生的影响，并不是说身处逆境就不能成功。逆境只是给人生造成了不利的条件，但条件是可以为人所利用的，有些条件也是可以改变的。不利的条件经过人的主观努力，往往会成为人们创造有利条件的催化剂和发奋图强的助力。处逆境会使人更加顽强地生存和生活，这容易理解，但处顺境怎么就会使人夭亡呢？因为处逆境使人精神振奋，发奋图强，增长智慧，趋向圣明；而在顺境中生活，就往往会使人精神放纵，狂妄不羁，甚至不能立身成人，岂不等于夭折！魏源这段话，不是说顺境绝对不好，逆境绝对就好，而是教人辩证地对待顺境和逆境，看到顺境对人生有消极的作用，逆境对人生也有积极的作用，要从积极的方面去对待逆境，甚至逆着心性给自己的人生选择个逆境，以造就非凡的人生。这里重要的是积极地对待逆境。人生要奋斗，就会有逆境，逆境如草木经霜，孕育着茁壮成长。如上是生存和生长的一个普遍规律。对一个国家、一个民族是这样，对于一个人的成长也是这样。要奋斗和成就事业，就要有一种雷厉风行、坚持到底的作风。我们做什么事情，想到要做的时候往往是最适当的时候，是主客观条件最好的时候。如果错过机会，实行的机会就不会再来；如果现在不去行动，错过最佳时机就很难再能做到。当然要按照做事的法则去做，才能取得成功。

成功的法则要依事而定，但也有普适性的法则：①要有目的。做任何事情都要有明确的目的。经营事业就是经营目的，实现事业自身；②要有准备。凡事预则立，不预则废，有备才能无患。准备在于精心、周到、充分；③要有顺序。顺序是事业的过程和程序。做事没有顺序和秩序，就达不到目的；④要有方法。方法是手段，是成功的最短距离，也是成功的关键和结果的保证。没有正确的方法，事情也不能成功。其五，要有始有终。做事要有始有终，才能通畅而有结果，否则就会事与愿违。

## 三、人生价值的问题

### （一）摆正自我与社会的关系

如果说，价值是人的活动的一定的社会存在方式，人生价值就是人生活动所体现的功能及其社会意义。就其一般的社会内容来说，人生的价值就是人们通过一定的社会活动和劳动所尽的责任和所做的贡献，犹如人生一路走来所留下的脚印和时间再现的投影。

人生价值，首先是作为个体的自我价值表现出来的。一般说来，自我价值是指自我对其本身的肯定或否定的关系。哲学家们曾用一个简单的公式表示“我 = 我”，但被后来的哲学特别是马克思主义哲学所批判。人类的历史证明，人生首先是以自我的个体生存形式存在的，是“为我的存在”。从思想和欲望上说，人只能是以个体的形式自己思考，自己吃饭，不能由别人代替。但作为社会的存在物，人的存在和生活要依赖于一定的条件，特别是要依赖于生育和生长所必需的亲子和人伦关系，因而自我不可能是孤立的、绝对的存在，不可能画上数学的等号，而只能是作为一定的社会关系而存在的个人。“为我”的个

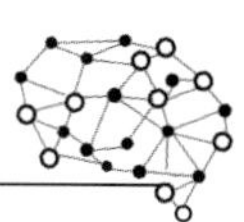

人同时也是“为他的存在”。用马克思的话说，人就是“作为社会的化身存在的”，个人只能是社会（包括家庭）的存在。也就是说，在马克思那里，不能把作为个体的自我与其所处的社会割裂开来。个体生活的存在方式，必然是人类生活的较为特殊或较为普遍的方式，是带有个性特征的个人。从这种观点出发，马克思和恩格斯以及后来的马克思主义理论家，都不是抽象地理解“自我”，而总是把“自我”理解为在一定社会关系中活动的有个性的个人。因此，“自我价值”这个概念，也就意味着个人价值或个人的自我价值。

作为一个人所具有的自我价值，并不能理解为这个人所具有的孤立的绝对价值，它不是这个人自身对于其自身的关系或者这个人自身满足其自身需要的价值，而是把这个人自我与其所处的社会相关联的价值。在这里，当然也可以分析个人的“自为价值”或“为我价值”。但进行这样分析如果抛去自我与社会关系的视角，或者离开人们的社会实践，就是没有实际内容，也是没有现实意义的。“真正现实的人”的存在，就是马克思所说的“他为别人的存在和别人为他的存在”；人和人之间由于需要的联系而成为互相依赖、互相服务的存在。在这个意义上，个人的自我价值就取决于个人在一定社会关系、个人和他人关系之中所尽的责任，以及满足社会需要的劳动、创造和贡献。因此，劳动、创造和贡献，就成为一个人人生价值的基本标识。

每一个正常的人，都能够在多方面为满足他人和社会需要做出自己的贡献，因此也都具有多方面的价值。在这种互相对应的关系中，作为客体的个人是满足社会需要的手段。一个人对社会所做出的劳动、创造和贡献，体现着他的自我价值，其中也包括他人或社会给予他的肯定评价。对于个人来说，谁的人生活动符合这种满足社会的需要，谁就具有正价值和正能量。谁的贡献大，谁的价值就大，谁的正能量就大；谁的贡献小，谁的价值就小，谁的正能量就小；谁没有贡献，谁就没有价值，谁就没有正能量。如果损害社会和他人，破坏社会和他人的正常生活，就只是负能量、负价值，要被社会和他人所否定。

个人与社会密不可分。社会自然要依靠社会中的全体个人，个人自然也需要依靠整个全体个人构成的社会。个人的生存和发展，不仅需要依靠自己的劳动，也必然依靠他人的劳动，这就是向社会索取的过程。既然个人对社会有所索取，那么就必须对社会有所贡献，在一般情况下，一个人对社会所做出的贡献总要大于他对社会所进行的索取，也就是说，个人给社会做出贡献，不仅是社会发展的需要，也是个人的人格和品德提升的需要，更是个人自我完善的需要。从这个意义上说，一个人的自我价值就决定了他的人格和品德，决定了人们对他的人生评价。这种评价往往通过荣誉、奖励的形式赋予个人以社会意义，乃至流芳青史。

### （二）把握内在与外在的律动

一个人的人生价值在于他的劳动、创造和贡献。那么，进行劳动和创造并做出贡献需要哪些条件呢？当然需要全面发展的人，就是需要内外充实且意志坚强的人。从宏观方面说，每一个人群主体或价值主体，都有着特殊的内在与外在。从微观方面说，每一个人作为能动的创造价值的主体，也有其特殊的内在与外在。这里主要是说后一方面，即作为个人主体的内外两个方面。

就个人来说，价值创造需要个人包括智力、德行和责任能力在内的内在功能。内在功能在发挥出来之前，是实现自我价值的潜在（内在）能力，相对于个人的外在价值来说，它具有内在的价值性。这种人生的内在价值，从本质上说，只是人的社会性功能和素质教养的积累。这是尚未实现和外化的潜在价值。而个人的外在价值，就是这个人内在德行以及能力的外在表现。外在价值在一定程度上体现着人的内在价值或内在素质的发挥。以德行为例，社会的道德原则或价值标准，被个人所接受，转化为个人的自律准则和内在信念，表现出来就是具有一定道德要求和价值目标的行为和结果。所谓“德行”，可谓有内外之称，在心为德，施之为行。就是说，一个人的内在价值必须通过他的行为表现出来，而且也只有通过他的行为才能表现出来。个人通过自己的行为，即自己所参与的社会实践活动，将自身的内在能力以及自身的德行发挥于外，并将其进行一定的人格化、对象化乃至客观化，并最终创造出一定的物质财富和精神财富，以满足社会发展的需要，这就是将内在价值转化为外在价值，并最终实现社会价值的过程。当然，在这种转化的过程中还要有适当的社会条件，就个人的人生来说，决定性因素还在于个人自己的主观努力。一个有真实价值的人，应该是一个德智体全面发展的人；而一个全面发展的人，则应该是一个外在价值与内在价值统一的人。

讲到内在价值，就谈到人格。在某些特定的社会关系之中，人格就表现为作为主体的个人所具有的一定权利和一定义务的资格，或叫作“内在特性”。这种“内在特性”在社会生活中，就是由一定的社会关系所规定的作为主体的个人对待这种关系的立场。一定的权利和一定的义务规定着作为主体的个人的社会责任，同时也使作为主体的个人成为责任主体；个人作为具有一定权利和一定义务的主体，同时也就是一个责任主体。一个人具有责任意识和责任能力就从主体方面集中体现着一个人的人格。这样情形下的自我才是作为能动的主体，才是具有自觉性和自主性的个人，也是通过特殊性、个性体现着的社会共性的个人。在这个意义上，自我既是他自己，同时又是类。一个人的人生的价值在于他对于社会所承担的责任和所做出的贡献。这里的责任和贡献，是就其外在社会价值来说的，因为一个人对社会所做出的责任和贡献是个人价值的基本标志。但是，完整地说，还应该看到责任对人生价值的重要意义。在一般情况下，责任和贡献是相一致的，但责任和贡献之间也会有矛盾。有些人虽然对社会做出具有社会价值的贡献，甚至还有着很大的社会价值，但是考察其内部动机和意图，并不是出自对于社会的责任和义务，也不是出自个人的正当利益，而可能出自害人利己的动机，甚至还可能出自更为卑劣的目的。所以，强调人生价值在于责任和贡献，就是要注意外在价值与内在价值的统一，对一个人的人格进行评价，就必须全面考虑他的内在方面和外在方面，如《大戴礼记·曾子立事》所说，“善必自内

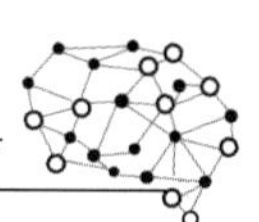

始，做于中播于外”，所以应“以其见者，占其隐者”，如是，就可以判断他的心性、行为和人格，即我们常说的心、行、身三者。这大体上就可以判断他的为人。用十九世纪英国哲学家约翰·密尔的话说，就是“人的价值不仅在于他做了什么，而且在于做事的是什么样的人”。

从这个意义上来说，人格问题就与人的责任有着非常大的关联。一个具有完整人格的人，在不断变化的情况下，能够始终保持自己是他自己，而不是别的什么。一个人如果对自己作为主体的责任没有清醒的意识，并且不能尽其所能地承担这份责任，就是这个人致命的人格缺陷。人格上的缺陷对一个人的人生价值来说影响非常大，在一定的条件下，这样的缺陷甚至可能导致这个人的沉沦甚至毁灭。相反，一个人的人格完满、高尚，就会在事业上做出对家庭、社会和国家有益的，乃至伟大的贡献，其价值与历史永存。

责任意识是个人强大的精神之骨。一个人忘记了对社会的责任，就会囿于自我的小天地而失去做人的真正价值；忘记对家庭的责任，就会给家庭造成不幸，使温馨的家庭生活黯然失色；忘记对自己的责任，就是失魂落魄的形骸，失去自我。不过在现实生活中，还真有些人常常忘记自己做人的责任，糊里糊涂地过日子。待到他们有所醒悟，他们已经不是应有的自己了。人生价值体验的能力，不是突发出现的，它必须有内在的精神素质，以及自我评价能力。而这种素质和能力并不是短时间能够具备的，必须经过长期的教养、锻炼、形成习惯，才能培养起来。

### （三）理解应有与实有的辩证

在我们的社会主义社会关系和人生历程中，有一个共同的价值观，就是为人民服务。为谁服务是自觉的行为，它体现着行为的内在动机和目的，即内在价值。“为人民”就体现着行为的内在动机和目的，即内在价值；服务则体现着行为的外在活动和结果，即外在价值。有“为他人”的内在动机和目的，就是有为他人服务的责任心。有“为人民”的内在动机和目的，就是有为人民服务的责任心，履行为人民服务的责任和义务，就是对人民尽了心，做了贡献。服务于人民，就是贡献于社会。每一个为人民服务的行为作为既成的价值事实，它是现有的价值，但它并不是最后的，而是进一步提高和扩大的环节。就服务的总体而言，每一现有的服务都包含着新的要求，包含着更高的理想目的，这就是在现有的行为中包含着“应有”的规定和意义。人民的利益高于一切。因此，个人是相对的，人民是绝对的；个人的活动和价值是相对的，而人民利益的价值则是绝对的；个人行为活动及其贡献是相对的、有限的，而活动中所体现的普遍意义则是无限的、绝对的；个人的生命是有限的，为人民服务则是无限的。把有限的生命投到无限的为人民服务中去，就是高尚的、光辉的人生。

人生的价值目标，不是一个人主观幻想出来的，或者他自己任意设计出来的，而是由社会发展的使命以及社会实践的任务所提出来的，也是人们根据国家、社会、职业和家庭所提出的要求，并结合自己对于理想的认同所提出来的。正确的、科学的人生价值目标，总是一种与社会发展过程和历史进步进程相一致的定向，它也总能给人们指出符合社会发展规律性并且符合历史发展必然性的方向，具体地说，就是总能给人们提出“应当如何”的指向。因此，人生的价值目标是人生的根本指导原则，也成为人生内在价值的核心。从这个意义上说，“应当如何”就是社会进步和历史发展的正当要求，个人也就要按照“应当”的要求自觉地做出各种选择。

从个人的自我发展和个人的自我完善的角度来说，“实际是什么”和“应当是什么”是不可分离的两个方面。我们不仅要注意不可分离这两个方面，尤其要注意“应当是什么”。人生价值是现有价值和应有价值的统一。一个人是什么样的人，这是由这个人的人生的历程，具体地包括这个人过去的生活经历和这个人现在的生活经历所规定的，也体现着这个人的现有价值。但是，一个人如果能够意识到自己现有的存在及其价值，这种自我意识就成为一种自我评价，虽然实现准确的评价很难，但是这种自我的评价毕竟是一个人主动的、自觉的自我评价。当这种主动的、自觉的评价与自己的理想目标相比对的时候，就会感到理想与现实之间的差距，从而意识到并提出自己“应当是什么”的更高的要求。于是，这个人现有的存在就是要冲破原有的规定，向着应该的理想目标去努力，并最终实现更高的要求。

这个道理理解起来并不难。我们每个人在给自己做人生价值评价的时候，就是在给自己做出是非判断。就是说，“应当是什么”的要求不只意味着将来所需要达到的标准，同时也意味着现实条件所能够达到的最佳状态。按照辩证逻辑的分析，“应当是什么”本身就包含着现有的规定，而现有的规定自然也包含着“应当是什么”。因此，若将现有的潜在性加以充分发挥，就可以显示出现实性本身所具有的理想性。在这里，现实的规定就包含着应当，而应当也就在这现实之中。现实之中如不包涵应当的要求，它就不能冲破现有规定的局限，也就不能改变自己，向前发展；而应当的要求如果不在现实规定中有其根据和条件，它就只是个人的主观的幻想或臆想，就不能进步。因此，理想与现实、应当和规定，都不是固定不变的概念或状态，而是在发展过程中的主观与客观的辩证统一。当然，“应当是什么”作为更高的要求，具有将普遍性和特殊性相结合起来的特征，也就是说，“应当是什么”的更高的普遍性要求必须与个人的特殊情况相结合，才能有效地成为个体人生的指导原则。对于个人来说，就要善于在自身已有的能力和条件基础之上，选择适当的手段和方法，积极地实现“应当是什么”的更高的要求。一个人如果做不到这一点，就会在人生道路上，或盲目乐观，或失意悲观，甚至无所适从。不过，一个人在现有价值与应有价值的矛盾中或盲目自满，或消沉自卑，只不过是庸人或俗人的表现。对于一个有远大目标的人来说，“实际是什么”只是前进的起点，“应当是什么”才是前进的方向。“应当是什么”定能使人警醒，使人奋进，使人自觉地克服自己的任性，并同主观的、片面的，乃至自私自利和肆意妄为等情形作坚决的斗争。

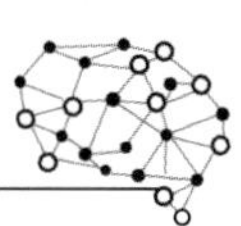

当然，任何一种应该都有可能是不应该的，因为人与人之间的关系在其发展过程总会不断地变化，每个人对待和处理这些关系的方式和方法也要随之变化。这其中的道理要从辩证法的层面上去理解，而不能从形而上学的、相对主义的层面上去理解。“应当是什么”意味着社会给个人提出的要求，或者说是个人实践造成的自我生活境遇的要求。这种要求或是社会的合理规定，或是个人行为造成的结果，实际上这两方面经常是矛盾而又统一的，个人只能是正视现实，脚踏实地，尊重人生的辩证法。社会给个人提出约束是必要的，当然这种约束应是合理的和正当的。对于一个有远大目标的人来说，社会的要求绝不是对个人自由性和主体性的扼杀；在正常的情况下，它正是使他真正发挥其自由性和主体性的必要前提。这里如果说确实存在着约束的话，那也是主体自身按照“应该是什么”的理想要求自觉地主动地约束自己，超越自己。一个有远大志向和理想目标的人，必须认识到自己所受到的那些限制，并积极地改变现状，提高自己的能力；而那些肆意妄为、不分善恶美丑的、甘愿落后的人，必然要受到他人和社会的限制。在这个意义上，一个人的人格，就是从自己限制（约束）自己、履行自己对自己、自己对他人和社会的责任和义务开始的。上述的过程也就是人生的提高、进步和发展为什么总是要从零做起的道理。人生有时需要从零做起，就是指一个人不要满足于现状，把已有价值当成负担，或者依靠在已有价值之上自满自足，而是要走出一步，在新的起点上再向前进。一个有远大志向和理想目标的人，应当把自己曾经实现的目标当作过去的事情，从零做起，把今后进取的目标定位于实现“应当是”的目标上，用“应当”的目标激励自己，不断超越自己曾经实现的目标，更上一层楼。

### （四）人生价值的评价

论说人生价值，不能不涉及价值评价问题。价值的复杂性，给评价带来了复杂性。智莫难于知己，也难于知人。无论是评价自我的价值或是评价他人的价值，都不是容易的。

什么是人生价值评价？人生价值评价就是人们依据一定的标准，对某个人的人生实践及其贡献，做出或全部肯定或全部否定的判断以及或部分肯定或部分否定的判断。这里的肯定评价和否定评价，其评价的层次或评价的程度，是与上述价值的等级和层次相关联的，就是涉及价值的两极性问题，即或善或恶的两极评价，也有价值的等级或程度问题，即善恶的级次和程度的问题。当然，实际存在的价值等级和程度不止三层，而是多层，极而言之可以有无限层，如同光谱颜色的层次，大体区分有红橙黄绿青蓝紫，细分下去，很难确定色度之间的界限。不过这样细分对社会生活也没有什么实际意义。

人生价值的评价有没有客观标准？以个体视角来对待，对人生价值的评价总带有局限，也就是说，人生价值的评价总会局限于个体的判断能力和个体的已有视野。几乎每个人都有占主导地位的生活倾向、人生态度，甚至有自己坚定不移的人生哲学和行为取向，因而人与人之间常常发生价值评价上的争论和对立。要使一个人全然超出个人的局限性，领会他的判断能力和已有视野以外的人生价值，往往是很困难的。有时出现这样的情况：一个人往往以为自己的生活方式是最好的，自己的人生选择是最明智的，也是最幸福、最有价值的。例如，一个学者，在做学问中创造价值，实现自我，总觉得自己的生活是最好的和最幸福的，甚至有亚里士多德所说的“神似幸福”之感。可是在一个讲究吃喝生活享受的人看来，这种生活太枯燥，简直是苦行僧。他觉得痛痛快快干活，歇下来弄点吃喝，才是快乐和幸福的。那些堆积如山的书籍，在他眼里不过是一堆砖头。不同的人尽管有不同的生活倾向、态度和兴趣，但人们的生活经验也能使之确信人生的一般价值和共同价值所在，确信各种人生选择和生活方式的社会意义。这种观察生活的多视角，正说明有一元的共同价值标准存在，否则就不能做出多样化的肯定。统一的、一元的价值标准与有限多元的价值标准和多样化表现相结合，就构成人生整体和全局的生动活泼的图景。

对人生的评价还是与利益相联系的。人们对人生价值做出判断，常常受到利益的支配，它使一些人眼明；使另一些人智昏；使一些人狭隘；使一些人大度。主体的利益在尚未被主体意识到的时候，它是客观存在的。但是一旦被主体意识到之后，并由主体做出评价，就会在主体的意识之中形成生活目标和理想追求，这时就表现为主观利益情感和利益观念，也就是在主体意识中就形成了某种特殊的评价标准。这种标准在形式的角度上是主观的，但是在内容的角度上，却是客观的。正确的人生评价标准，应当是在正确认识各种利益关系的基础之上，所形成正确的客观标准，而不能单凭主观好恶、任性或一时情绪做出评价。如对公共利益和个人利益、全局利益和局部利益以及精神利益和物质利益等关系，没有正确认识，不能正确对待这些关系，就不可能有正确的评价尺度。所谓对错、正邪、高低，就是由这些关系规定的，只有在这些关系中才能做出正确判断。

人生的价值评价，有时会因评价的主体有所不同，有时也会因评价的客体有所不同，但就整个社会发展的进程以及全部历史进步的过程来看，人生价值评价还是有着客观的和统一的标准的。如果拿出来某个人生价值评价的标准不与这个根本的人生价值评价标准相一致，就不能作为人生价值评价的普遍标准。在我们的社会主义社会，评价的客观标准只能是社会的进步和人民的利益，即有利于社会主义国家社会生产力的发展，有利于社会主义国家综合国力的增强，有利于社会主义国家人民生活水平的提高。经过近百年的社会革命和社会主义建设实践，中国共产党提出了社会主义核心价值观：“富强、民主、文明、和谐；自由、平等、公正、法治；爱国、敬业、诚信、友善”。这些核心价值观是从国家、社会（包括家庭）、个人多个层次所阐述的全面、系统的价值范畴，再现了中华民族传统文明精神，而且重新凝聚起了作为社会主义核心价值观体系核心的为人民服务精神。这个新的核心价值观体系与为人民服务共同构成我们时代的人生价值标准。

# 第六章 大学生思想教育中的情感教育

## 第一节 大学生情感教育的内涵

### 一、大学生思想教育中情感教育的含义、内容和特征

人的全面发展离不开情感的发展，情感的发展无疑也需要教育的影响。同样，有效的大学生思想教育离不开情感的影响和作用。认真分析和把握大学生思想教育中情感教育的含义、内容和特征显得至为重要。

#### （一）大学生思想政治教育中情感教育的含义

##### 1. 情感教育的含义

情感是人对客观现实的态度的体验，由客观事物是否满足个体的需要而产生，它反映了客观事物与个体需要之间的利益关系。它是人们学习和工作的动力，它对人的认识和行动起着调节支配作用。近年来，随着人们对情感的日益重视，国内外的一些学者在不同的文化和教育背景下，提出了情感教育的概念。

综上可以看出，情感教育是完整的教育过程的一个组成部分，是教育者依据一定的教育要求。通过在教育过程中尊重和培养学生的情感品质，发展他们的自我情感调控能力，促使他们对学习、生活和周围的一切产生积极的情感体验，形成独立健全的个性与人格特征，最终促进学生全面发展的活动。

**2. 大学生思想教育中情感教育的含义**

情感教育并不是游离于教育现实以外的东西，也不是专家学者们闭门造车的产物，而是理想的教育理论和实践的应有之义。近年来，思想政治教育工作者对大学生思想教育中情感教育的相关问题进行了一系列的研究和实践活动。所以在现代思想教育研究中对情感教育的界定可谓是异彩纷呈，比较典型的是以下一些观点。

（1）内容说。部分学者在论述中提出：情感教育是大学生思想道德教育的基本内容。情感是人的重要主体心意机能之一，是主观精神活动的主要组成部分。“知”“情”“意”的全面教育和人格的整体完善是我国学校教育的最终目的。因此情感教育应该成为学校德育的重要内容。

（2）方法说。许多学者认为情感教育是一种方法，是指在思想教育中，用认识与行为的中介因素——情感，来激发受教育者的热情或需要，使其在轻松愉悦的心情下接受指示的一种教育方法，它具有启迪性、示范性、鼓动性等特点。因此，情感教育作为一种易于实施、易于为人所接受的教育方式，对于开辟思想教育工作多样化的途径，进一步加强和改进思想教育工作，具有极其特殊的功效。

（3）过程说。有学者指出：“情感教育是通过思想政治教育者创设的教育情境对教育对象施以心理影响，进行情感交流，调整教育者的内心世界，从而作用其思维，改变其观念，有助于思想政治教育目标的实现的过程。”简单地说就是思想政治工作者通过与学生互动的感受和心情上的导向，使学生获得情感体验的过程。

因此，结合大学生思想教育实际，对大学生思想教育中的情感教育做如下界定：大学生思想政治教育中的情感教育作为思想政治教育的组成部分，是指在大学生思想教育中，教育者遵循一定的教育原则，有目的有计划地对受教育者在思想教育中的情感体验进行激发、培养和调控，培育大学生健康高尚的情感情操，使之养成良好政治思想政治品质，促进大学生思想政治教育目标实现的活动。

## （二）大学生思想教育中情感教育的内容

情感教育作为大学生思想教育的重要一环，随着大学生身心发展的日趋成熟发挥着愈来愈重要的作用，体现在大学生思想政治教育中情感教育的内容也是丰富多样的。根据情感教育的三个目标层次（帮助学生产生积极的情感体验，提高学生的自我情感调控能力，培养学生的高级社会性情感），结合大学生思想教育实际，我们可以把大学生思想教育中的情感教育划分为情感体验教育、情感自控教育、情感互动教育。

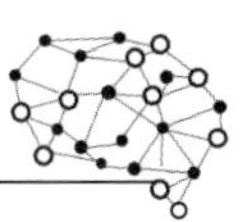

1. 情感体验教育

任何人的情感都是在直接情绪经验的基础上形成的，情感的发展变化是一个长期的、缓慢的过程，然而这种变化深深地触及个性的改变和品德的形成。人的情感是思想品德形成的根基，只有当人的思想认知与相应的情感体验发生共鸣时，才会在内心深处产生一种坚定不移的信仰和信念。要使人们形成某种思想品德或去掉某种思想品德，必须由富有感染力的教育来陶冶和激发情感。在大学生思想教育中，情感教育是通过语言的劝导、形象的感染和行为的影响，用真情实意去触发、感化教育对象，使其获得情感上的体验，并产生呼应与共鸣，从而推动教育对象思想认识的发展，促进良好道德情感和政治情感的形成。

开展大学生情感体验教育，就是要让大学生在思想教育实践活动中体验到亲情、友情、爱情，从人与社会关系的角度体验正义和责任，体验关爱集体和忠于国家的情怀；就是要对大学生进行爱的教育，让大学生体验生活的美好、生命的可贵；就是要让新的情感经验推动大学生思想认识的变化发展，通过开展大学生思想教育丰富多彩、形象生动的实践活动，引发大学生新的情感体验，培养和改变大学生的情感世界，使大学生产生爱国主义情感和民族自豪感，引导和帮助他们认清自己肩负的历史使命，培养他们的社会责任感，树立正确的世界观、人生观和价值观，真正激发大学生为国家建设事业学好科学文化知识的情感。

2. 情感自控教育

心理学家戈尔曼在其《情感智力》一书中，首次提出了“情商”这一概念，认为情商是个体的重要生存能力，是一种发展潜能，是影响生活各个层面的人生本来的关键品质。情商理论的情绪控制力、自我激励能力、自我认知能力正是情感自我控制的核心内容，开展情感自控教育就要使大学生能够很好地悦纳自我，能够控制自己的情感、调整自己的情感，能够不断地激励自我，培养自身抗挫折和抗干扰的能力。情感自控教育是大学生思想教育中情感教育的重点，它影响和决定着大学生诸多良好思想道德和心理品质的形成，促进大学生思想道德素质、科学文化素质和身心健康素质协调发展。

在大学生思想政治教育中开展情感自控教育，首先就是要为大学生提供处理情感问题必需的科学知识与技能的指导，引导大学生了解自我情绪，只有敏锐地觉察情感的出现和变化，才能有效地调控自己的情感，否则就会失去自我监控，任由情绪摆布。其次是要培养他们调控情绪情感的能力，使他们对自己、对别人的喜怒哀乐能做出正确的情绪反应，悦纳自己、善待他人，实现人格的健康、和谐发展。再次是要学会激励自我的情绪，培养自尊、自爱、自律、自强的优良品格，增强克服困难、承受挫折的能力，形成积极进取的人生观。

3. 情感互动教育

情感互动是两个或两个以上的个体，通过语言、动作以及行为等方式进行信息传递，而使情感和思想相互交流、相互碰撞、相互感染、相互激发、相互趋同的过程。情感互动通过适当的载体、方式和手段，使个体情感相互影响。和谐的情感互动，能够使人得到信任、尊敬、支持，能产生肯定感和归属感。不和谐的情感互动，会使人感到悲哀、孤立、愤怒等。

开展大学生思想教育中的情感互动教育就是要形成师生之间相互交流的途径，能把双方的情感调节到一种良好的状态，使情感的调节功能得到充分的发挥，使思想政治教育内容更易于接受，教育活动更易于开展。这样，一方面满足教育对象情感的需要，激发教育对象的积极性和主动性，另一方面在教育对象身上会产生一种愉悦的情感回应，反过来又会使思想政治教育主体产生积极的情感体验，增强教育的信心。开展大学生思想政治教育中的情感互动教育还要通过学生之间和谐的情感互动产生融洽的人际交往的基础，并能维系这种关系不断发展，使学生学会关心，学会爱，学会尊重别人，产生亲情、友情，学会用自己正确、健康的心理主动与社会互动，分辨真善美、假恶丑。和谐的情感互动要求大学生理解他人情感，分担他人的困难，分享他人的幸福，更要求人们接纳别人、帮助别人，在此基础上升华并形成集体主义精神。

### （三）大学生思想教育中情感教育的特征

融入大学生思想教育中的情感教育与一般情感教育相比，更凸显导向性、驱动性、调控性、潜隐性几个方面的特征。

#### 1. 导向性

情感教育的导向性指情感教育在大学生思想政治教育中，能通过情感的交流、启发、培育、激励等方式，让学生充分表达出自己的意见和观点，把大学生的思想和行为引导到符合社会要求的正确方向上来。大学生思想政治教育中的情感教育不仅仅是尊重和培养学生的情感品质，发展他们的自我情感调控能力，更重要的是能针对教育对象在社会生活和人生道路上的种种迷惘、彷徨乃至错误，通过情感教育的启发诱导，把他们的思想、情感引到党的路线、方针、政策和社会主义轨道上来，引向积极、健康的方向，并且防止消极情绪的产生，从而保证受教育者的健康成长和社会主义事业的顺利进行。

#### 2. 驱动性

情感教育的驱动性是指在大学生思想政治教育中适当的情感教育能使人克服消极情感，激发积极情感，从而使人的情感转化为人进行各种有益活动的强大动力。积极的情感能引起人的兴奋、激动、愉快的情智体验，使人充满活力，积极投身于自己感兴趣的各种活动；消极的情感会使人感到痛苦、厌恶、烦躁、悲观、心神不定，无力从事正常的活动。在大学生思想政治教育活动中积极情感的触动与激发，如表扬、鼓励等能满足人的精神需要，调动大学生的积极性和创造性，转变大学生的思想和行为。

#### 3. 调控性

情感教育的调控性是指情感教育能够通过特殊的情感形式使大学生对思想政治教育的内容、目标产生肯定性的情感态度，克服消极情感，强化接受程度和提高接受率。因为在

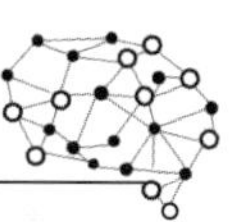

思想内化、转变过程中，对主体影响最经常、最明显的非理性要素是情感和意志。情感作为人对客观事物的体验，通常以肯定或否定、满意或不满意、热爱与憎恨、赞赏或厌恶等两极性的心理状态表现出来，并转化为一定的情绪，对主体的认识活动起积极或消极作用，并强化或抑制接受活动的运行，构成推动或终止主体某一活动的动因。情感教育的调控性就体现在它能通过调节情绪状态来影响大学生对思想政治教育的认知程度，把学生的兴奋点调控在适度的层面上，引导其对思想政治教育活动有正确的认识，能辨明是非、真美、假丑，产生情感体验，提高认识水平。

4. 潜隐性

情感教育的潜隐性是指大学生思想政治教育中的情感教育通过教师的言行举止，通过环境、氛围、情景等方式，引发学生的情感体验，而达到教育效果，促使学生形成良好的思想政治情感。大学生思想政治教育中情感教育的教育者、教育内容、教育目标往往是不直接显露的，常采用迂回、渗透的教育方式，讲究以情动人、润物细无声，使受教育者在无任何外在压力的情况下，潜移默化地将教育影响真正渗透到受教者的心灵深处，产生情感共鸣。

## 二、大学生情感教育的功能

### （一）情感教育的动力功能

心理学研究表明，情感对个体的认识过程具有组织或瓦解的效能。情绪对智力活动的影响具有两重性：愉快的情绪有利于智力活动，表现为思维灵活、记忆迅速、头脑清醒；沮丧愤怒的情绪则会表现为思维迟钝、记忆困难、头脑混浊不清，抑制智力活动。因此，积极健康的情感对智力发展具有明显的推动作用。另外，情感教育的动力作用还表现在实现目标的内驱力、坚持力及对失败的承受力大为增强。

### （二）情感教育的感染功能

一个人的情绪具有对他人情感施予影响的效能。实施情感教育要求教育者本身要有饱满的热情、真挚的感情和广博的爱心，这样，教育者的职业道德、对事业的执着及工作热情都会以潜移默化的方式感染着学生并对其产生深刻的影响。教师一方面要以自己健康的情绪影响学生，同时也要注意控制并及时消除少数学生的消极情绪，防止形成不良的群体效应。

### （三）情感教育的疏导功能

“感人心者，莫先于情”，教学活动这种特殊的人际交往亦如此。教师的教态、语言、教学方式都会直接影响教学信息的传递。实践表明，和蔼可亲的教态可使人放松心理防线，避免心理隔阂的产生与距离的拉大，从而能扫清信息传递途径上的各种心理障碍；真实感人的语言令人信服，从而使信息传递得以质的保证；恰当的教学方法的选择应以“学生是主体”为总的指导思想，根据具体课程及内容进行选择，以保证教学信息在量上尽可能多地让学生接受。这种注重信息传递途径、传递质量、传递数量是情感教育疏导功能的突出表现。

### （四）情感教育的迁移功能

心理学研究表明，个体对他人的情感会迁移到与他人有关的对象上去，这种现象在大学生中是十分明显的。教学中许多教师充分利用学生对教师的信赖、爱戴的情感，对学生进行思想教育，收到良好的效果。

## 三、情感教育在大学生思想教育中的作用

### （一）情感教育有利于大学生树立正确的世界观、人生观和价值观

培养大学生树立正确的世界观、人生观、价值观是大学生思想教育的基本内容，而这些仅靠理论教育是不够的，至少是不完整的。人不是机械，不可能只按指令进行操作，人是有丰富情感的高级复合体。认知的发展不能替代情感的发展，道德品质的形成离不开情感基础，道德认知并不能解决今天道德教育的全部难题。因为，人对某种观念的认同不仅是认知所及，而且是情感所致。没有情感作为人的行动的动力机制，缺乏情感在人的行动系统中的调控作用，忽略情感在建立道德信念过程中的本源性基础，个体的道德人格大厦就无从矗立。简言之，个体的世界观、人生观、价值观是道德认知与道德情感的综合体现，二者缺一不可。

### （二）情感教育是培养大学生树立爱国主义、社会主义思想的重要途径

情感教育遵循情绪→情感→情操的发展轨迹。爱国主义、社会主义思想教育是大学生思想教育的核心内容，是引导大学生树立正确的理想信念、人生观、价值观的共同基础。就这些思想本身而言，它们是高尚情操的高度概括，而情感教育者正是将这些思想附载于先进的、典型的、具有时代特点的人或事件上，使受教育者逐渐完成情动→体验→人格化的心理过程，最终加入其思想构成。情动是陷入非常状态的主观经验，它使精神和身体的能源突然改变分布状态和机能，是脑的某种感受状态，即主体对客体的一种整体的情绪把握。可见情动为爱国主义、社会主义思想的形成奠定了物质基础。紧接着进入体验的心理状态，而体验是人的生存方式，也是人追求生命意义的方式。从情动到体验，人都在不断地选择、吸纳价值，每一次体验就是一次选择，同时每一次选择也是内部价值的建构，日积月累，情感发展的最高阶段即价值体系也相应形成。也就是受教育者把各种相关的价值组成一个价值复合体，形成其独特的思想构成。这里重要的是情感的投入，而不是简单的说教。

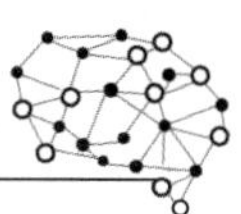

### （三）情感教育有利于对大学生进行中华民族传统美德教育

向善趋美是中华传统道德的精髓，是人们思想美、行为美、语言美的高度概括。审美性越强，越能触动人的情感，也就越容易被人们所接受。利用情感的积极因素在大学生中开展中华民族传统美德教育，一方面可以使学生在了解自己民族优秀道德传统过程中，生发出强烈的民族自尊心、自信心和自豪感；另一方面，中华民族传统美德所体现的民族精神、民族气节和优良道德，会不断内化为学生的思想道德观念，引导学生对美的热爱，对美的创造，对真理的追求，成为大学生树立正确世界观、人生观和价值观的重要精神源泉。

### （四）情感教育有助于大学生确立正确的恋爱观，真正理解爱情的本质

大学生正处于人生观、恋爱观的形成期，通过情感教育，帮助大学生理解爱情的本质是男女双方在共同理想的基础之上发自内心的仰慕并渴望其成为终身伴侣的真挚情感，只有这样的爱情结合才会地久天长，过多地将非感情因素、物化因素掺入爱情，就会玷污爱情的纯洁性。爱情是赏识，赏识对方的才干，赏识对方的人格。恋爱作为一种较高级的精神活动，不能没有一定的物质条件作保障，但片面追求金钱，以谈恋爱为手段去取得金钱，势必无法找到真爱。

### （五）情感教育有助于大学生完美人格的塑造，使他们真正学会做人

学会做人，培养大学生完美的人格，是大学生思想教育的一项基本任务，也是教育者所期待的目标。情感教育通过在思想教育过程中尊重和培养大学生的社会性情感品质，发展他们的自我情感调控能力，促使他们对学习、生活和周围的一切产生积极的情感体验，形成独立健全的个性与人格特征，真正成为品德、智力、体质、美感及劳动态度都得到全面发展，有社会主义觉悟的有文化的劳动者。这样的人能够保持愉快、开朗、乐观的情绪、情感；能够体验学习过程中的成功感、自豪感，有旺盛的求知欲和强烈的好奇心；与他人交往时能够坦率真诚，不卑不亢；对待工作能够充满热情，敢于负责，勇于克服困难；热爱自然，热爱生活，热爱人类，对一切美好的东西都非常向往，是真正地获得了人的内在规定性的真正的人。相反，如果一个人的情感品质得不到发展，只停留在自然的和习俗的水平上，那么他就会渐渐地失去求知的渴望、道德的良心和审美的趣味，更不用说劳动的欢欣和身心的健康了。这样的状况对于学生个人来说是不幸的，对于社会和国家来说，也是无益的，甚至是有害的。只有动之以情，晓之以理，才能导之以行。

# 第二节
# 当代大学生的情感特点及存在问题

## 一、当代大学生的情感特点

### （一）大学生情绪状态的特点

#### 1. 应激水平明显提高

大学生能主动调动自己的思维和行动的积极性，在较短的时间内利用自身的知识、经验、能力和意志，做出险情判断，采取对策。

#### 2. 富于激情

大学生正处于身心发展的高潮阶段。如果能够恰当地利用和控制自己的激情，对促进其成长将有很大好处。

#### 3. 热情高

青年期是人生热情最高涨的时期。大学生的热情与所追求的目标是紧密相连的。大学生对目标的热情，控制着整个心理的运行。目标的选择、对目标实现的信念、为实现目标而克服困难的毅力等，无不在热情的控制范围之内。在大学教育中，要不失时机地激发培养大学生积极向上的热情，设法爱护和保持其积极热情的持久性和饱满度，并使之呈现向上的发展趋势。

### （二）大学生情感发展的特点

#### 1. 稳定性与波动性共存

大学生的情感具有较大的稳定性，他们逐渐学会了控制自己的情绪冲动，遇事能保持较冷静的头脑，情感体验出现心境化特点。但他们的情感稳定性是相对的。与成人相比，他们的情感发展有较大起伏，心境变化频繁，具有波动性。

#### 2. 外显性与内隐性共存

大学生对社会非常敏感，反应迅速，喜怒哀乐溢于言表，情感变化呈现出外显性的特点。然而，他们的外部情感表现也有与内心体验不一致甚至相反的时候。大学生对自己心中的秘密，内心的真实想法和情感等一般不肯轻易吐露。

#### 3. 暴发性与延续性共存

在外界刺激影响下，他们容易产生激情。情感体验具有暴发性的特点，尽管这样，完

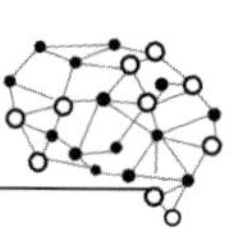

全丧失理智控制的激动状态在其行为中还是少数。由于他们的激情常常有理智因素，往往激情过后其情感还会持续一段时间，具有明显的延续性。

### （三）大学生高级情感迅速发展

高级情感主要表现为道德感、理智感、美感、友谊感等方面。

**1．道德感方面**

首先，他们的各种道德情感全面发展起来了；其次，大学生道德情感所赖以产生的道德认识水平大大提高了。

**2．理智感方面**

这一时期是他们个人理智感发展的重要时期，那种对未知事物的好奇，对新知识的渴求，对不了解事物的怀疑，对新发现的喜悦，对认识成果的自豪，对谬误的鄙视等理智感的成分在大学生中明显地显现。

**3．美感方面**

大学生的美感发展极为迅速，首先，表现为对美的追求的广泛性。大学生喜欢并懂得欣赏自然美，喜欢文学艺术美，注重仪容美、内心美、性格美，向往和追求人生美。其次，大学生的美感与其认识、品德以及自我意识的发展极为密切。美感随着其认识、品德和自我意识的发展而发展，美感又促进认识、品德及自我意识的发展。再次，他们的美感在对美的分析、评价探求中不断得到升华。

**4．友谊感方面**

表现在对友谊既渴望又珍视。其原因，一是大学生社会交往面逐渐扩大；二是随着独立性的增强在感情上对家庭的疏远；三是希望得到同龄人的理解和支持。

## 二、影响大学生良好思想品德形成的情感因素

情绪情感是一种复杂而又高级的心理活动，也是具有特色的心理现象，是人对客观事物的态度和体验，是人脑对客观事物与主体之间需求关系的反映。大学生思想品德是在社会交往和活动中形成的，又是在个体内部心理矛盾的基础上实现的，它受到学校、家庭、社区乃至社会大环境的影响，但最根本的还是在于个体本身。思想品德的内容和能力，都离不开“知”“情”“意”“信”“行”五大心理形式，都必须以它们为载体，思想品德的任何变化，都会伴随情绪情感等相应的心理活动。其中，良好、健康的情绪情感对道德认知的接受和理解，对道德意志和信念的培养，乃至对道德行为的矫正、约束、催化、激发等都有着十分重要的意义。

### （一）情感体验的基本形式会对大学生良好思想品德的形成产生影响

快乐、愤怒、悲哀和恐惧是比较常见的、基本的情感体验方式。它们对大学生良好思想品德的形成会产生一些本源性的、机能性的影响。

快乐是在盼望的目的达到后，继之而来的紧张解除时的情绪体验。愤怒是由于目的、愿望一再受阻而积累了紧张，以致产生愤怒，特别是在遇到挫折，不合理的事情或由于他人的恶意中伤时产生的。悲哀与失去所盼望、所追求的东西有关。悲哀的强度决定于个人所失去的事物的价值。恐惧是在准备不足，而又不能处理和应付危险的情景时产生的情绪体验。我们在大学生思想教育中要注重对上述情绪形成的个体心理感受的研究，润物细无声地贯穿于具体的品德养成训练之中。表扬的成分居多，批评的手段尽量少用，对大学生日常道德行为中的闪光点多加褒扬，使之产生轻松、美好的情感体验，使其养成向善避恶的心理定式。教育和引导大学生适度释放心中由目的受阻产生的紧张情绪，平息愤怒，使之确立“天将降大任于斯人也，必先苦其心志劳其筋骨”的态度，以平常心淡化功名袭扰。我们应聚合快乐、愤怒、悲哀恐惧等心理体验的正面激励效应，促使大学生养成苟利社稷生死以之的良好心理品质。

### （二）常见的情绪状态对大学生良好思想品德的形成也会产生影响

心境、激情和应激是常见的几种情绪状态。心境是一种比较微弱持久而又具有弥散性的情绪体验状态，它会在一段时间里使人的心理活动染上某种情绪色彩，并影响人的整个行为，即所谓的“喜则见喜，忧则见忧”。激情是一种强烈的、短暂的爆发式的情绪体验状态，具有鲜明的激动性和冲动性特点。应激是指出乎意料的紧张情况所引起的高度紧张的情绪体验状态。在培养大学生良好的道德品质的过程中，这些心理因素不容忽视。

工作的顺逆，事业的成败，人际关系的好坏都会影响心境，心境的好坏又直接影响着个体的道德品质的外现。思想教育过程要以良好的心境促进人的积极性，提高工作效率，强化以控制不良心境、培养良好心境为主要内容的自我修养。

一般来讲，积极的激情，能调动身心的巨大潜力，以奋不顾身的勇气和力量去投入正当的、有意义的活动，而消极的激情，使人丧失理智，不顾社会后果，是有害的。在培养大学生良好的道德品质过程中，我们要注意帮助大学生加强自我修养，养成处理问题冷静、为人谦逊、涵养忍让等品质。

应激状态能使有机体具有特殊的防御和摆脱困境的机能，急中生智，转危为安。我们要注意培养和锻炼大学生思维的敏捷性、求异性，磨炼意志，果断处理问题，加强应付危险情境的技能训练，提高在意外情况下做出判断和决策的能力。

### （三）高级的社会情感对大学生良好思想品质的形成更为重要

道德感、美感、理智感等高级的社会情感反映着人们的社会关系和生活状况。人按照一定的道德标准去评价自己或别人的举止、行为、思想、意图时产生的情绪体验属于道德感。人们发现自己或别人的行为举止合乎公认的标准，就会对这种行为给以肯定的表示，并产生满意、愉快的情感。大学生思想教育过程中，我们要善于引导大学生逐步认识、理解并掌握一定的道德准则和道德观念，并力争把它变成个体的道德需要，通过卓有成效的

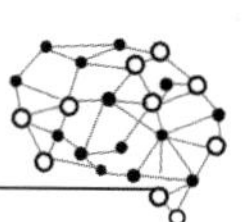

精神文明建设活动，培养大学生爱国主义、集体主义、社会主义情感，对公共事务的责任感、义务感，集体的荣誉感，同志的友谊感，革命的人道主义情感等。美感是人对客观事物、人的行为以及艺术作品，根据自己的审美标准予以评价时产生的情绪体验。人们对美的事物有着执着的追求、向往与迷恋。在培养大学生好的道德品质的过程中，我们要着力提高大学生的审美能力、鉴赏能力，要使他们掌握必要的知识和理论，同时选择有意义、易于接受的美学形式，使其产生美的体验。理智感是与人的认识活动、求知欲、认识兴趣的满足及对真理的探求相联系的。没有人的感情，就没有也不可能有人对真理的追求。事实表明：只有当人们的思想被深厚的情感渗透时，才能力量倍增，才能对客观事物进行积极钻研和认真探索。缺乏情感，人们的认识便难以深入，更谈不上牺牲与奉献。为此，德育过程要加强针对性，不断研究新情况、解决新问题，满足大学生的求知欲和理智感。

## 三、大学生思想教育过程中情感教育存在的问题

### （一）理论研究滞后

缺乏思想教育过程中情感教育方面的理论指导，致使情感教育实施时层次不清、可操作性差和功利化倾向的存在，往往使大学生思想教育更多地强调其教化功能，以偏概全地笼统地突出为共产主义理想而奋斗等抽象的道德原则。理论研究中，对有关实施情感教育的现实意义、情感教育在德育过程中的作用、实施这种教育的基本方法和技术技巧等都缺乏科学的系统的阐述。人在不同的成长阶段，其情感修养、彻悟、控制的能力和指向都有所不同，情感教育应根据这种实际存在的差别，建立一套科学的、完整的体系，分阶段有层次有步骤地实施。因此，要提高学生的道德品质，必须加强对道德情感教育的理论研究，为丰富学校德育内容提供必要的指导。

### （二）大学生思想教育过程中情感教育应有的作用远未发挥出来

情感教育在帮助大学生树立正确的世界观、人生观、价值观，培养大学生树立集体主义、爱国主义、社会主义思想品质，继承和发扬中华民族优秀传统道德等方面有着重要的积极的作用。为此，要积极发挥情感教育在高校德育中助推器和催化剂的作用，努力培养大学生健康而高尚的情感，帮助大学生合理地提出自己的需要和愿望，充实和丰富大学生的精神世界，培养健康的情趣，培养大学生爱祖国、爱生活、爱人民的思想情感，培养大学生对挫折的耐受力，掌握调节控制自己情绪的方法。

### （三）大学生思想教育中知行不一的现象影响了大学生良好道德情感形成

实践证明，只有形成良好的情、意、信品质，才能消除个体在思想品德中言行脱节、思想与行为“游离”的状态，克服知行不一的现象。目前，大学生思想教育过多停留在知识和理论的灌输上以及日常行为的规范教育和训练上，而没有促使其进一步深化，形成相

应的思想情感、信念，致使大学生思想教育的效果难以巩固。应当承认，观察和了解知和行的表现，转化知和行的矛盾，只是思想教育的开端，形成良好的情、意、行，才是大学生思想教育的目标。

### （四）教育功能的误区

教育功能的误区使大学生思想教育过程中情感教育的研究和开展受到限制，尽管素质教育的观念逐渐为人们所接受，但培养高技术、高智能、高效率的人才仍是高校教育追求的主要目标。在这个过程中，重理性知识的传播，轻情感经验的积累；重语言、概念、逻辑、推理能力的训练和提高，轻情绪感受能力、情感表达、表现能力的培养和发展。它以传授明晰化、逻辑化和系统化的科学知识、理论、学说及职业方面的专门知识、技能为主要内容，以课堂教学为最基本、最主要的组织形式，教师的科学语言、教学仪器和各种教具是最基本的中介物，标准化的测验方式是最主要的评价方式。这种规程化、单一化、标准化的教育模式忽略了人的情感特征，不能满足人的各种不同的情感需求，难以激发、调节人的情绪机制，因而也谈不上对人的情感产生深刻的影响。

上述问题的存在，制约了情感教育在大学生思想教育过程中应有的功能和作用的发挥，降低了大学生思想教育工作的整体水平。

# 第三节<br>大学生思想教育中情感教育的目标、措施和方法

## 一、大学生情感教育的目标

### （一）情感教育的一般目标

大学生思想教育中情感教育的一般目标包括三个方面的内容：培养大学生的社会性情感；提高他们情绪情感的自我调控能力；帮助他们对自我、环境以及两者之间的关系产生积极的情感体验。

第一，随着人的社会化，人类的情感也不断地由低级向高级发展，人类可以对自己的情感进行理性的调节和控制，它具有稳定性、丰富性和深刻性。动物的情绪基本上是一种种族的进化，它不会控制和调整自己的情绪，更不能升华情感。然而在我们人类某些个体的身上也存在一些低级形式的情感，它们在表现方式上也非常接近动物的情绪表现方式，而且，在某些情况下，如果人类个体丧失了对自己的情绪情感的控制力，丢失了人的社会本性，与动物没有多大区别，所以，要使人类进步，社会发展，必须对年青一代的大学生

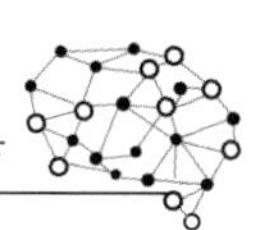

进行情感教育。而情感教育的首要任务，就是要发展人的社会性情感。人类的社会性情感主要包括道德感、理智感和美感，其他的一些情感都是这些情感的具体化和综合化。

第二，提高大学生情感的自我控制能力是情感教育目标的重要内容。青少年时期是情绪和情感波动起伏较大的时期，在当代大学生身上暴露出来的许多问题大都与他们的情感品质和情绪情感调控能力有关。情感教育的重要任务之一就是要积极关注大学生情感生活的需要，为他们提供必要的处理情感问题的知识与技能，帮助他们学会调控情绪与情感。心理学研究表明，愉快的事情使人记忆最清楚，回忆的细节也多。在愉快和沮丧两种状态下学习，记忆和效率有着极为明显的差异。良好的情感能使人保持稳定的情绪和愉快的心境，能调节人的精神状态，使人能自由驾驭自己的情绪，提高工作、学习效率，一些大学生行为举止的粗野、不礼貌，多与他们缺乏积极的情感体验有关。

第三，帮助当代大学生在自我、环境以及两者之间的关系中产生积极良好的情感，为其健康成长与发展创造良好心境。日常生活中，人们无时不在交流着信息和情感。情感是建立人际关系的纽带，青少年时期情感生活的一个重要特征就是易受暗示性，他人的一个眼神、一声嘉许会强烈地影响到大学生的内心世界。如果社会的精神氛围都是积极向上的话，这种易受暗示性就会为大学生的情感生活带来良好的影响。但现实社会本身是复杂而又良莠并存的，由于大学生的不成熟性，使他们在接受积极影响的同时，也会同时受到消极因素的影响。而一个人一旦对社会、对自己有了消极的情绪和情感体验，就会严重地影响和阻碍其自身的成长。在日常生活中这样的例子很多。比如，一些大学生由于受社会上一部分人拜金主义和自私自利思想的影响，自己也变得唯利是图，与同学老师相处也斤斤计较，对自己无利的事一点也不干，从不关心他人，冷漠无情。对有这种情感表现的学生如果不及时采取措施使其产生新的情感体验，就无法对他们进行道德教育、理想教育和艰苦奋斗教育。但要使他们产生新的认识和新的情感体验，仅靠教师是不行的，必须形成他们自己的情感“免疫力”和“鉴别力”。所以，培养大学生的良好情感并使其在复杂的社会环境中健康成长是大学生思想教育过程中情感教育的一个基本目标。

### （二）情感教育的阶段目标

大学生各个方面的发展都达到了一个新的水平，在中学阶段初步形成的一些心理品质会积淀下来，成为比较稳定的个性心理特征。比如，社会道德感进一步增强，审美情趣进一步提高，情感的稳定性、丰富性等都有所增加。而且这一时期是大学生人生观、世界观、价值观形成的成熟阶段，故在此阶段进行情感教育有着极其关键的意义。

这一时期大学生的情感特征主要有：职业性情感开始出现，职业偏好开始形成；出现朦胧的爱情和爱情体验；情感发展方面，在中学时因学习而导致的抑制减弱开始迅速发展；自我评价和自我控制能力增强；道德感进一步发展，与社会一般水平相接近，能够产生比较深刻的道德体验；理智感进一步加深和分化，开始产生专业偏好，出现“科学家崇拜”；美感也倾向于丰富和个性化，开始喜欢一些经典的作品，开始少于盲从。

根据上述这些特征，高校德育中对大学生的情感教育，应重点突出以下目标：①培养他们自立自强、敬业与合作精神；②引导并具体帮助他们区分友谊和爱情，区分朦胧的情感需要与真正的爱情需要；③帮助他们进一步发展自己的道德感，可以就学业、就业以及社会一些有争议的问题进行讨论和辩论，以促使其道德态度与科学精神相结合；④引导他们追求高尚的美，用健康高尚的文艺作品和丰富多彩的文艺活动熏陶教育他们，从而使他们在各个方面都逐渐走向成熟，形成追求真善美的理念。

### （三）情感教育的终极目标

经过对大学生社会性情感的培养，对其情绪情感的自我调控能力的提高，帮助他们完成和学会对自我、环境以及两者之间的关系产生积极的情感体验，最后使整个教育目标完成，使大学生形成健全的人格和正确的理念。

## 二、大学生思想教育中情感教育的主要措施

### （一）以情动人，敲开情感教育的大门

情感具有感染与迁移的功能，具有扩散与泛化的规律。这就要求教育工作者学会以情育人，以情动人，这样才能打开培养大学生情感的大门。教育者的教育才干就在于他善于以自己的感化力使受教育者体验到应该体验的情感。他们善于找到并能恰如其分地运用可以改变他们的学生的动机与情感世界的感化手段。教育工作的艺术就是要善于透过受教育者的各种行为方式，理解、洞察大学生实际的生活目的是什么，指导大学生认识行为的最有意义的动机是什么。如果教育工作者对受教育者施加感化作用时能触动要害，定能激发大学生的情绪反应。因此，大学生思想教育中，教师应以为人师表的形象感染大学生，将对大学生的爱渗透到教书育人的过程中去，使大学生对教师产生安全感与信赖感，从而“亲其师”且“信其道”。教师应多与大学生接触，关心他们的学习、生活及思想，既做经师又做人师，架起师生心灵沟通的桥梁。教师还应以饱满的情绪走上讲台，使大学生有振奋的精神，产生教育上的共鸣。

### （二）情知互促，提升情感教育的境界

情感与认知存在着相互制约、相互促进的客观规律。一方面，认知为情感的产生和发展提供理性基础，另一方面，情感对认知活动又具有推动、强化、调节等功能。因此，大学生思想教育中，教师应依据情知互促的规律，提高大学生的认知水平，端正大学生的情感倾向性，培养大学生的情感稳定性，使大学生学会用理智调控情感，帮助大学生提高辨别能力。同时教师还应有计划地指导大学生看一些健康、励志的书籍，让书中的美好内容打动大学生的心灵。教师也要善于发挥情感的动力调节功能，提高教育艺术与教育内容的情趣，引发大学生的积极情感体验，将苦学、厌学转变为乐学、好学。

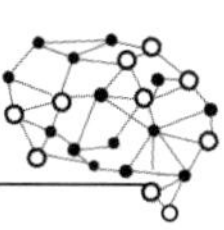

### （三）情意互促，巩固情感教育的效果

意志是人们按照既定目标，克服困难，调节内外活动的心理过程。情感和意志构成相互制约的心理过程，一方面情感激励意志，另一方面意志调控情感，这是情感教育的又一规律。根据这一规律，大学生思想教育中，教师要善于以情感激励意志，让大学生将在品德、学业等方面获得初次成功的喜悦上升到进一步的刻苦、勤奋与不断进取的坚强意志上来。教师要充分发挥意志的调控作用，提高情感的稳定性。良好的意志品质具有自省、自察、自控、自励和坚持性等。因此，教师应加强大学生的自我教育意识，让大学生认清自己的优缺点，给予正确的评价，锻炼努力完成任务、克服困难、持之以恒的毅力。在教育实践中，大学生们对待学习往往有明确的学习目标，热情也高，但一遇考试失败，极易一蹶不振，产生消极情绪。教师应针对这一情况培养大学生努力克服困难、战胜困难的百折不挠的意志，让失败成为前进的动力，遇挫折反而更冷静、更信心百倍，朝着既定的学习目标前进。大学生一旦具备了坚强的意志，就能调控自己的情感。只有让情感与意志相互促进，形成良性循环，才能提高稳定情感教育的质量。

## 三、大学生思想教育中情感教育的基本方法和技巧

### （一）情感教育的基本方法

#### 1. 提高认知水平

情感是在认知的基础上产生的。它形成后又反作用于认知。因此，加强实践锻炼、提高认知水平是培养大学生积极情感的重要途径。大学生的认知越全面、深刻、恰当，对需要的体验就越具体和客观，也就越容易避免急躁的情感冲动，保持心情的相对稳定性。部分大学生由于对社会、对国情等缺乏客观全面的认识，情感容易走极端，特别对一些敏感的社会问题，如分配不公、官僚主义、贪污受贿等现象，往往有夸大的倾向，从而产生一些消极的情感。因此，提高大学生的认知水平是非常必要的。

#### 2. 陶冶高尚情操

青年大学生正处于人生观、世界观迅速形成和稳定的时期，只有树立乐观主义的人生观，才能在困难和挫折面前心情舒畅、豁达开朗。而乐观主义的人生观是以高尚的情操为基础的，因为只有当情操高尚时，思想境界才会高，而思想境界越高，思路就会越开阔，就越容易克服外部不良刺激造成的心理障碍，也才能辩证、全面地看问题，避免一叶障目，不见泰山。一个具有高尚情操的人，不仅思维开阔，而且认识辩证，他们往往具有一定的幽默感，用幽默感来松弛紧张的生活，保持良好的情绪，心情快乐，感情丰富，生活便充满了乐趣。

#### 3. 加强意志磨炼

情感和意志是紧密相连的。情感的发展离不开意志的调节和控制，坚强的意志能抑制

不良的情感冲动，战胜消极情感的影响。大学生的情感易于冲动，这是大学生不成熟的表现。因而大学生更需要加强意志的磨炼，逐渐提高自己的控制力，既要保持极大的生活热情，又要能控制自己的消极情感冲动，用坚强的意志来维持心理的平衡和稳定，保持心理健康。

4. 重视人际交往

人与人之间的社会交往是个体心理发展的必要条件。心理学的研究表明，缺少社会生活条件的影响，缺乏人际交往，人的心理发展会遇到严重的障碍。例如，出生后即被人抛弃，由野兽哺养长大的孩子（如狼孩、豹孩等），后来被人们发现并带回人类社会生活时，虽然保持有良好的视觉、听觉、嗅觉等，但由于早期离开了人类的社会生活，缺乏社会交往，以致回到人类社会多年后仍智力低下，缺乏人类的情感，很难成为一个正常的人。社会交往是人的高级情感发展的基础，在良好的社会交往中，人们可以逐渐培养出责任感、义务感。社会交往也是人的一种需要，它对于人的其他心理品质的健康发展具有重大意义。心理学和教育学的研究早已表明，要培养一个身心健康、情绪稳定、精神愉快、勇于探索、智慧聪颖、有潜在能力的全面发展的人，最重要的心理前提就是为他提供充分的与人交往的机会和条件。

5. 保持良好心境

由于心境具有持续、弥散的特点，因此它对人的学习、工作以及心理健康等有很大的影响。良好的心境能使人精神振奋、心情舒畅、信心十足，同时，良好的心境可以增强人的活动的主动性和积极性，易于形成其他高级情感。

6. 进行心理调适

心理调适是指采用适当的方法使不良情绪得到一定程度的缓解，保持心理相对稳定性。要培养良好的社会情感，必须采取有效的自我调节手段，消除不良情绪的影响。

### （二）情感教育的基本技巧

1. 要爱大学生

教师对大学生的爱能够唤醒大学生的爱心，萌发大学生善良的美德和高尚的情操。可以说，爱心是滋润大学生心田的甘泉。爱心是教师一切教育艺术、技巧、方法产生的基础与源泉，也是教师对大学生实施情感教育的起点。爱是人的一种积极的高尚的情感。要培养大学生高尚的道德情感与情操，就应该关心大学生、热爱大学生，这是情感教育赖以实施的基础。在教育过程中，师生间的关系对大学生品德的形成尤为重要。如果一个大学生经常能感受到教师对他的关怀和爱，他就会充满希望和愉快感，从而会上升到对人民、对祖国以及对他人的爱。教师对大学生真诚的爱滋润大学生之后，可以在他们的心灵深处留下痕迹，为大学生的情感升华打下必备的基础。而且教师对大学生的爱，对于激发大学生的求知欲，开发大学生智力，转化大学生的思想，陶冶大学生的情感，塑造大学生的灵魂，都有极大的激励与感染作用。反过来，大学生从教师那里获得了爱的满足之后，又会更加

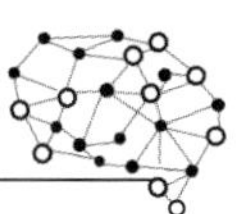

尊重与信任教师，教师在大学生的这种爱的回报的激励下，会更加爱护大学生。这种师生间爱的良好关系，循环往复，使教师更加投入教育工作，大学生更加努力学习，好好做人。教师如果和大学生建立了真正的情感，达到信任的程度，就会成为一种巨大的教育力量，大学生就会亲其师，信其道。情绪心理学认为，人在心情舒畅时，才思维敏捷、妙语连珠、幽默机智，各种能力都增强；反之，如果情绪低沉、沮丧、忧郁，那就会思维迟钝、记忆衰退、语言呆板、各种能力下降。教师只有及时调控自己与大学生的情绪，才能获得一把开启大学生心灵的钥匙。

2. 要理解大学生

理解是一种心理换位，是指能站在他人的立场，设身处地地为他人着想。理解是双向的，大学生对教师都有交往的强烈愿望，都想对教师表达自己的要求，因此，教师应善于与大学生交往，了解并理解大学生的需要，将欢乐给予每个大学生。善于在各种情况下正确理解大学生，了解大学生内心世界。在教学过程中要能细心察觉大学生对什么感兴趣，对什么不感兴趣，要根据所得到的信息，迅速调整自己的教学活动。在日常生活中，当大学生遇到困难，遭到失败时，教师应主动去关心，并对他说“相信自己”“你能行”！简单的一句话，往往能唤起他们的自信心，使他们从逆境中坦然走出。教师要了解每一个大学生的个性、优点、特长和不足，关心并帮助他们解决学习和思想中的困难与困惑，要用发展的眼光看待每一个大学生，客观、公正地对待每一个大学生。有时理解还不仅仅表现在某件事情的处理上，平时和蔼的一个眼神，温柔的一个手势，或者早上主动向大学生问好，都可以缩短师生间的心理距离，产生友好、亲近、共鸣、信赖的效应，加深师生间的理解和感情。

3. 要尊重大学生

人们对尊重的需要有自尊和来自他人的尊重两个方面。自尊包括对获取信心、能力、本领、成就、独立和自由等方面的愿望。来自他人的尊重包括承认、接受、关心和赏识等。因此一个具有足够自尊心的人总是更有信心、更有能力、更有效率的，而最健康的自尊是以别人给予的尊重为基础的。教师尊重大学生，就会使大学生感到自己不仅是一个大学生，而且是一个独立的人，具有独立的人格，因此也会觉得教师一直对他是欣赏的。教师尊重大学生，实质上就是对大学生个性的尊重。尊重大学生的个性，也是大学生乐学的一大秘密。那么，对教师而言，除自己应有的自尊以外，来自他人尊重的源头何在？这源头无疑是来自大学生、学校、社会对他们的尊重，如无此尊重，教师对教育也就无快乐可言。

4. 要信赖大学生

这是指教师相信大学生是有能力学好的，相信大学生的缺点是可以改正的。教师的这种信赖一旦传递给大学生，就会使他们感到自己与别的大学生一样具有才能，对自己的缺点有改正的勇气。反过来，教师也要设法使大学生信赖自己，这样才能使师生相互信赖，情感交融，使许许多多的教育、教学的因素都能充分调动起来，教师愉快地教，大学生愉快地学。因此，在高校德育过程中创造教育与被教育者彼此间相互理解、尊重和信赖的和谐的民主的人际氛围，无疑对大学生情感教育的实施具有重大的价值意义。友爱、融洽的人际环境，是情感教育实施的必要条件。教师与教师之间、教师与大学生之间、大学生与大学生之间友爱融洽的关系使人心情舒畅，教育教学的效果就会事半功倍。

“千教万教教人求真，千学万学学做真人”。新世纪，大学生思想教育的根本目标就是要把青年大学生造就成有正常理性、有良好情感、有创新精神，懂得关怀社会、关怀自然、关怀他人的有专业技能的合格人才，而要实现这一目标，必须抓好情感教育这一重要环节。因为一个情感上有缺陷的人，很难成为一个健全的人，一个有益于社会的人。

# 第七章
# 21世纪大学生思想教育的评价与奖惩机制

## 第一节 大学生思想教育的评价机制

### 一、大学生思想教育评价机制的现状

对大学生思想教育的评价是思想教育活动的一个重要组成部分，它是以思想教育目标为依据，运用特殊的评价技术和手段，对思想教育活动的过程和结果进行测量、分析、比较，并给予价值判断的过程。大学生思想教育评价机制一般由内部评价机制和外部评价机制共同构成，是一个完整的有机统一体。它是以思想教育评价为中心内容构成的一个复杂的、可操作的、系统化的评价体系，其任务在于使思想教育评价规范化、数量化、科学化和可操作化，目的是要使思想教育评价能实事求是、客观公正地反映大学生思想教育的现状，巩固已取得的成绩，指导新的发展。我国的大学生思想教育评价机制的研究与构建虽

然起步较晚，但自 20 世纪 80 年代以来，思想教育评价机制的理论、方法和实践都得到了长足的发展，评价机制的内容不断丰富，评价范围也不断拓展。从对大学生学业成绩的评价到注重大学生综合素质的全面评价，进而又扩展到教师、课程、学校、家庭甚至区域、社会的思想教育评价，对于调节、改善、提高思想教育活动的作用和效果发挥了积极作用。

第一，明确了教育评价机制在教育活动体系中的地位和作用，发挥了教育评价机制的规范性、科学性、发展性功能。教育评价作为高校思想教育活动体系中不可缺少的组成部分，无论是对于端正高校的办学思想、优化教育过程、检验教育效果，还是提高教育管理工作的科学化、民主化水平都具有重要的作用，它比单纯的“行政命令”或主观评判更具说服力，更有利于调动广大师生的积极性和创造性，更能发挥教育管理工作的导向、激励和调节功能。

第二，初步开展了以民意调查为基础，编制评价标准，有效采用计算机技术，比较全面地搜集和科学处理、分析评价信息的评估活动，形成了交互性的网络媒体评价机制，各级分层调查、信息处理、结果评价的运行机制。

第三，基本上形成了适合我国国情的大学生思想教育评价机制的实践模式。在教育评价的实践过程中，我国高校坚持边实践、边研究的原则，重视吸收国外教育评价理论研究的新成果，同时认真总结实践经验，进而上升为科学理论，用以指导教育评价的实践活动，促进大学生思想教育评价理论研究和实践活动的发展。当然，从时代发展和我国高校思想教育工作所肩负的使命来看，目前大学生思想教育评价机制还存在着诸多问题。21 世纪是充满竞争的世纪，是全球经济一体化的时代，这些变化给大学生思想教育工作带来了新的机遇和挑战。我国高等学校的思想教育工作不仅肩负着培养各行各业所需的高等人才的使命，还肩负着培养社会主义事业“四有”新人的特殊使命。这决定了大学生思想教育评价内容和机制的特殊性。因此，大学生思想教育评价机制科学与否不仅关系到高校思想教育活动的健康发展，还关系到社会主义事业接班人的培养。而目前的评价机制还处于临时性、主观性都很突出的状态。评价的基本概念、范畴、作用、功能、类型、标准、模式、基本程序、基本原则、搜集与处理教育评价信息的方法和评价、再评价的方法等还没有系统化、规范化，评价活动和评价过程制度化还刚刚起步，以提高评价信度和效度的理论与方法体系还没有正式形成。从教育改革和发展的情况来看，大学生的思想政治状况处于不断的发展变化之中，大学生思想教育工作也在不断改革和进化，这就要求评价机制保持相应的动态性，形成动态的长效的评价机制，这样才更有利于做出发展性的评价，但目前这种动态的、长效的评价机制还没有形成。此外，在评价机制的指导思想上对大学生思想教育的特殊性认识不够，没有在指导思想上达成共识，以至于评价结果多样，反而消解了评价的作用。另外，对大学生个体思想政治素质的测评仍是一个难题，尤其是对大学生在非认知因素、思想道德素质、心理健康水平等方面的测评，缺乏科学、有效的技术和手段，使评价机制的构建和运用受到制约。教育评价指标体系的设计缺乏坚实的科学依据，操作

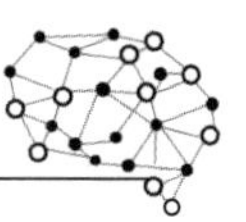

性较差，而且体系过于庞杂，影响了教育评价的信誉度和有效性。事实上，大学生思想教育评价与其他教育评价一样，是一项专业化水平很高的工作，当前我国从事思想教育评价工作的人员无论在专业素质上还是在数量上，都无法适应和满足日益深化的教育改革与发展的迫切要求。

## 二、大学生思想教育评价机制的体系

### （一）评价机制的原则

#### 1. 主要目的

大学生思想教育的评价机制以促进高校主动适应社会发展需要能力的提高，发挥高校对社会主义接班人培养的主渠道作用为目的，促进高校思想教育朝着社会主义方向前进，不断提高思想教育的针对性、实效性和前瞻性，增强高校办学水平和教育质量，使高校思想教育更好地为社会主义建设服务。评价机制必须有利于促进大学生热爱社会主义祖国、拥护党的领导和党的基本路线，确立献身于中国特色社会主义事业的政治方向；有利于强化大学生努力学习马克思主义，逐步树立科学世界观、方法论，走与实践相结合、与工农相结合的道路；有利于培养大学生为人民服务思想，使他们具有艰苦奋斗的精神和强烈的使命感、责任感，自觉地遵纪守法；有利于培养大学生具有良好的道德品质和健康的心理素质，使他们勤奋学习，勇于探索，努力掌握现代科学文化知识，进而培养出一批具有共产主义觉悟的先进分子。

#### 2. 基本任务

教育评价多种多样，大学生思想教育评价只是其中之一。它的评价机制必须以培养德、智、体等全面发展的社会主义事业的建设者和接班人为出发点。现在和今后一二十年高等学校培养出来的学生，他们的思想政治和科学文化素质如何，直接关系到 21 世纪我国的面貌，关系到我国社会主义现代化建设事业能否实现，关系到能否坚持党的基本路线一百年不动摇。为此，必须重视大学生思想教育，把坚持坚定正确的政治方向放在高校工作首位。思想教育体现着教育的社会性与阶级性，是高校教育的重要组成部分。它与智育、体育、美育等相互联系，彼此渗透，密切协调，共同育人。高等学校思想教育对大学生健康成长和学校工作具有导向、动力、保证作用，对建设社会主义物质文明和精神文明，促进社会进步具有重要意义。高等学校思想教育的任务，是用马克思列宁主义、毛泽东思想、邓小平理论、“三个代表”重要思想和科学发展观教育大学生坚持社会主义方向，树立科学的世界观和正确的人生观，形成良好的思想道德品质和坚定的政治信仰，把大学生培养成为有理想、有道德、有文化、有纪律的一代新人。这些是高校思想教育的根本任务，也是评价机制构建的重要依据。评价机制要以马克思列宁主义、毛泽东思想、邓小平理论、“三个代表”重要思想、科学发展观和习近平新时代中国特色社会主义理论为指导，适应改革开放、建立社会主义市场经济体制和21世纪的新形势，继承和发扬高校思想教育的优良传统，总结新经验，促进高校思想教育工作逐步实现规范化、制度化。

3. 具体要求

具体评价要求是大学生思想教育规律的具体体现，是评价过程中必须遵循的准则。

（1）方向性。大学生思想教育评价机制的构建与运行必须坚持社会主义方向，坚持以马克思主义为指导，抵制各种错误思想影响。

（2）理论联系实际。大学生思想教育的评价要联系国内外政治经济文化的发展变化和当代大学生的思想实际，既要注重理论教育评价，又要增强社会实践教育环节的评价，还要勿虚求实，提高评价机制的针对性，防止形式主义。

（3）继承与创新。大学生思想教育评价机制要继承和发扬客观评价、科学评价等优良传统，同时，学习和借鉴国外有益经验和成果；要适应新的时代发展、不断改良评价机制，及时运用最新科学技术成果创新评价方法、手段、途径和机制等。

（4）整体性。大学思想教育不是“两课”教师或政工队伍能够单独完成的教育活动，影响其教育效果的因素很多，因而评价机制要有完善、科学的内容体系和指标体系，重视整体效果的评价，促进大学卓有实效的整体思想教育合力。

（5）层次性。大学生思想教育评价机制要从实际出发，针对不同类型、不同层次的大学生进行差异化评价。

### （二）评价机制的主体、客体和基本形式

大学生思想教育评价机制的主体主要包括高校、各级管理部门、社会中介评价机构，客体主要是大学生、思想教育工作人员，相关管理人员。

评价机制主要有内部评价机制和外部评价机制两种基本形式。不同评价机制有不同的评价方案，其中包括评价标准、评价指标体系和评价方法等。内部评价机制主要是指学校内部自行组织的评价机制，是由高校负责对各院（系）、各部门思想教育实施情况定期进行督促、检查和评价，是高校加强思想教育和学校管理的重要手段，是外部评价工作的重要基础，其目的是通过自我评价机制的运作，不断提高思想教育水平和教学效果，对本校大学生因材施教，主动调适本校思想教育实际情况。其评估机制主要有领导决策机制、队伍网络机制、体系指标机制、评价的反馈机制等。领导决策机制是指由校内党政班子成员组成的对评价工作实施全面的思想领导、组织领导、业务领导的领导工作机制，是校内评价机制运行的根本保障机制。加强和完善领导机制建设，在高校具有特别重要的现实意义。大学生思想教育的好坏与领导重视与否密切相关。领导重视，思想教育的软硬件才有可能得到保障，思想教育评价才可能顺利开展，校内评价机制才能有序进行。队伍网络机制是对评价队伍进行制度化的选配、使用、管理、优化组合，达到发挥最佳效能的队伍结构方式及网络化管理机制，它是评价机制运行的组织保障机制。大学生思想教育评价要有稳定、

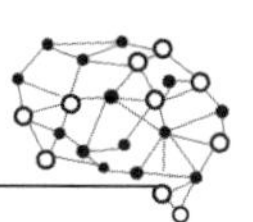

优化的队伍。队伍网络机制的构建主要由教育行政部门负责评价人员的选配和人事管理；评价承办部门负责对全体评价人员进行“分级培训、全员培训、定期培训”等；建立老中青结合、专兼职相结合的制度；建立评价信息网、数据库，开创评价队伍和评价工作网络化管理的新思路、新方法等。

体系指标机制是指根据教育行政法规，从本校实际出发，把评价对象、评价内容、评估指标等按照教育目标需求构建成一个比较科学、具有可比性和可操作性的教育计价指标体系，它是实现教育目标和科学评价教育成果的重要标尺和指挥棒，是教育评价的基础和依据。其构建表现为教育行政部门是体系指标机制的构建主体。根据我国教育行政管理现状，学校评价指标体系一般由教育行政部门制定并行文颁布、实施。评价部门、教师或学生代表参与相关方案的制订及相关的评价工作。其评价体系指标的构建有两大特点：功能性。一是由教育行政部门构建并组织考评。其功能主要用于学校奖惩，具有明显的强制性、奖惩性导向，机制有力，有权威，效果好。如：学校年度考评、教学效果评优等。二是由教育行政部门构建，评价人员操作的服务性评价。其功能主要是建议性、指导性的。其结果的处理使用还没有真正形成权威有效的激励机制。分级构建。一般高校内部的评价体系指标由校、院两级构建，其内涵、标准大同小异，目的在于增强评价的针对性，进而有利于各级的教学改革。

评价反馈机制是把评价理念付诸实践，对被评价对象实施有组织、有计划的检查、评价、指导，促使被评价对象按国家教育法规和教育发展规律，保持或回归到正常教育运行轨道上的评价调节机制。评价反馈机制是评价工作充满生机与活力的主要工作方式。教育行政部门和评价机构是构建评价反馈机制的主体。评价反馈机制要具有开放、互动、规范的特性，使自查、互查、他查相结合，随机与预告相结合、专项与常规相结合，使教育评价上下联动，循环往复，在不断的反馈过程中完善和发展。

外部评价机制主要指由上级教育主管部门、社会中介机构等组织构建的评价机制。外部评价机制的运作是大学生思想教育的重要措施。其一是按照国家教育主管部门有关高等学校思想教育的要求对大学生思想教育实行两级评价。各省、自治区、直辖市教育行政部门负责对当地高校（包括中央各部委所属高校）思想教育实施情况定期督促、检查、评价和奖惩。其二是国家级相关教育部门或专家组对高校进行的不定期督促、检查、评价。主要围绕中共中央关于加强和改进学校思想政治教育的意见或中国普通高等学校思想政治教育相关要求进行。评价内容主要包括：领导体制，机构和队伍建设情况；“两课”建设情况、“四有”新人的培养，日常思想教育工作开展情况，党团工作和学生会工作情况，社会实践开展情况，校园文化建设情况；规章制度建设情况；思想教育投入情况；学校思想教育的总体效果。

中介性评价组织评价是政府转变职能和高等教育大众化发展的需要，也是高等教育服务性特点和市场取向不断发展的必然。国外中介性机构主要兴起于 20 世纪 80 年代，90

年代得到迅猛发展，但由于各国发展高等教育的模式和理念不同、国情各异，质量评价体系和机制构建也不一样。有政府主导型（如法国），民间中介组织主导型，中介机构与院校内部保证机制相结合型（如英国）。从中介评价机构发展的历史来看，中介评价机构是以协调高校与政府、社会之间的矛盾，并作为其联系的桥梁和纽带出现的，开展对高等教育质量的评价鉴定活动，承担着质量保障任务，它的活动不受政府的直接干预和控制，但政府可以通过立法等方式保留主导、监督的作用。中介性评估组织还可以根据高校及其“顾客”（学生、家长、其他与高校利益相关的社会人员）的需求进行评估。它具有独立、公正、公平、专业的基本特点。目前，我国大学生思想教育的评价机制尚未走出计划经济时代的基本框架，主要以自上而下的政府主导并直接制定标准、规划和组织评价活动，社会性中介评价机构还处于构想或萌芽状态。因此，笔者认为，我国可以建立半官方的独立自治的中介评价机构，同时，由政府出台相应政策，支持非官方的民间中介评估机构的建立，以政府政策支持、高校和社会团体资助的方式规范和促进社会性中介评价机构的发展。此外，要扩大中介评估组织的评估范围，将对民办高校的评估也包含在内。

总之，大学生思想教育的内部评价机制与外部评价机制在关系上应该以内为主、以外促内，两者相互结合，开放互动，共同构成开放性、综合性的整体评价机制。

## 三、评价机制的创新思路

### （一）当前大学生思想教育评价机制必须面对的新情况

就当前大学生思想教育发展而言，简单的评价已不符合当代大学生思想教育的实际，评价机制必须面对以下一些新情况。

#### 1. 评价内容的全面性

在应试教育中，对学生学习结果的评价主要集中在知识的掌握、智力的发展等认知领域，对教师教学水平的评价往往以学生的考试成绩为依据，而对学生的思想品德、个性、人格等的发展以及教师的教学行为、授课质量不够重视。随着人们对教育评价目标和功能认识的不断深化，素质教育评价的内容也日益全面，不仅要评价教师的“教”，还要评价学生的“学”；不仅评价教育活动的结果，也评价教育活动的过程；不仅评价学生在知识、技能、智力和能力等认知方面的发展，还要评价情感、意志、个性、人格等非认知因素的发展；不仅要评价校内思想教育的指导思想、教育渠道、方法、途径、手段、教育内容和环节等，还要评价学校整体环境、家庭、社会等外在因素对大学生思想教育的影响。

#### 2. 评价方法的多样性

由于大学生思想教育是个大系统工程，其育人作用的发挥又具有潜移默化的特点，其作用机理的复杂性，多因素的制约性以及评价技术和手段的局限性，使得任何一种教育评价方法都不可能独自发挥作用。每种评价方法都有自己的特点、长处和缺陷，都有特定的

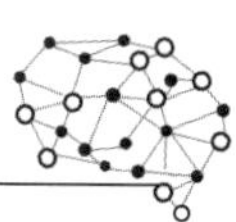

范围和界限，在以往的评价中，大多采用单一的方法，或是单纯定量的方法，或是单纯定性的方法，严重影响了教育评价结果的客观性、科学性。因此，大学生思想教育评价机制必须与多种评价方法结合起来，如把定性方法与定量方法，自评与他评，结果评价与过程评价，诊断性评价、形成性评价与终结性评价相结合，这样既可以充分发挥各种评价方法的优势和特长，又可以弥补其缺陷和不足，从而使评价的结果更加客观、公正。

**3. 教育评价主体的多元化**

在以往评价机制中，教育评价活动的主体主要是高校管理人员或教育行政部门，是一种单一性的他人评价，而作为评价对象的教师和大学生则完全处于被动的地位，没有任何主动选择的余地。目前，大学生主体意识不断增强，科学技术日益进步，使评价主体多元化成为现实，即评价主体由单纯的教育行政部门转变为高校管理者、同行教师、大学生、教师本人、相关主管部门，甚至社会中介机构等都可以对教育活动进行评价。评价主体的多元化，一方面可以从多方面、多角度对教育活动进行更全面、更客观、更科学的评价；另一方面，由原先的评价对象成为评价主体的教师和大学生。在进行评价的过程中，也不再处于过去单纯的被动状态，而是处于一种主动的积极参与状态，充分体现了他们在教育评价活动中的主体地位。这十分有利于教师、大学生不断地对自己的教育活动和学习活动进行反思，对自己的活动进行自我调控、自我完善、自我修正，从而不断提高大学生思想教育的质量和效率。

**4. 更加注重评价的教育性和发展性功能**

以前的评价注重的往往是区分、甄别、选拔性功能，只看教育的结果而较少过问教育的过程，是一种单纯的结果评价和终结性评价，一般用于对教师奖惩和选拔学生。时代和社会对大学生综合素质要求的提高则使人们更加重视评价的教育性和发展性功能，力图通过过程评价和形成性评价，及时向教师和学生提供反馈信息，使他们能够了解教育活动中存在的缺陷和不足，促使教师和学生不断地改进、完善自己的教育活动和学习活动，使教育活动更好地为学生的发展服务。

这些新情况不但要求创新大学生思想教育评价思路、工作内容、工作手段，更重要的是要从机制入手，以创造性思维建立理性的、综合的、重发展评价的指标体系。

## （二）新的评价机制的构建思路

新的评价机制的构建思路应该突出以下几点。

**1. 重视评价的发展功能**

教育评价具有多重功能。大学生思想教育评价也不例外。发展功能是指教育评价在促进评价对象持续、健康、全面发展等实际价值方面的功效和能力。教育心理学研究成果显示，人的发展离不开动力、目标和策略三个基本条件。着眼发展的评价有利于帮助受教育者树立自信心理，培养乐观情绪，形成发展动力；着眼发展的评价有利于帮助受教育者了

解现实状况，开发潜在能力，明确发展目标；着眼发展的评价还有利于启发教育者总结经验教训，探索学习方法，确定发展策略。坚持纵向比较的个体内差异评价、重结果更重过程的教育评价就很好地体现了它的发展功能。纵向比较的内差异评价，容易评出成绩，评出进步，评出信心，评出方向；过程评价还能引导评价对象重视学习过程，并从中体验乐趣，摸索方法，养成独立研究和合作探索的良好品质。

强调鉴别功能把学生分成三六九等，还是强调发展功能重视学生个性差异，这是基于对于教育价值的不同解读、判断和选择。教育的价值何在？教育的价值是内在价值与工具价值的辩证统一。工具价值即一事物对于他事物的意义或价值，反映了一事物对他事物的有用性。内在价值即一事物对自身的意义或价值，反映了一事物对自身的有用性。作为致力于人类自身再生产的教育，其内在价值自然是人的发展，对于社会的贡献是其工具性价值。内在价值是根本，工具性价值是内在价值的延伸。忽视了内在价值，事物的独特性就不复存在，就沦为其他事物的附属品，其工具价值就不能健全发挥；忽视了事物的工具价值，也就割裂了不同事物彼此间的联系，事物也就成为抽象的、彼此割裂的“单子”。教育评价的发展功能体现了教育的内在价值，鉴别功能则反映了教育的工具价值，因此作为对教育价值的解读、判断和选择，教育评价应当把发展作为其根本功能，同时重视它的鉴别功能。这是我们反思现行教育评价机制，建构现代高校思想教育评价机制在功能选择时必须要认真思考解决的问题。

**2. 大学生思想教育评价要彰显人格**

大学生不仅生理年龄走向了成年，心理上也是走向成熟的时候。大学学习不能再循着“书本中心、课堂中心、教师中心”的模式进行。思想的多元、社会生活的急剧变化等要求大学生有健康的心理、健全的人格。因此，大学生的思想教育不同于中、小学，也不同于一般的社会思想教育，它在重视“知识”传播的同时更注重培育学生的人格，因此要求教育评价在内容的设定上必须凸显“人格本位”。完满的人格包括三个方面的内容，即人格的智慧特性、道德特性和审美特性。人格的智慧特性、道德特性和审美特性构成了现代思想教育评价机制在内容上的一个完整框架。

智慧特性反映的是人类对于客观物质世界和人类精神世界的认识能力和实践能力，是人类求真的心理倾向。人类要实现自己的目的就必须正确认识客观世界，并按照客观世界的规律改造世界和创新世界，没有对客观规律的深刻认识和把握，人类在客观世界面前就不可能真正实现马克思所说的完全“自由”。同样，人类必须深刻认识和正确把握人类的精神世界，没有这样的认识和把握，人类在自身的精神世界面前也不可能真正实现完全的“自由”。人类只有凭借自己的智慧特性才能在客观物质世界面前和人类精神世界面前最终实现完全的“自由”。而在智慧特性中，一类是理性因素，包括全面而又系统的知识和人的逻辑认识能力和逻辑实践能力，另一类是非理性因素，包括直觉能力、想象能力、猜测能力、感觉能力、情感认识能力以及探讨真知的良好的愿望、兴趣、动机、习惯和对真

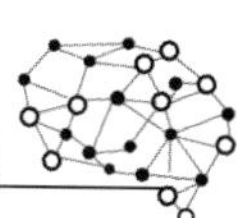

理的真诚，等等。毫无疑问，人类的智慧应当包含着人类已经总结出来的关于客观物质世界和人类精神世界的全部科学规律（知识），但仅此还不够，它还应包含着人类探求未知世界的能力，以及用以指导和支撑这种科学探求活动的人生观、世界观、价值观和愿望、态度、情感。这应当成为教育评价在智慧特性方面的内容规定。

道德特性反映的是人类对于人际关系和社会伦理的认识能力和实践能力，是人类求善的心理倾向。道德是教化人们向善的，要善待他人，善待集体，善待社会，也要善待大自然。善待他人、集体、社会、大自然也就是善待自己。道德特性的主要内容分为五个层次，即道德认识、道德情感、道德意志、道德能力（包括道德理解力、道德判断力）和道德行为。在这里，道德认识、道德情感、道德意志、道德能力是道德行为的基本条件，而道德行为又是道德认识、道德情感、道德意志、道德能力的必然结果。可见，道德行为是道德特性的核心构成，其价值十分明显。因为一切价值，包括思想道德教育价值在内，都是人在实践中运用工具改造客体、改造主体以及改造主、客体关系的结果。

审美特性反映的是人类对美好事物的认识能力和实践能力，是人类求美的心理倾向。教育不仅教人求真、求善，还教人求美。审美境界是人格完满的最高境界。没有审美建构，人格不仅残缺不全，而且层次不高。审美教育就是要运用人类社会实践所创造的一切文化，通过感性升华和理性复归相统一的教育，提高主体的审美能力和审美修养，改善主体的审美结构，从而给人的心灵以本质定性。具体说来，审美修养包括审美理想、审美情趣、审美知识，等等，审美能力包括审美感知能力、审美情感能力、审美直觉能力、审美想象能力、审美评价能力、审美创造能力，等等，而上述审美能力和审美修养正是教育评价在审美特性方面的内容规定。

真、善、美是人类生命活动的本质显现和理想追求，智慧、道德、审美构成了完美人格的全部特征。摒弃“知识本位”，确立“人格本位”，这是构建现代大学生思想教育评价制度在内容设定时的一种有益思路。

## 第二节 大学生思想教育的奖惩机制

### 一、大学生思想教育奖惩机制的理论分析

#### （一）构建奖惩机制的目的是促进社会的可持续发展和大学生全面发展

对于“哪些行为和成果是予以肯定，需要奖励的”“哪些行为和成果是予以否定，需

要惩罚的”，都必须有统一的认识，必须从全局高度和长远利益考虑，从社会与个人互动的过程考虑。如果大学生思想教育奖惩依据混乱，或者高校、社会和家庭中的奖惩标准相悖，就会使大学生在学校、社会中的言行举止前后矛盾，相互脱节，这样就会使大学生思想教育误入歧途。因此必须从战略和全局的高度上总结这个问题，正视这个问题。从心理学角度讲，大学生思想教育的奖惩机制是为了调动主体积极性、主动性，发挥主体的潜能。结合我国的具体实践，就是要站在社会可持续发展和大学生个体全面发展的高度上，在社会与个人的和谐共生中，使“奖励”和“惩罚”有章可循。

### （二）奖惩机制要“以人为本”，重点在于激励

大学生思想教育奖惩机制是一种激励机制，奖励抑或惩罚，其目的不在于对思想教育主体的约束，而在于对主体的激励。激励是思想教育活动的一种重要方式，与思想教育的工作目标相一致，是一种激发人的行为动机、维持和提高人的动机水平并使其朝着预定的目标持续努力的管理措施和教育手段。激励原则是思想教育的基本原则。思想教育的对象和主体都是学生，思想教育就是做人的工作，做人的工作关键是增强吸引力和有效性，从而发掘和调动人的积极性。通过奖惩，可以起到激励先进、鞭策后进，督促中间的作用。奖惩机制内蕴的教育方法是“疏导式”，面不是“填鸭式”或“灌输式”。大学生思想教育奖惩机制的重要作用在于激发教育主体的潜能，并以此引导他们树立科学的世界观和人生观。

### （三）奖惩机制要以精神奖惩为主，同时兼顾适当的物质奖惩

大学生思想教育奖惩机制有物质奖惩和精神奖惩两种，其中主要的是精神奖惩。事实上，物质奖惩只是手段，它最终要变成精神性的东西。换言之，物质性奖惩需要转化为精神性奖惩才能起到激发主体潜能、充分调动主体积极性的作用。鉴于此，大学生思想教育奖惩机制应坚持以精神性奖惩为主。因为精神奖惩可以迎合人的满足感、自尊、信任、荣誉感等精神需求，增强正确的精神优势和价值导向。但精神性奖惩的同时也要兼顾适宜的物质奖惩。我们否定“一切向钱看”，但并不是否定一切利益。没有任何物质性奖惩的激励机制最终将失去活力。

### （四）社会合力和有利的社会环境是确保奖惩机制长效性的关键

要保障大学生思想教育奖惩机制的长效性，仅仅强调思想教育队伍和学生本身的权责是远远不够的。按照马克思的观点，人的本质是一切社会关系的总和，是社会全部的经济关系、政治关系和文化关系的具体体现，这也就决定了大学生思想教育奖惩机制的实效性和长效性需要在社会实践中得以加强和保障，汇集社会各方面的合力，营造良好的社会氛围是确保大学生思想教育奖惩机制长效性的关键。

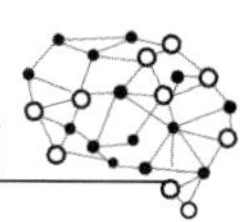

## 二、大学生思想政治教育奖惩机制的现状分析

### （一）大学生思想教育工作者奖惩机制的特征

#### 1. 促使大学生思想教育奖惩机制有效形成的社会氛围不够成熟

目前社会上对大学生思想教育工作和工作者存在一种认识上的偏见。一种观点认为大学生思想教育工作人人都可以胜任，不需要什么深厚的专业知识；另一种观点认为大学生思想教育不会给社会带来直接的经济利益，只是“副课”，可有可无；还有人认为高校思想教育战线的教师就应该讲求奉献，不应该计较物质利益，诸如此类的认知偏见都在一定程度上制约着科学奖惩机制的有效形成。殊不知有效的奖惩机制的形成是要以物质生活待遇的提高为基础的，教师在讲奉献的同时，理应强调个人正当利益的适当获得。

#### 2. 对大学生思想教育工作业绩的评价考核手段不够科学

对大学生思想教育工作者的考核是以上级评议或群众民主评议为主。然而许多高校对思想教育工作者的年度考核缺乏可量化的硬性指标，只是简单分为“优秀、合格、不合格”等标准，对于“优秀”的评定往往不是按功论赏，而是按职行赏，对于“不合格”的教师也没有严格的惩罚机制。学生对教师的网络评教也受到诸多主观因素的影响。不健全的评价机制无法表现思想教育工作者的真实业绩，也使现有的奖惩机制失去了应有的激励价值。

#### 3. 高校思想教育工作者的报酬制度设计缺乏弹性

未能很好地与绩效挂钩报酬制度是对人力资源的成本与满足其需要之间进行权衡的制度安排，是以工作的吸引力和酬劳数量为基础对人员进行激励的一种机制。一般而言，报酬可以分为“外在”的和“内在”的两大类。前者主要是指为员工提供的可量化的货币性价值，如基本工资、奖金、津贴和货币性的福利等。后者则是指给员工提供的不能以量化的货币形式表现的各种奖励价值，如对工作的满意度、培训的机会、提高个人名望的机会、相互配合的工作环境以及对个人的名誉表彰等。目前我国高校思想教育工作者的内在奖励机制力度明显不够，他们所从事的许多细致入微的工作无法与绩效和相应的报酬挂钩。

### （二）大学生思想教育学生奖惩机制的特征

第一，受传统思想影响，大多数教师眼中的“优秀生”和“三好生”就是“听话的学生”和“学习成绩好的学生”。据有关学者实地调查结果显示，当前，高校中“60% 以上的教师眼中的好学生、优秀学生，都是那些平时听话的学生或者学习成绩好的学生。大学生思想品德成绩的综合评定缺乏科学的依据，有的高校综合测评甚至不计入体育成绩。大学生奖惩的主要标准还是依赖分数”。这种奖惩标准很难激励大学生的创新意识，同时也混淆了“考分高”和“品德好”之间的界限。

第二，受市场经济影响，大学生思想教育的学生奖惩机制着眼于眼前利益，凸显出功利性。虽然市场经济的平等原则和诚信原则与大学生思想教育所倡导的原则内在一致，但是市场经济坚持的“利益最大化原则”，对当代大学生的思想、学习、生活、交友、评优等方面都产生了不同程度的影响，使得在当代大学生思想教育中的学生奖惩机制表现出功利性。大学生奖惩机制过于注重短期行为和短期效应，不利于大学生的全面发展和社会可持续发展的需要。

第三，受多元价值取向的影响，大学生思想教育奖惩机制在学校、社会、家庭等不同层面上存在分歧，甚至相悖。现实社会处于一个价值多元的时代，而大学生的思想和心理却处于不稳定期，他们一方面容易接受新鲜事物，另一方面又缺乏对新鲜事物的理性判断。针对大学生的身心特点，高校、社会和家庭对大学生思想教育的奖惩依据就必须内在一致，而不能前后矛盾，甚至相悖。如果三方的奖惩依据相互冲突就会使不同领域的奖惩实效相互抵消，甚至出现“负值”。大学生思想教育奖惩实效完全被其他不合理的奖惩机制抵消，就会使大学生的思想、言行无所适从。

## 三、完善大学生思想教育奖惩机制应遵循的原则

鉴于以上理论和实践分析，完善大学生思想教育奖惩机制理应遵循以下基本原则。

### （一）科学性原则

科学性原则首先是指在大学生思想教育奖惩机制问题上要坚持科学发展观，以社会可持续发展和大学生全面发展作为奖励和惩罚的目的，而不能以短期行为的短期效应为评判标准，必须考虑大学生走向社会后的关联性；其次是指大学生思想教育奖惩机制要建立在科学的评价机制之上，高校、社会、家庭等不同角度奖惩机制的依据必须内在统一，不能相悖。

### （二）整合性原则

思想教育中奖励或者惩罚的对象——大学生，每时每刻都需要在社会人际关系中矫正自身的思想言行、磨炼自身。大学生也将走向社会，接受社会挑战。大学生思想教育奖惩机制就应当在学校奖惩机制的基础上，汇集全社会力量，充分发挥宣传、理论、新闻、文艺、出版等方面的舆论宣传作用，为大学生思想教育奖惩机制的长效性营造良好的社会氛围。

### （三）实效性原则

大学生思想教育要克服形式主义，做到“三贴近”，就必须使奖惩机制落到实处。对高校思想教育工作者和大学生的奖惩要适时、适地、适宜，切实关心和改善相关人员的工作条件。通过提高生活待遇、设立特岗津贴筹措施，吸引优秀人才从事大学生思想教育工作；根据辅导员的工作性质和特点，对辅导员的工作时间采取弹性工作制度，配备兼职班主任；对专职学生思想教育工作人员的长远发展做出充分规划，如规定：工作五年以上的

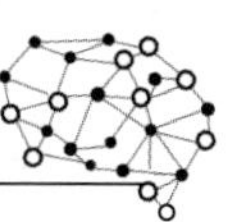

可根据工作需要、本人条件及意愿进行分流，学校将有计划地安排工作成绩突出的同志报考在职或全脱产硕士研究生、博士研究生。同时，在待遇上给予一定倾斜，如规定，经考核，具有本科学历的，工作满三年合格的定为副科级，满五年合格的定为正科级；具有硕士学位的，工作满一年合格的定为副科级，满两年合格的定为正科级；具有博士学位的直接定为正科级，特别优秀的可破格晋升职务等，所定级别纳入学校同等级别干部管理。对思想教育工作的研究成果参照教学和科研成果管理规定予以认可和奖励。另外，各级教育行政部门还应每年定期开展全国性和全省性的大学生思想教育“优秀教师”“优秀辅导员”“优秀班主任”的评选活动，同时辅以适宜的物质奖励。与教师奖惩机制相应，思想政治教育的大学生奖惩机制也采取物质奖励和精神奖励相结合的方法，在评选“优秀班集体”“优秀干部”“优秀学生”的同时，发放一定数量的奖学金，从不同侧面保证奖惩机制的实效性。

### （四）长效性原则

从本质上讲，大学生思想教育奖惩机制就是保障其实效性和长效性的一种动力。在此问题上，坚持社会和大学生科学发展的总体思路，采取科学的评价体系，采用物质奖惩和精神奖惩相结合的奖惩手段，整合社会合力等途径，都在不同程度和不同层面上确保了奖惩机制的长效发展。

总之，健全与完善大学生思想教育奖惩机制的具体思路还需要进行深入探索，有待大学生思想教育的理论工作者和实践工作者在今后的工作中充分发挥积极性，进行不断的创新。

# 第八章
# 大学生就业思想教育

## 第一节
## 大学生就业思想教育的方针和原则

### 一、大学生就业思想教育的方针

#### （一）教育方针的定义及特点

1. 教育方针的定义

教育方针是国家为了发展教育事业，在一定阶段，根据社会和个人两方面发展的需要与可能而制定的具有战略意义的总政策或指导思想。内容包括教育的性质、地位、目的和基本途径等。不同的历史时期有不同的教育方针；相同的历史时期因需要强调某个方面，教育方针的侧重点也会有所不同。教育方针的制定者是国家或政党，它与教育目的密不可分。

2. 教育方针的特点

“教育方针”有以下几个特点。

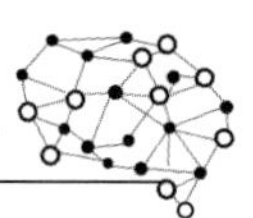

（1）全局性。由于教育方针的制定者——国家或执政党，将教育方针作为贯彻个人教育发展方向的指针，因此，它具有全局性的指导意义。一般来说，个人意义上的教育目的（即内在的教育目的）受到国家教育方针的制约和控制。由于社会的发展需要以个人的发展作为前提条件，所以国家制定教育方针时，通常以促进个体的发展来推动社会的发展。因此，个人的教育目的与国家的教育方针也是基本一致的。

（2）变动性。由于教育方针制定者是国家或政党，不同的历史时期国家或政党对教育的发展总有不同的政策，一些国家政党之间轮流执政，教育的战略和政策变动也就会比较频繁，教育方针也就有所不同。而且同一政党不同时期的教育方针可以不同，不同政党的教育方针甚至可以完全相反。因此，教育方针的变动性比教育目的的变动性要大得多。

（3）现实性。教育方针一般包括教育的性质、教育的目的以及实现教育目的的途径。既然教育方针指明了教育目的的实现途径，那么，教育方针作为国家或政党的教育战略具有更明确的现实意义。从“教育目的”的定义看，教育目的能否实现是有争议的，特别是沃尔夫冈·布列钦卡的定义认为教育目的在某种程度上说具有终极性、理想性，在短期内具有不可实现性。

（4）阶段性。由于不同的历史时期有不同的教育方针，相同的历史时期因需要强调某个方面，教育方针的侧重也会有所不同，故教育方针具有阶段性。对于同政党，教育方针的阶段性也就更加明显，即后阶段的教育方针是前阶段的教育方针的延续和进一步深化，这是与国家和政党教育战略和政策的连续性分不开的。最高的教育目的则具有终极性。

## （二）教育政策、教育方针、教育法律三者间的关系

### 1. 教育方针与教育政策

人们常常把教育方针和教育政策连在一起使用，它们之间究竟是什么关系呢？弄清这个问题，对进一步明确教育政策的内涵有重要价值。

关于教育方针，中华人民共和国成立以来我国理论界有过多次争论。后期，这种争论转向以对教育方针本身的理性分析，讨论的学术气氛和理论深度明显地增强了。我国学术界对教育方针有两种较有影响的说法：一种认为教育方针是“国家和政党在一定历史阶段提出的教育工作发展的总方向，是教育基本政策的总概括”；另一种认为教育方针是“国家在一定的历史时期，根据社会经济发展的需要，通过一定的立法程序，为教育事业确立的总的工作方向和奋斗目标，是教育基本政策的总概括”。这两种说法有细微差别。譬如，在教育方针的制定主体上，前者认为是国家或者政党，后者只提国家。另外，后者还特别提出依据立法程序来制定教育方针，使之反映到有关教育的法律中去。不过，这两种意见从整体上看还是一致的。它们都强调教育方针是有关教育工作的总方向，是教育基本政策的总概括。从上述有关教育方针的两个定义中，不难得出这样一个结论：教育方针与教育政策并无实质区别，本质上同属一个理论范畴，都是代表一定政治实体所确立的行为规范

和行动模式。教育方针是各种类型教育政策中的一种重要的表现形式，寓于体系之中。人们之所以经常把教育方针置于教育政策之前加以连用，除习惯的影响外，主要是由教育方针作为一种教育政策的特殊性，即最基本政策的总概括属性所决定的。

教育方针与教育政策既有联系，又有区别。混淆这种区别，会使教育方针、政策的执行工作发生困难乃至失误。这种区别主要有以下几点。

第一，从内容上看，教育方针主要是规定教育的性质、目的以及实现教育目的的基本途径。相比而言，教育政策的内容则广泛得多。它可以是有关全国范围内的共同性问题，也可以是某一省市所面临的局部问题。因此，我们认为教育政策包含了教育方针，教育方针是一种特殊的教育政策。

第二，从特点上看，教育方针一旦形成就具有了比一般教育政策更鲜明的原则性、稳定性。在某一历史时期，教育方针只有一个，而教育政策却有较大的变通性和灵活性。而且，在现实复杂的教育工作中，可以同时存在多个教育政策。教育政策通常是以一种体系的形式予以表达和发挥作用的。

第三，从主体上看，教育方针一般是由政党和国家的最高领导机关制定，而教育政策既可由中央级的领导机关制定，也可由地方权力机构和政府部门制定。

#### 2. 教育政策与教育法律

我国对教育政策与教育法律关系问题的认识，是与法学界对政策与法律的讨论分不开的。20 世纪 50 年代，法学界就开始研究这一问题。到了 80 年代，法学界在一些重要问题上达成了某些共识，教育界对教育政策与教育法律关系的讨论无疑受到了影响，但也有自己的特色。

#### 3. 党的教育方针

深刻理解和把握党的教育方针和教育发展方向是开展大学生就业思想教育的前提。

教育方针是一个国家或政党在一定历史阶段提出的教育发展的指导方针。教育为谁服务，培养什么样的人，是教育中全局性和根本性的重大问题。因此，教育方针的核心内容，是关于教育的培养目标和发展方向的规定。邓小平立足我国社会主义现代化建设的实际，从我国社会主义教育的根本要求出发，明确提出在新时期要继续坚持德、智、体等方面全面发展的教育方针。

我国教育发展的方向以及明确规定这一方向的党和国家的教育方针，是由我国社会主义的性质决定的，是由社会主义现代化建设的发展要求决定的。一定社会的教育同社会的经济、政治和文化有不可分割的联系。当今世界，综合国力的竞争，越来越表现为经济实力、国防实力和民族凝聚力的竞争。国际间的经济竞争、科技竞争和军事竞争，实质上是智力和人才的竞争，因而也是教育的竞争。无论就增强经济、科技、军事的实力，还是就提高民族素质、加强民族凝聚力来说，教育都具有基础性的地位。

社会主义现代化建设的发展，对人才素质的要求越来越高，对教育发展的要求也越来

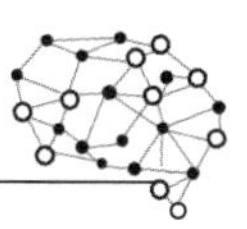

越高。在邓小平教育优先发展思想的指引下，党中央国务院制定了科教兴国的发展战略。培养“四有”新人，全面提高民族素质，是社会主义教育的根本目标和主要任务。在社会主义现代化建设的新时期，坚持教育发展的正确方向，就是要坚持以邓小平理论、“三个代表”重要思想、科学发展观为指导，遵循党的基本路线，全面贯彻党和国家的教育方针，为建设中国特色社会主义事业服务，培养德、智、体、美等全面发展的社会主义事业的建设者和接班人。

## （三）高度重视思想政治素质教育是大学生就业思想教育的根本方针

### 1. 高度重视思想政治素质教育的依据

为了培养适应21世纪现代化建设需要的社会主义新人，中共中央、国务院做出了《关于深化教育改革 全面推进素质教育的决定》，召开了第三次全国教育工作会议。实施素质教育，就是全面贯彻党的教育方针，造就“有理想、有道德、有文化、有纪律”的德智体美等全面发展的社会主义事业建设者和接班人。

全面推进素质教育，必须克服教育观念和教育实践中存在的只重视智育，轻视德育、体育和美育等倾向的片面性。毫无疑问，学生掌握先进的科学文化知识是极为重要的，培养学生的创新精神和实践能力尤其需要加强。但是应该看到，人的全面发展，是人的整体素质的全面发展。德育和智育、思想道德素质和科学文化素质是密切联系、不可分割的。对人才的培养，要处理好各方面素质的关系，不可偏废。

大学生的素质尤其是思想政治素质如何，直接关系到他们能否健康地成长，直接关系到21世纪中国特色社会主义事业的前途和命运，直接关系到国家和民族的未来。因此，全面推进素质教育，必须在抓紧科学文化素质教育的同时，更加重视思想政治素质教育。

我国正处在改革的攻坚阶段和发展的关键时期，社会情况发生了复杂而深刻的变化。改革开放和社会主义市场经济的发展，给中国社会注入了生机和活力，在促进社会生产力的发展，提高人民群众的生活水平的同时，也增强了人们的自立意识、竞争意识、效率意识、法制意识和开拓创新精神。但我们同时也应该看到，社会主义市场经济条件下经济成分和经济利益多样化、社会生活方式多样化、社会组织形式多样化和收入分配形式多样化等，决定了我国社会生活中人们的价值观念也呈多样化态势；市场自身的弱点和消极方面也会反映到精神生活中来。在改革开放过程中，由于法律规章制度还不够完善、大学生就业思想教育力度仍然不够等原因，一些过去已被消灭的丑恶现象死灰复燃。从世界经济政治格局的变化来看，经济全球化趋势使世界范围内的各种思想文化的激荡、冲突愈加激烈，西方敌对势力对我国实施“西化”“分化”，并通过多种途径加紧进行思想和文化渗透，同我国争夺思想阵地、争夺青年一代的斗争也愈加激烈。我国需要联系国际国内形势的新特点，从实施科教兴国战略的高度，从培养德、智、体、美等全面发展的社会主义事业的建设者和接班人的高度，深刻认识加强和改进大学生就业思想教育工作的重要性，以防患于未然。

大学生就业思想教育的核心是理想信念教育。理想是人们事业与生活的精神支柱，是人们对未来的希望与追求，是一定的世界观、人生观和价值观住人生奋斗目标上的集中体现。理想教育在社会主义教育中具有特别重要的意义。邓小平指出：在“四有”中，“我国最强调的，是有理想”。“中国一定要经常教育我国的人民，尤其是我国的青年，要有理想”。中国共产党人的最高理想是实现共产主义。在我国现阶段，建设中国特色社会主义，实现社会主义现代化的宏伟目标，是全国人民的共同理想。没有为社会主义现代化和共产主义而奋斗的共同信念，就没有凝聚力，就不能团结人民同心同德地建设中国特色社会主义。加强对青少年学生的理想信念教育，必须同增强他们的爱国主义、集体主义、社会主义思想统一起来。要加大爱国主义教育，帮助他们增强民族自尊、民族自信、民族自强和热爱中华、振兴中华的精神；要加强集体主义教育，帮助他们正确认识和处理个人利益同集体利益、国家或民族利益的关系，引导他们自觉地把个人前途命运同祖国的前途命运联系起来，提倡无私奉献的精神；要加强社会主义教育，帮助他们认清社会历史发展的必然趋势，坚持社会主义方向。

坚持以马克思列宁主义、毛泽东思想和中国特色社会主义理论为指导。马克思列宁主义主义、毛泽东思想和中国特色社会主义理论既是中国教育工作的指导思想，又是思想政治素质教育的根本内容。马克思主义是对人类全部优秀文化成果的继承和发展，是时代精神的理论结晶，是完备的科学的世界观。它是认识世界和改造世界的思想武器，也是确立正确的人生观和价值观的科学理论基础。

要不要用马克思主义教育学生，这是一个关系到我国教育发展方向的重大问题。邓小平在谈到对学生的教育时明确指出：“我国要抓紧四项基本原则的教育，马克思主义基本理论的教育。”在重大的原则问题上，中国旗帜鲜明地坚持用马克思主义教育学生。

因此，必须始终坚持用马克思主义理论教育大学生。各级各类学校和广大教育工作者在加强和改进马克思主义理论教育方面做了艰苦的努力，取得了可喜的成绩，尤其是中国特色社会主义理论“进教材、进课堂、进学生头脑”，对帮助大学生掌握马克思主义的基本立场、观点和方法起到了明显作用。当然，在我国，大学生就业思想教育中还存在着不足之处，还不能完全适应社会主义现代化建设的需要和新形势的变化，在内容和形式上都还需要不断改进。

**2. 培养“接班人和建设者”**

教育要培养德智体美全面发展的社会主义事业建设者和接班人。我国的教育应当培养什么样的人，这是个教育目的问题。这里所说的教育目的是指我国教育培养人的总目标。社会主义的教育目的，应该遵循马克思主义关于人的全面发展的理论，着眼于提高人的基本素质。一个人的基本素质应当包括：思想政治素质、科学文化素质、身体心理素质和审美修养素质。为了提高人的基本素质，必须实施德育、智育、体育和美育。

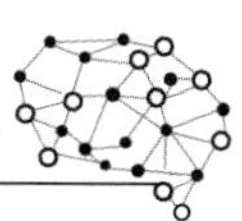

对以德、智、体三个方面为教育方针的主要内容，人们已达成共识。但对于美育这一项，长期以来许多人不赞成把它写进党的教育方针，理由是美育的内容已包含在了德智体三育之中。

德育、智育、体育虽然蕴含了美育的某些内容，但是代替不了美育。美育有自己的特点和规律，应当有其独归的位置。以思想政治教育为主要内容的德育，是为了解决人的世界观、人生观和价值观的问题；以科学文化知识教育为主要内容的智育，是为了解决人的人文知识和人文修养及获取知识和应用知识的能力问题；以身体和心理方面的教育和训练为主要内容的体育，是为了解决人的身体健康和心理健康的问题；而以美学知识教育和审美实践活动为主要内容的美育，则是为了解决人的审美观及审美感受力、审美鉴赏力和审美创造力问题。这四个方面各有侧重、相互联系、相互渗透，但不能相互代替。德育是方向，智育是核心，体育是基础，美育是升华。

培养“社会主义事业建设者和接班人”，是我国教育培养目标的相互紧密联系的两个方面，二者是统一的，是红与专辩证关系在教育目的上的集中反映。它一方面着眼于培养掌握专业知识和技能的“建设者”，一方面又从“接班人”的高度提出政治思想、阶级立场等方面的要求，突出了教育的社会主义性质。这就比培养“有社会主义觉悟的有文化的劳动者”的目标更明确、更具体了。当然，对培养对象的基本素质的要求也更高了。

## 二、大学生就业思想教育的原则

高校应加强大学生就业思想教育工作，促进大学生全面发展，这对建设和谐校园具有十分重要的意义。新时期要加强高校大学生就业思想教育就必须遵守大学生就业思想教育原则，创新教育方法，以提高教育实效性。大学生就业思想教育原则上有以下几个方面。

### （一）民主性原则

大学生就业思想教育并不能直接作用于大学生的行为，而是先通过对象错综复杂的心理品质作用于人的意识，转而影响其行为。作为教育对象的大学生一般都是青年，他们的自我意识已经渐趋成熟，对自己以及自己和周围的关系开始有了独立的认识和评价，较少盲从，主体意识明显。因此，大学生就业思想教育的成效，在很大程度上取决于教育对象对教育内容的关心、思考和理解的积极性和主动性被调动的程度。因此高校大学生就业思想教育必须坚持民主性原则，突出学生的主体地位，教育者与受教育者以平等态度交流思想，互相尊重，创造民主、平等、和谐、生动活泼的教育环境和气氛。

### （二）实事求是原则

这是大学生就业思想教育的基本原则，它体现了一种科学的工作态度。大学生就业思想教育是一项实实在在的转变人的思想的工作，因而任何华而不实和不切实际的做法都难以取得良好的教育效果。大学生就业思想教育的一个重要特点就是具有针对性，要做到这一点，教育者必须遵循实事求是的原则，必须从社会发展的现实和受教育者的思想实际出发，运用马克思主义的基本理论去解释分析社会问题和受教育者的思想问题，并从中寻找解决问题的基本规律，以指导大学生就业思想教育的活动。

### （三）灵活变通原则

在大学生就业思想教育过程中坚持灵活变通的原则，其实质是要求我们将大学生就业思想教育目标和内容的规定性与大学生就业思想教育过程和方法的灵活性有机结合起来。大学生就业思想教育过程是沟通人的思想和交流人的情感的过程，是用正确的思想和真挚的情感影响和感化教育对象的过程，而人的思想和情感的丰富性和复杂性，就决定了我们在进行大学生就业思想教育的过程中，必须避免生硬、呆板、简单、“一刀切”的倾向，必须根据教育对象的思想实际和个性特征，有针对性地、灵活变通地来安排教育的情境和选择教育的方法。大学生就业思想教育灵活变通原则，还要求我们根据时代的变化和大学生就业思想教育任务的变化，以及青年大学生求新求变的思想特点，不断地解放思想，与时俱进，不断地探索高校大学生就业思想教育的新规律，创造大学生就业思想教育的新方法。

### （四）尊重爱护原则

对教育对象尊重的含义是：教育者要承认教育对象是具有自己个性特点和独立人格的主体。要能够体会教育对象的喜、怒、悲、乐，应以同志式、朋友式的关系进行交流，从而建立起双方互相尊重、互相交流、互相切磋、共同提高的良好关系。

在大学生就业思想教育过程中贯彻尊重爱护的原则，就是要求高校大学生就业思想教育工作者必须尊重教育对象，尊重教育对象的主体地位，从关心爱护的愿望出发，努力发挥他们的主观能动性，并进行启发诱导，促使他们积极地进行认识交流和提高思想认识水平。大学生就业思想教育活动是主体之间的互动过程，要进行切实有效的大学生就业思想教育，教育者首先在思想上必须树立以尊重爱护教育对象为前提的指导思想。大学生就业思想教育是以帮助教育对象在政治态度、人生道德、人生价值等方面确立与社会意识相一致的个人意识为目的的一种人类精神活动。只有教育者切实尊重和爱护教育对象，以真诚关心的态度、平等的姿态来面对教育对象，才能提高大学生就业思想教育的效果。

### （五）差异性原则

大学生就业思想教育是起因于教育对象现实的思想状况与社会的期望目标之间的差异和教育对象之间的思想差异。由于这种差异的存在，社会才提出了对个人进行教育的要求。大学生的思想现状与社会主义发展要求之间既存在着总体方向上的一致性，也存在着具体要求上的差异性。差异性产生的根源和影响因素是多方面的。大学生就业思想教育过程中，承认教育对象的思想认识的差异性，是进行良好的大学生就业思想教育的起点。教育者在

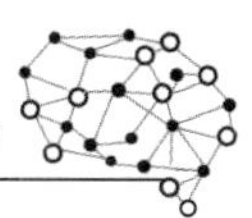

大学上就业思想教育中，要从大学生的思想实际出发，在密切联系学生思想实际的基础上开展活动。一方面，教育者要研究大学生的思想状况，在了解学生思想的基础上有的放矢地进行教育；另一方面，教育者要把握大学生的不同思想层次，做到因层次而异，因人而异。在把握整体思想状况的前提下，教育者还应分析不同个人的层次类型，并对不同的个人和层次类型采取不同的教育方法，充分发挥教育的针对性特点，实现教育的预期目标。

### （六）以人为本原则

科学发展观是在新世纪新阶段发展中国特色社会主义必须坚持和贯彻的重大战略思想。深入领会科学发展观的内容，有两个密切联系的关键词，一个是以人为本，一个是科学发展。以人为本是经济社会发展的出发点和归宿，科学发展既包括经济社会发展，又包括人的全面发展。科学发展观的重大创新之处在于坚持人是根本，把发展和人的发展紧密联系起来，在人的自由全面发展这一马克思主义的崇高社会理想的导引下来理解和处理发展问题。科学发展观这一主旨为我们改进大学生思想政治教育，提高其实效性指明了方向，也即大学生思想政治教育必须把以人为本作为重要原则。正如《中共中央国务院关于进一步加强和改进大学生思想政治教育的意见》中指出的："坚持以人为本、贴近实际、贴近生活、贴近学生，努力提高思想政治教育的针对性、实效性和吸引力、感染力。"

大学生就业思想教育把以人为本作为重要原则，就是要以促进人的全面发展为最高价值来认识思想政治教育的目的、任务、内容、手段和标准。正如我们过去在发展问题上存在着离开人的发展这一根本目的来谈论经济社会发展的倾向一样，我们在思想政治教育领域存在着离开促进人的全面发展来规划思想政治教育的倾向。我们更多地从培养接班人的角度，从社会发展需要的角度提出要求，不断地强化其政治性诉求，而弱化了从促进人的全面发展的角度，特别是从个体发展的需要来认识思想政治教育的功能。这样的教育误区往往使思想政治教育变成一种外在的要求、约束与灌输，缺乏个体内在需求机制，并由此进而影响到教育成效。

马克思主义历来重视人的发展问题。马克思主义为未来社会所确定的理想目标，正是旨在使人得到自由而全面的发展。在《共产党宣言》中，马克思指出："代替那存在着阶级和阶级对立的资产阶级旧社会的，将是这样一个联合体，在那里，每个人的自由发展是一切人的自由发展的条件。"联系物质资料生产活动的发展，马克思论述了现实个人发展的三个历史阶段，即"人的依赖关系"，"以物的依赖性为基础的人的独立性"和"建立在个人全面发展和他们共同的社会生产能力成为他们的社会财富这一基础上的自由个性"。马克思主义研究人类社会发展，是从现实的人的感性实践活动出发，发现物质生产活动的基础地位和动力作用，发现阶级和阶级斗争的事实和作用，进而阐述现实个人的历史发展过程。在历史唯物主义中，现实个人的发展是历史发展的核心内容，生产发展和社会发展是围绕着人这一历史主体的生存、发展以及人格和个性的完善而展开的，人类社会历史发展的本质是人的全面发展。

着眼于人的全面发展的大学生就业思想教育就绝不仅仅是按照社会的要求满足于设定的任务和内容灌输式的完成，而更多的是洞察现实的个人发展的需要，从促进个人素质的提高和能力的发展出发，进行针对性的教育。教育的着力点不仅仅在于统一的标准和要求，还在于与受教育者内在接受状态的结合，在于对受教育者内在自觉性的启发和引导。从而把满足人、发展人、成就人作为思想政治教育的出发点和归宿。

坚持以人为本，把大学生就业思想教育的基点放在个人发展的需要上，放在受教育者个人的内在自觉上，就必须正确认识人的需要人的本质。受教育者作为生活世界中活生生的个体，有着自己特殊的生活条件、经历、利益和需要，形成自己“前见”式的价值观念和生活态度，对于教育者输送的各种信息，他们往往从自身的需要、兴趣出发，根据自己的理解、期望进行判断和选择，采取接受或拒绝的态度。现实个人的需要是一个多层次的复杂体系，是一个不断变化发展的过程。人既有生存的需要，又有发展的需要；既有世俗的需要，又有高尚的需要；既有眼前的需要，又是长远的需要。有效的思想政治教育在于帮助大学毕业生澄清人的真正需要，纠正人的虚妄需要，承认人的低层次需要的合理性，启发高层次需要的产生和发展。因此，大学生就业思想教育必须立足现实的人本身，从现实的人的现实生活状况出发，考虑受教育者的实际思想水平和接受状态，把握教育的内容和形式，把功夫用在提升人的需要层次和人格境界上。

## 第二节 大学生就业思想教育的内容

### 一、大学生就业思想教育的一般内容

#### （一）正确的人生观和价值观引导教育

人生观是关于人生目的、态度、价值和理想的根本观点。它主要回答什么是人生、人生的意义、怎样实现人生的价值等问题。其具体表现为苦乐观、荣辱观、生死观等。价值观是社会成员用来评价行为、事物以及从各种可能的目标中选择自己合意目标的准则。价值观通过人们的行为取向及对事物的评价、态度反映出来，是驱使人们行为的内部动力。人生的价值和意义在于对社会所尽的责任和所做的贡献。人生的最大价值和意义在于努力为人民服务，无私地把自己的一切精力贡献给中国特色社会主义事业。

正确的人生观和价值观是高校毕业生形成正确就业观和成才观的重要基础。因此，系

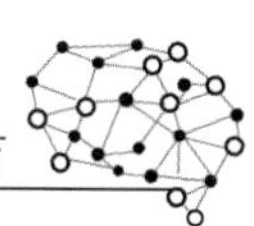

统地开展就业前人生观、价值观教育，引导高校毕业生把个人的理想和追求同国家和民族的命运结合在一起，以实现人生价值的正确人生观和价值观：通过深入细致的人生观、价值观和理想信念教育，营造科学看待和分析就业的氛围，从不同的方面影响高校毕业生的就业观念，引导高校毕业生树立包含祖国的需要就是我的最佳选择、艰苦奋斗、到基层实践锻炼成才、劳动光荣等内容在内的正确的就业观；通过坚持开展主题教育活动等手段，把人生观、价值观、理想信念教育贯穿于高校学生培养全过程，特别是贯穿于高校毕业生就业各环节，以引导学生树立正确的成才观和就业观。上述人生观和价值观教育是大学生就业思想教育的重要内容之一。

### （二）形势与政策教育

形势与政策教育是指坚持以马克思列宁主义、毛泽东思想、邓小平理论和“三个代表”重要思想为指导，牢固树立和认真落实科学发展观，紧密结合全面建设小康社会的实际，针对学生关注的热点问题和思想特点，帮助学生认清国内外形势，教育和引导学生全面准确地理解党的路线、方针和政策，坚定在中国共产党领导下走中国特色社会主义道路的信心和决心，积极投身改革开放和现代化建设伟大事业的教育活动。

《中共中央国务院关于进一步加强和改进大学生思想政治教育的意见》明确指出：开展形势与政策教育是大学生就业思想教育的重要内容。随着高校教育改革的不断深入，许多大学生对一些就业政策、形势不能很好地掌握，因此，加强大学生就业形势与政策教育，是大学生就业思想教育工作的必要内容。通过就业形势分析、市场预测、政策导向以及就业素质引导等环节，对大学生进行系统的教育，引导他们从自身也从社会出发，以国家大局为重，合理定位，纠正择业方向，确保毕业生顺利就业。

针对高校毕业生在就业过程中关注的热点问题和思想特点，形势与政策教育首先要进行政治、经济、文化等方面的宏观教育。主要包括：要着重进行中国特色社会主义理论体系、社会主义核心价值体系、社会主义荣辱观教育；要进行我国改革开放和社会主义现代化建设的形势、任务和发展成就教育；要进行党和国家重大方针政策、重大活动和重大改革措施教育；要进行当前国际形势与国际关系的状况、发展趋势和我国的对外政策、世界重大事件以及我国政府的原则立场教育；要进行马克思主义形势观、政策观教育。高校毕业生就业不同于学习期间的社会实践，它是要找到一个适合自己的工作岗位，并能在这个岗位上充分发挥自己的作用，实现自我价值和社会价值的过程。高校毕业生要实现成功就业，必须从宏观上了解面临的就业形势、就业政策和规定。通过加强高校毕业生就业形势教育，使他们了解社会需求状况，正确认识自己，正确分析和对待近年来高校毕业生就业形势，认识到就业形势的严峻性，在社会大环境中正确衡量自己的竞争实力，缩小高期望值与现实满足的落差，从而形成正确的就业定位。

加强高校毕业生就业政策教育，使他们正确理解“双向选择”的本质含义——把原来用指令性计划分配毕业生的就业机制改为在国家方针政策和原则的指导下，经过学校推荐、毕业生自主选择、用人单位择优录用的就业机制。在“双向选择”机制下，毕业生既有就业的权利，同时也有服务国家的义务，是权利与义务的统一，从而使高校毕业生在就业过程中正确享受权利、积极履行义务。积极开展就业形势与就业政策的宣传教育，帮助高校毕业生正确认识当前的就业形势、理解当前党和国家制定的就业政策、摒弃不正确的就业观念、树立正确的就业观和成才观。有计划地邀请党政负责同志、知名学者、企业家、成功校友来学校举办形势政策报告会、座谈会，全面宣传党和政府对高校毕业生就业工作的重视和关心，积极宣传国家的就业政策。帮助学生认清就业形势，充分做好面对现实、面对困难的思想准备，树立良好的就业心态。新的形势与政策教育是大学生就业思想教育的重要内容之一。

### （三）服务基层意识教育

当前，一方面高校毕业生就业面临着一些实际困难和具体问题，另一方面广大基层特别是西部地区、艰苦边远地区和艰苦行业以及广大农村还存在人才匮乏的状况。积极引导和鼓励毕业生面向基层就业，有利于青年人的健康成长，有利于改善基层人才队伍的结构，有利于促进城乡和区域经济的协调发展，有利于构建社会主义和谐社会和巩固党的执政地位，同时也是解决高校毕业生就业的主要途径。因此，加强大学生就业思想教育，认真贯彻《中共中央国务院关于进一步加强和改进大学生思想政治教育的意见》和《中共中央办公厅国务院办公厅关于引导和鼓励高校毕业生面向基层就业的意见》，大力开展服务祖国与人民的思想意识引导教育，强化高校毕业生服务基层意识，引导高校毕业生自觉地把个人理想同国家与社会的需要紧密结合起来，树立根据社会需要就业，到基层建功立业的思想。

加强高校毕业生的思想教育、引导，积极宣传党和国家鼓励高校毕业生面向基层就业的精神，帮助毕业生树立服务基层就业意识、树立到基层一线锻炼成长成才新观念、强化艰苦奋斗精神，就成为大学生就业思想教育的重要内容之一。

### （四）诚信意识教育

高校毕业生的诚信意识是其思想道德素质的重要组成部分，是社会主义荣辱观的重要内容，同时也是高校毕业生成功就业的重要保证。针对目前高校毕业生就业过程中出现的诸如“注水简历”“伪造证书”“随意违约”“虚假宣传”等与诚信背道而驰的行为，我们需采取切实可行的措施开展高校毕业生诚信意识教育，培养学生以真诚的言行对待他人、言行一致、不弄虚作假等方面的诚实意识；培养学生言必信、行必果的守信意识。同时，还要加强遵守法律法规、校规校纪和社会公德的教育，培养学生的法律意识和规则意识，具备良好的道德品质。引导和帮助高校毕业生树立诚信意识，坚定不移地走诚信就业之路就成为大学生就业思想教育的重要内容之一。

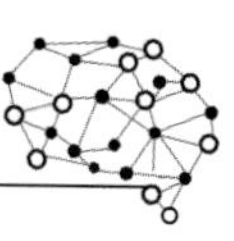

### （五）职业道德教育

职业道德是所有从业人员在职业活动中应该遵循的行为准则，涵盖了从业人员与服务对象、职业与职工、职业与职业之间的关系。随着现代社会分工的发展和专业化程度的增强，市场竞争日趋激烈，整个社会对从业人员职业观念、职业态度、职业技能、职业纪律和职业作风的要求越来越高。在社会对高校毕业生的价值期待中，包含了对高校毕业生职业道德方面的要求。同样，高校毕业生是否具有社会所希冀的职业道德素质，直接体现着大学生就业思想教育的效果。

大学生就业思想教育既要培养高校毕业生的政治素质，还要培养高校毕业生良好的职业道德素质。高校毕业生良好的职业道德素质包括爱岗敬业、诚实守信、办事公道、勤劳节俭、遵纪守法、团结互助、服务群众等方面的内容。高校毕业生的职业道德素质决定着他们在实际工作中发挥作用的状况。因此，高校大学生就业思想教育应注重对高校毕业生职业道德培养，加强职业道德教育。

### （六）心理健康教育

心理健康是指人对自我、客观世界的认识和把握，表现为正确的心态、较高的自我调控能力、没有人格缺陷和障碍等方面。保持心理健康是大学生健康成长、顺利就业的重要保障。高校成立心理健康机构，为大学生提供心理方面的帮助，也能根据大学生在求职中可能遇到的心理问题采取恰当的疏导方式，引导大学生正确对待将会面临的就业困难，帮助他们树立求职信心，提高心理调适能力，从正确克服求职中遭遇的挫折入手，以积极的心态参与竞争，提高心理健康水平。

在新的就业机制和严峻的就业形势面前，一般来讲，高校毕业生就业过程中会遇到很多困难和挫折，并产生诸多心理问题和压力。这些心理问题和压力，会影响到高校毕业生就业观、成才观的形成。这就需要开展及时有效的心理健康教育来予以疏导。因此，通过积极开展心理健康教育，提高高校毕业生的认知水平，引导高校毕业生正确认识自己、评价自己，避免因自负或自卑而造成的挫折感和焦虑感；引导高校毕业生正确把握就业期望值，扬长避短，选择适合发挥自己才能和施展抱负的职业，引导高校毕业生做好充分的思想准备，积极参与竞争，正确对待挫折，保持乐观向上的情绪，帮助高校毕业生提高自我调适能力和心理承受能力是大学生就业思想教育的重要内容。

## 二、大学生就业思想教育的独特内容

大学生的就业创业是一个复杂的社会问题，解决这一问题是一项系统工程，其中有许多大学生就业思想教育工作要做。具体来说，需要着重做好以下十个方面。

### （一）在人才培养上重视大学生创业精神与就业能力的培养

①培养大学生的创业意识，让大学生在校期间就有创业的考虑和想法；②在大学生中

大力宣传和培养企业家精神，培养大学生的拼搏精神；③培养大学生创业的实际能力。创造实践的平台，如开展大学生创业大赛，组织大学生到就业基地实习，参与社会实践基地建设、参加老师的科研项目等，让大学生在校期间就具备一定的创业能力；④全面强化大学生的就业能力事实表明，除了机遇之外，就业能力强是大学生能够尽早顺利就业的重要条件。道德品质好、成绩技能优、心理素质强、身体健康、社会适应性强、有一定实践经验是就业能力强的组成要素。在抓好大学生的思想、道德、学习、心理、身体的同时，要注重抓专业设置、课程改革、人才培养模式的转变，鼓励大学生多参加社团活动、担任学生干部、在社会兼职、参与志愿者行动等，增强大学生的社会适应性和实践能力，以全面提升就业能力。

### （二）针对大学生在校最后学年的思想和心理特点开展就业引导

利用各种途径大力宣传本校毕业生就业、创业的先进事迹，邀请各界有突出业绩的校友来校传授经验，交流座谈，选择一些学生熟知的优秀校友来校对大学生进行风险意识和生存能力的指导，通过“熟悉人讲陌生事，陌生事影响熟悉人”的方式，让大学生真正了解现实社会。组织大学生去基层、厂矿、农村考察，使大学生了解基层，把基层作为人生和事业的起点，形成到基层去、到国家最需要的地方去建功立业的主流价值导向。

### （三）在就业落实上做好资源整合、广开渠道、沟通信息等工作

学校党政主要领导要亲自抓大学生就业、创业工作，整合校内外的社会资源，构筑就业与创业的“绿色通道”。院系的主要领导要充分发挥自身优势，广开就业渠道。辅导员以及有关老师要多进学生宿舍、进教室，及时了解学生的就业思想与动态，根据不同情况，有针对性地开展工作，要关注社会各界的用人招聘动态，及时向学生通报情况，为学生提供服务。

### （四）在就业创业前期各项准备工作中贯彻以学生为本的理念

在为大学生就业创业服务中要注意稳固和拓宽渠道，主动出击，积极与用人单位建立长期友好关系，为毕业生就业做好前期准备。比如，提前派学生进入基地实践，延长学生的实习时间，加深学生与用人单位的相互了解，为用人单位提供技术与智力方面的支持，与用人单位多交流多互动、加强平时的联系沟通，请用人单位专程来校招聘，举办多场校园人才招聘会，提前签订就业协议等。

### （五）科学指导大学生做好职业规划，确立符合实际的职业定位

凡事预则立，不预则废。择业尤其如此。大学生职业生涯规划是指在个体进行充分定位的基础上，对影响职业发展的因素进行综合分析，确定个体职业发展方案的行为。这是激发大学生自身动力，完善自我的绝佳手段。大学生做好职业生涯规划，除了自我反省外，还要对社会发展趋势有清醒的认识，这可以帮助其在否定之否定中不断审视自己，最终做

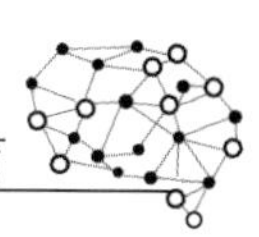

出适合自己的职业定位。

引导大学生从大一开始就要对自己将来的职业进行规划。职业规划要有高、中、低三个层次，引导大学生在自己的职业规划中注意处理好理想性、现实性、可能性三者的关系，做到既追求高度，又有现实可能，避免过于理想化。

### （六）在价值取向上引导大学生打破固有思维，正视现实

正视现实，降低就业期望值是大学生价值观调整的重要方面，这样可以有效地减少预期落差，避免心理失衡。打破原有的思维定式，对社会对人生有一个客观的理解和认识，对自己有一个准确的定位，知道自己“能做什么”“能得到什么”，为自己树立正确的就业观念提供新的思路。有了正确的就业取向和对称的就业信息，大学生就会做出正确的选择。

### （七）做好心理调适工作，帮助大学生树立信心、缓解压力

面对就业的严峻形势和巨大心理压力，要重视大学生的就业心理调适。①要让大学生保持自信心，相信“天生我才必有用”；②引导大学生正确认识自己，相信只要自己踏实努力，就一定会成就一番事业；③让大学生消除就业恐惧心理，不畏困难，即使受挫也不气馁，相信自己一定能够渡过难关，先就业后择业再创业，或者暂时找不到工作就再学习提高，等待机会。

### （八）指导大学生掌握必要的应聘技巧

①做简历要实事求是，不能随意夸大自己的优势，更不要弄虚作假，但要尽量充分展现自己的闪光点，要简明扼要，让招聘人员一目了然，并能留下深刻印象；②穿着整洁，形体端正，语言朴实，不卑不亢，沉着冷静；③要对用人单位事先有所了解，形成招聘现场的亲和氛围；④对招聘人员要充分尊重；⑤要掌握一些应聘具体方法，注意正面效应；⑥不可好高骛远，不要“海投”求职简历，要量力而行，对号入座。

### （九）严格落实促进大学生就业创业的各项政策

近年来，全社会高度重视大学生就业创业问题。国务院办公厅下发了《关于加强普通高等学校毕业生就业工作的通知》，提出了“鼓励和引导高校毕业生到城乡基层就业、鼓励高校毕业生到中小企业和非公有制企业就业、鼓励骨干企业和科研项目单位积极吸纳和稳定高校毕业生就业、鼓励和支持高校毕业生自主创业、强化高校毕业生就业服务和就业指导、提升高校毕业生就业能力、强化对困难高校毕业生的就业援助”等明确要求。

### （十）寻求社会各方面的支持，开辟大学生就业创业的新空间

社会就业岗位的数量，创业成功的机遇，取决于经济社会的发展。要力争在解决新增劳动力就业问题上取得新的突破，增加就业岗位，为大学生创造就业创业的条件。媒体要

大力宣传大学生到基层、民企、边远地区就业、创业的典型事迹；用人中排除用人偏见与性别歧视，为大学生就业创业提供机会和平台。

# 第三节 大学生就业思想教育的方法

## 一、大学生就业思想教育方法论

当今世界，随着现代科技迅猛发展和现代化程度的提高，大学生的思维方式、价值观念和道德行为表现正发生着深刻的变化。许多国家为了使国民适应现代社会，尤其是未来社会发展的需要，从本国的历史条件和国情出发，采取不同的大学生思想教育方法，呈现出丰富多彩的面貌，这为我们创新大学生就业思想教育方法提供了借鉴。大学生就业思想教育方法创新主要包括四个方面的内容。

### （一）重视大学生就业思想教育内容的渗透性

理想信念教育、爱国主义教育、社会主义荣辱观教育、公民道德教育及以大学生全面发展为目标的素质教育是大学生就业思想教育的主要任务。这些任务的实现都可以通过不同的形式和丰富多彩的活动寓教于乐。大学生就业思想教育不能单纯依靠思想政治理论课和专职的大学生就业思想教育者，而应该把传授知识与思想教育结合起来，在学校的教育形式中培养大学生正确的世界观、人生观、价值观和就业观，培育民族精神、培养良好道德品质，使大学生成为有理想、有道德、有文化、有纪律的社会主义新人。

### （二）重视大学生就业思想教育与实践活动的结合

实践活动在培养学生政治观和道德观中起着非常重要的作用。实践活动具有很强的参与性，要让大学生在接受课堂教育的同时亲身经历和体验社会实践，从而培养大学生的社会责任感和自信心。社会实践是大学生就业思想教育的重要环节，对于促进大学生了解社会，了解国情，增长才干，奉献社会，锻炼毅力，培养品质，增强社会责任感等具有不可替代的作用。

志愿服务是开展大学生社会实践活动的一种有效方式。它面向大众，服务社会，有明确的活动宗旨，大学生参与面广，是他们接触社会、了解社会的重要窗口。在参加这些活动的过程中，大学生不仅能够认识自我的人生价值，而且能够增强其社会责任感。

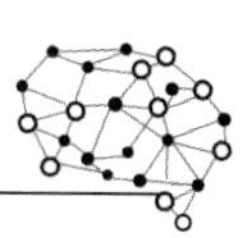

### （三）重视现代传媒技术及网络技术的应用

现代媒体以其信息量大、传播速度快、影响范围广而对现代青年大学生的生活和学习产生着广泛的影响，特别是网络技术的发展更是对大学生思维方法、行为方式发生着重大影响。新技术的应用一方面为大学生就业思想教育提出了挑战，另一方面也为大学生就业思想教育创新提供了条件。随着互联网的发展，大学生就业思想教育亟须创建教育互联网平台，营造良好的网络文化氛围，以灌输、引导、监控为主要方式，积极探索校园网与大学生就业思想教育相结合的实现途径，充分利用网络技术优势加强和改进大学生就业思想教育工作。

### （四）重视中华民族传统文化与时代精神的结合

大学生就业思想教育的创新是一项综合性的系统工程，它包括大学生就业思想教育过程中各个因素和诸多环节的创新。我们应根据大学生就业思想教育的主体、客体、载体和环境的不同而采取不同的方法。大学生就业思想教育过程中内容与方法的综合运用，会使我们的大学生就业思想教育显现出更强盛的生命力。

中华民族有悠久的历史，有丰富灿烂的传统文化，形成了中华民族勤劳、勇敢、诚实、坚强的优良传统。这些宝贵的文化资源和精神财富为我们弘扬和培育民族精神、深入进行公民道德教育提供了丰富的精神食粮。我们应将传统文化中符合现代社会需要的精华加以汲取，在继承优良传统的同时，结合现代教育理论和方法，综合创新，在大学生就业思想教育中开拓出一条继承、借鉴和创新的成功之路。

## 二、大学生就业思想教育的具体方法

大学生就业思想教育方法是船和桥。教育方法得当，则教育过程顺畅，教育效果良好。反之，则教育过程容易出现“船沉桥断”的现象，教育效果大打折扣。

### （一）充分利用网络的积极正面因素，开展网络时代大学生就业思想教育

如何在网络时代充分发挥互联网的优势，积极有效地开展当代青年大学生的大学生就业思想教育工作，把他们培养成为未来社会主义现代化建设的合格建设者，是大学生就业思想教育工作者在实际工作中所面临着的一个现实性课题。

在当今互联网十分发达的网络时代，如何以网络平台为载体，切实发挥网络传播迅速以及信息资源十分丰富的优势，教育和引导当代广大青年大学生努力学习马克思主义中国化的最新理论成果——中国特色社会主义理论体系，使他们在学习生活与社会实践中能更加深刻地体验、认识、理解、体会和掌握中国特色社会主义理论体系的基本理论和科学内涵。高校党组织要在大学生党建和青年大学生就业思想教育工作实践中切实加强对校园网络的指导、监督和管理，切实发挥网络载体的教育优势，把网络作为对大学生就业思想教

育的有效载体和平台，加强对当代大学生进行就业思想教育工作。以网络为载体加强对当代大学生进行就业思想教育工作，其方法主要有五点。

一是高等院校党组织要充分利用校园网络这块有力的宣传舆论，在校园网上建立当代大学生党建和大学生就业思想教育网站或网页，充分发挥网络的传播迅速、信息量丰富的优势，通过网络文字、音像、图表、数据等多种有效的形式向全校广大青年学生宣传中国特色社会主义理论，宣传党在社会主义初级阶段的各项路线方针政策，使大学生能够在图文并茂、声像结合的信息之中学习、了解、认识和掌握中国特色社会主义理论体系以及党在社会主义初级阶段的各项路线方针政策，逐步树立起马克思主义科学的世界观、人生观和价值观，自觉地用党的创新理论武装自己，在学习生活和社会实践中不断地提升自身的思想政治素质，成为社会主义现代化建设的合格建设者和中国特色社会主义事业的自觉传承者。

二是充分利用校园网络论坛（如 BBS 等）与当代青年大学生开展平等互动的在线交流、探讨以及大学生就业思想教育。在高校 BBS 上，大家可以毫无拘束地针对某些热点问题开展互动讨论和探讨交流，可以自由发表自己的观点和看法。因此，校园论坛能够在较短时间内形成强大的舆论氛围和舆论辐射力，成为关注社会某一焦点问题或一个大学的某一热点问题意见的集散地。高校党组织要加强对学校论坛的舆论的积极引导，确保马克思列宁主义、毛泽东思想和党的创新理论等科学先进的正面舆论占据主导地位，使之成为高校党组织加强对当代大学生进行就业思想教育的重要渠道和有效载体。

高校党组织和大学生就业思想教育工作者、思想政治理论研究工作者应紧紧围绕当代大学生普遍关注的当代社会现实中发生的重大事件和当前其在思想认识上存在的热点、难点、焦点问题，开设具有大学生就业思想教育特色的主题论坛，让大学生积极主动地参与互动交流，充分发表自己的看法和观点。在互动交流以及讨论与辩论中，高校党组织和大学生就业思想教育工作者、思想政治理论研究工作者要针对当前在部分大学生中存在和流行的一些错误的言论及观点，适时发布帖子以及时阐明科学立场和科学理论观点，以对其进行及时的引导和纠正，统一并且端正和提高他们的思想认识，提高他们自身的思想政治素质的目的。

三是要积极组织和开设网上服务专栏，及时地解决当代大学生在思想、学习、心理和生活中存在的实际困难和各种矛盾与问题。因而许多高校都建立了网络中心和校园网，各高校可根据本学校的实际情况和需要，充分利用局域网络开展网络专栏，为大学生提供各种切合实际并行之有效的服务活动，把网络建成为大学生网民服务的平台，将思想引导、搞好服务与解决实际困难有机结合。网上服务所获得的大学生就业思想教育信息能更真实、更准确地反映大学生交流者本人当前的思想情绪状况和心理活动状况，这是高校党组织和大学生就业思想教育工作者宝贵的信息资源。高校党组织通过建立心理咨询网站开展心理咨询服务，对大学生的心理状况进行调查，并针对大学生所反映出的带有共性与个性的心

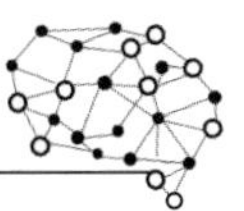



理问题及时进行疏通引导。高校党组织和大学生就业思想教育工作者还可以针对大学生在现实生活中所遇到的各种具体问题，设置交流信箱等答疑系统，做好网上释疑解难和耐心细致的思想教育与心理疏导工作。

四是高校党组织和大学生就业思想教育工作者应积极支持、鼓励研制和推广新的适合于大学生思想和心理实际的大学生就业思想教育及其心理疏导软件。他们在反复使用该软件的过程中，能逐渐认可和接受软件中所包含的大量科学理论信息和价值观念，同时也在接受着该软件中所传播的科学的政治观、世界观、人生观和价值观，这将十分有利于他们在思想政治方面和心理素质方面的健康成长以及未来的发展。

五是高校党组织可利用网络建立大学生交流 QQ 群，通过 QQ 群聊天的形式与广大在校大学生进行在线交流、互动、谈心和讨论他们关心的现实问题，做好当代在校大学生就业思想教育工作。高校党的基层组织（尤其是院系党委党总支、学生党支部）应结合实际建立大学生党员、入党积极分子和大学生骨干 QQ 群，在互联网上与他们就其十分关心的目前国内外社会热点、焦点和难点问题进行坦诚、平等的交流、探讨。如大学生十分关心的“大学生就业难”的问题、大学生在青春期时所遇到的各种情感障碍以及未来的理想前途等问题。通过网络 QQ 群与大学生经常进行思想、心理和情感交流与互动，不仅可以增强大学生就业思想教育的针对性，同时也可保证大学生就业思想教育的实效性。

### （二）科学发展观视野下的大学生就业思想教育新方法

大学生就业思想教育是一个系统工程，方法创新的切入点是以学生为本，关键点是落实“可持续”发展观，从关心和理解大学生入手，创新教育方法。

**1. 落实“可持续”发展观，创新“跟进式”教育方法**

首先打破大学生就业思想教育“课程化”教育模式，建立大学生就业思想教育“导师制”，建设一支专兼结合、富有爱心、热爱大学生就业思想教育的“思想政治导师”团队。通过师生“双向选择”，确定学生在校期间全程的理想信念教育引导者，使教育任务通过“进公寓、进团队、进课堂”，走进学生的日常生活，获取学生的信任。通过“双向互动”升华，内化德育要求，在生活中不知不觉地进行大学生就业思想教育。要构建积极、健康、阳光的校园文化，发挥学生的主动性和能动性，使学生主动参与到德育实践中来。

**2. 落实“全面协调”发展观，创新“立体式”教育方法**

学校要重视大学生在校外的延伸教育，把教育跟进到家庭、社会，形成学校、家庭、社会互动的合力型教育体系。高校要通过建立“红色网站”，充分开发网络“隐形教育”功能，延伸思想教育时间，拓展思想教育空间，化被动的“堵截”为主动的“疏导”，形成正确的校园“信息导向”，提高大学生就业思想教育水平。要构建开放的教育体系，进行“五大意识”教育，使大学生就业思想教育走出当前的封闭状态。要通过开展意识教育，培养学生从全球利益角度去考虑问题的思维方式和行为方式；要通过规则意识教育，让学生懂得践踏规则将会给我们的国家、民族带来危害的道理；要通过爱国主义教育，帮助学生明确在国际规则的约束下实现国家利益的最大化，才是真正的爱国主义；要通过危机意识教育，让大学生时时有种危机感；要通过公民意识教育，让大学生形成正确的权利与义务观念，学会与他人平等相处，并切实尊重他人的权利。

**3. 落实“以人为本”发展观，创新“服务与管理式”教育方法**

“以人为本”的第一要素是满足人的自然需要，大学生就业思想教育也不能离开人的自然性去空谈其社会性。要真正做好大学生的就业思想教育，就必须将教育机制建立在对人性进行科学分析的基础上，必须从大学生的衣食住行开始，从生活、学习、就业入手，做好服务与管理。要让大学生自觉地参与学校的服务与管理，通过自我控制，协调人际关系，认识到服务与管理的好处，通过服务与管理目标的实现，体验到提高思想素养、提升人生品位、促进社会和谐发展给当代大学生带来的快乐。

## 第四节 大学生就业思想教育的对策

### 一、满足成长成才需求是对策研究的逻辑起点

#### （一）满足大学生的学业需求

知识改变命运，上大学是为了将来有更好的发展，对学业的需求是大学生的最大需求。学校要紧紧围绕培养什么人、怎样培养人这一根本任务，努力提高教育教材质量，做好满足大学生学业需求的工作。

首先，要帮助大学生提高对学习的认识。现在大学生的学习态度总体上说是好的，但也存在不少问题。特别是现代信息的多样化和生活方式的活跃，对大学生的影响和诱惑越来越大，有的大学生因此缺乏刻苦精神，荒废学业。由于大学生在校学习时间的有限性，需要在入学的第一时间，让他们懂得学习知识的重要性，懂得今天所学专业对将来个人的生存发展和对社会贡献的重要性，以激发他们学习的热情和动力，调动他们学习的积极性和主动性，努力形成勤于学习、奋发向上、诚实守信、敢于创新的良好学风。

其次，教师要上好课。教师要以高度负责的精神备课，要把最好的、最新的、最深的知识传授给大学生，让他们学会和掌握分析问题、解决问题的方法。要以严谨的治学态度和良好的人格魅力来影响大学生，激发他们的学习积极性和进取精神。可以通过开展评选“学生心目中最好的教师”等活动，调动教师爱岗敬业、教书育人的积极性。

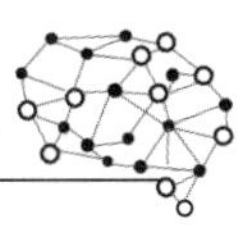

再次，要科学设置专业和学科。坚持“两个出发”，一个是坚持从市场需求出发来设置专业和学科；另一个是坚持从学生需求出发来设置课程，把学习的选择权交给大学生，一切满足他们学业的需求。同时积极主动做好大学生考级、考证、升本和考研的服务工作，努力为大学生创造各有所学、学有所得、学有所成的良好局面。此外，要加强教育管理，针对教与学中存在的突出问题，抓好课堂教学管理、专业教师管理和学习环境管理，营造良好的学习风气，力求把每位大学生都培养成才。

### （二）满足大学生的政治需求

当代大学生普遍积极进取，渴求用先进的思想理论武装自己，希望接受生动丰富的大学生就业思想教育，希望加入中国共产党，实现自我价值。

大学生就业思想教育工作，应遵循大学生成长成才规律，认真分析学生的思想政治状况，紧扣学生最关心、最希望解决的问题，创新教育方法和手段，切实抓好世界观人生观教育、爱国主义教育、公民道德教育、社会主义荣辱观教育，树立社会主义核心价值观，引导大学生坚定理想信念之“魂”，扎牢民族精神之“根”，不断提高大学生就业思想教育的针对性和吸引力，使马克思主义理论真正内化于心、外化于行。

应从把我们党建设成为优秀人才高度密集的政党、扩大党的执政基础的高度，做好学生党建工作，把大批优秀的大学生吸引到党的队伍里来。要早启蒙、早选苗、早教育、早培养，从学生入学开始，抓住第一时间，在最为广大的范围内“播种党的知识”，帮助大学生逐步提高思想认识，解决好“思想入党”问题；要积极慎重地做好大学生党员的工作。对大学生党员应加强先进性教育，教育他们严格要求自己，提高党性修养，充分发挥他们在大学生就业思想教育中的骨干带头作用和先锋模范作用；要坚持党建带团建，重视发挥大学生紧密团结在党的周围；加强对大学生党建工作的领导，学校党委要建立大学生党建工作领导小组，层层落实发展大学生党员的责任制，要把发展大学生党员工作作为目标考核的重要内容。

《形势政策》是每个学生的必修课程，是大学生就业思想教育的重要内容。地方党政领导和有关部门，以及学校领导和有关专家要经常为大学生做形势报告，针对学生的热点问题和思想特点，从理论和现实的结合上做出有说服力的回答，满足学生对时政热点的关注需求，使学生更直接地了解改革开放和经济发展的新成就、新变化，引导大学生拥护党和国家的重大政策，坚定对党的信念，坚定对中国特色社会主义的信心，激发学生积极投身于改革开放和现代化建设的伟大事业。

### （三）满足大学生的生活需求

大学生处在思想成长阶段，他们的思想不仅容易受社会环境因素的影响，也容易受到个人遇到的具体困难和问题的影响。应坚持以大学生成长成才为中心，把解决思想问题与解决实际问题结合起来，把引导大学生与服务大学生统一起来，既要教育人引导人，又要关心人帮助人，努力为大学生的健康成长创造有利条件。

一要做好后勤服务工作。由于高校后勤社会化改革处在探索之中，在后勤服务与大学生需求、服务价格与大学生承受能力、服务质量与诚信等方面，若处理不当，随时可能激化或引发群体性事端。要建立健全后勤服务的长效机制，确保食堂价格始终低于市场价格，切实贯彻高校食堂粮食、副食品定点供应的方法，降低成本。其他涉及大学生生活的服务和管理，都要做到科学化和人性化。

二要做好贫困家庭大学生的帮扶工作。让贫困大学生考上大学后能顺利上学，不辍学，这是社会公正和教育公平的重要体现，也是各级党委、政府和社会各界的共同责任。各有关部门、各高校要把做好贫困大学生资助作为一件大事来抓，认真落实资助贫困大学生的政策措施，多方面筹措资金，努力完善以政府主导、学校为主、社会参与的助学格局和“奖、贷、助、补、免五位一体”的助学体系，帮助贫困大学生顺利完成学业。

三要切实维护大学生的合法权益。要坚持依法管理，建立健全大学生维权工作机制，严禁和杜绝各种损坏大学生利益的行为，确保大学生的合法权益得到充分尊重和维护。学校凡制定涉及学生利益的政策制度，要充分听取大学生的意见和建议，凡办理有关他们事务的规定程序，要实行公开公示。

### （四）满足大学生的发展需求

当代大学生渴望通过学习和实践来增强自己的实力，在激烈的社会竞争中取胜。由于教学观念、教学体制和教学条件等方面的原因，学校较多注重课堂和书本学习，致使大学生动手实践能力普遍较弱。

一是提高大学生社会实践活动的实效。要把大学生社会实践活动纳入学校教学计划和考核体系，规定相应学分，提供必要经费，保证社会实践活动正常开展。要重视社会实践基地建设，各级党委、政府和有关部门及企业单位要积极为高校大学生参加社会实践活动创造条件，提供便利，努力形成社会支持大学生参与社会实践的良好氛围。通过参加社会实践活动，使大学生得到自信、找到差距、获得启迪、增强才干、提升素质，增强社会责任感。应注重培养和发展大学生的创造力。通过专业学习与科技活动相结合、学术专攻与服务经济社会相结合的方法，引导大学生结合自己的学科特点与知识特长，根据科技发展、生产革新与实践应用等方面的需要，选题立项，在专家学者的指导下，开展学术研究的科技攻关，在学会科学研究、取得研究成果的同时，培植科学精神，砥砺科学学风，增强创新意识，提高创新能力。

二是重视并抓好社团活动。学生社团是大学生成长成才的重要载体，要积极开展社会调查、志愿服务、公益活动、勤工助学活动和科技创新活动，提高大学生自我教育、自我管理、自我服务的能力，增强他们的社会责任感。

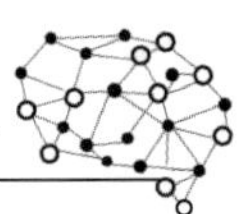

### （五）满足大学生的文化需求

校园文化对大学生思想观念、价值取向和行为方式有着潜移默化的深刻影响，具有重要的育人功能。

加强人文素质教育。以育人为本，坚持社会主义先进文化的发展方向，以正确世界观、人生观、价值观为导向，以建设优良的校风、教风、学风为核心，弘扬主旋律，突出高品位，努力建设体现社会主义特点、时代特征和学校特色的校园文化，为培养社会主义合格建设者和可靠接班人提供强大的精神动力，使高等学校成为发展中国特色社会主义先进文化的重要基地、示范区和辐射源。

精心组织校园文化活动。应围绕满足大学生日益增长的精神文化需求，经常开展生动活泼的学术、科技、体育、艺术和娱乐活动，把德育与智育、体育、美育有机地结合起来，寓教育于文化活动中，不断提升大学生的人格、气质、修养等内在品质，促进学生素质的全面提高。

加强校园网络文化建设和管理。应大力倡导文明办网、文明上网，唱响网上思想文化的主旋律，增强网络教育的思想性、知识性、趣味性和服务性，使之成为宣传科学真理、传播先进文化、倡导科学精神、塑造美好心灵、弘扬社会正气的有效载体，并努力营造文明健康、积极向上的网络文化氛围，营造共建共享的精神家园。

### （六）满足学生的心理需求

当代大学生由于身处社会的转型期，长期受父母的呵护，缺乏艰苦实践的锻炼和磨炼，心理素质、意志品质和自我控制能力较差，在面临越来越大的学业压力、经济压力、心理压力、情感压力和就业压力的情况下，不少同学患上焦虑症、抑郁症、恐惧症，有心理问题的人增多，出走、自残、自杀等非理性行为时有发生，这需要引起高校高度的重视。

一是认真开展心理健康教育。遵循大学生就业思想教育和大学生心理发展规律，帮助大学生树立与时代进步潮流相适应的思想观点，树立积极进取的人生态度，正确对待自己、他人和社会，正确对待困难、挫折和荣誉，消除心理困惑，增强克服困难、承受挫折的能力，珍爱生命，关心集体，悦纳自己，善待他人。

二是设置心理健康教育专门机构。配备专职专业人员，具体负责实施大学生心理健康教育，按师生比 1 ∶ 5000 配备专职专业人员，建设一支以专职教师为骨干，专兼结合、专业互补、相对稳定、素质较高的大学生心理健康教育和心理咨询工作队伍，建立完善学校、院系、班级三级心理教育网络。

三是做好大学生心理辅导和咨询工作。通过为大学生提供及时、有效、高质量的心理健康指导与服务，帮助他们化解心理压力，克服心理障碍，对于有心理疾病的学生做到早发现、早诊断、早治疗，避免大学生自杀等情况的发生。

四是建立危机事件心理援助机制。应倡导开展心理健康普查，建立心理档案，做好心理健康状况摸排工作，积极做好心理问题高危人群的预防和干预，要特别注意防止因严重心理障碍引发的自杀或伤害他人事件发生，建立咨询教师值班制异常情况及时报告制，建立从学生骨干、辅导员、班主任到院（系）、部门、学校的快速危机反应机制，建立从心理健康教育机构到校医院、专业精神卫生机构的快速危机干预通道。

### （七）满足大学生的情感需求

大学生处于青春期，生理发育基本成熟，渴望情感需要和异性接触是种普遍现象。当前大学生恋爱人数呈增长趋势，但是，由于大学生心理并不成熟，有的还没有形成正确的恋爱观，一些大学生的恋爱动机并不是出于爱情本身，而是为了弥补内心的空虚，同时伴有摆脱孤独或随大流的从众心理，个别学生因失恋导致苦闷、消极，遭到严重的精神创伤，甚至产生绝望自杀和报复杀人的后果。

面对大学生的情感需求，学校既不能不闻不问，也不能单纯去“堵”，而是要进行教育引导。应教育和引导大学生树立正确的婚恋观，正确处理好情感问题。正确的婚恋是应对对方负责任的，面对失恋要自我调节好，千万不能丧失理智，更不要走极端。由于网络的虚拟性、隐匿性，要教育和引导学生不要轻易相信网恋，陷入网恋，更不要轻率地与网友见面，以免被“恋人”骗钱劫色，造成轻则失财失身、重则丧命的严重后果。

### （八）满足大学生的社交需求

应充分认识人际交往能力的重要性。大学生的社会交往能力是他们今后融入社会、发展职业生涯的重要条件，也是他们在大学期间创造人际良好环境，培养合作共事思想，保持健康情绪，促进学业完成的重要影响因素。大学生的人际交往能力不仅关系到个人前途，也关系到人才培养的质量，尤其是构建和谐社会的人才队伍建设，必须具有较高的合作意识和处理人际关系的能力。

应大力培养大学生人际交往的能力。人际交往的核心内容，包括沟通和合作。要培养大学生以积极的心态参与日常交往活动，要敢于面对与自己不同的人，主动与他人交往。要把握人际交往的艺术和技巧，注意社交礼仪，真诚与人相处，以诚交友，宽容他人。要教育大学生学会团队合作共事的思想，学会善解人意，学会赞美，学会换位思考。

### （九）满足大学生的安全需求

大学生对学校安全的需求日益凸显，“生命第一”“平安是金”的观念日益深入人心，家长把子女在校的安全作为对学校的第一要求。同时，现实生活中也确实存在交通安全、食品安全等方面的不安全因素。做好安全工作，为学生的成长成才提供安全保障，这是学校一项极为重要的工作。

①要抓教育、抓防范。安全教育要进教材、进课堂、进头脑，切实抓好人身安全、消

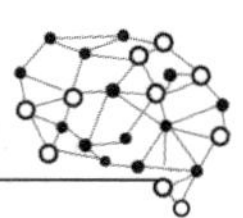

防安全、交通安全和防骗、防盗、防劫等安全教育，增强大学生“安全第一、生命珍贵”的安全意识，提高“科学处置、避险自救”的安全保护能力；②要抓管理、抓规范。抓好日常的治安管理、消防管理、卫生管理和交通安全管理，建立健全各种规章制度，严格照章办事，要规范学校管理部门的工作和大学生的思想行为；③要抓排查、抓综治。从源头上解决安全问题的发生，防患于未然，防患于初始。抓好校园周边环境的整治，学校要主动与有关部门配合，综治、公安、教育、工商、卫生、文化等有关部门要加大对学校的支持力度，共同维护校园安全与学校稳定；④要抓信息、抓预案。应深入学生寝室、班级中，及时了解和掌握大学生的思想动态，建立信息畅通机制。对群体斗殴、重大火警以及食物中毒等群体突发事件的预案进行演练，保证紧急时刻拉得出，联得上，救得及；⑤要抓“技防”、抓投入。针对当前一校多区，一区多校，同班不同学，同学不同班，以及人员流动性大，校园周边环境复杂等状况，只有建立人防、物防和“技防”三位一体的防范体系，学校的安全才会有可靠的保证；⑥要不断加大对“技防”的经费投入，依靠现代科技力量，加大技术防范，并对校园“技防”设施进行经常性检测，以确保规范、运用正常。

### （十）满足大学生的就业需求

就业是民生之本。要开展积极有效的大学生就业思想教育，高等教育大众化时代的大学生不应再自诩为社会的精英，要怀着一个有知识的普通劳动者的心态和定位去参加就业选择和就业竞争。引导大学生自觉地把自身理想同国家与社会的需要紧密结合起来，树立“行行建功、处处立业”的观念，引导毕业生到西部、到基层、到艰苦边远地区、到祖国最需要的地方去，不断提升就业、创业与职业转换能力，实现和谐就业。尤其要鼓励毕业生自主创业和灵活就业。随着我国将逐步建立和完善以劳动者自主就业为主导、以市场调节就业为基础、以政府促进就业为动力的新机制，弹性就业、短期就业、自主就业将是一种就业常态。积极组织开展创业培训、开业指导、政策咨询、项目论证和跟踪辅导等“一条龙”服务，开辟毕业生自主创业的“绿色通道”。对从事自由职业、短期职业等灵活方式就业的毕业生，有关部门在户籍管理、人事劳动代理、社会保险缴纳和保险关系链接等方面应提供便捷服务和有效保障。学校就业指导服务机构要与各级人才交流服务机构、公共职业介绍机构合作，共同加强与社会用人单位的沟通，搭建就业平台，拓宽就业渠道，千方百计为毕业生提供充分的需求信息，努力为毕业生寻找就业岗位。同时，加强对大学生就业的指导，提高他们的择业能力，教育他们先就业、再择业、后创业，要特别关注贫困大学生的就业问题和大学生志愿者完成志愿服务后的就业问题。

高校要把做好高校毕业生就业工作摆上重要位置，落实毕业生就业工作“一把手责任制”，把就业工作作为工作目标和实绩考核的重要内容。要确保就业工作必需的机构、人员、经费和场地等条件的到位，为做好毕业生就业工作提供有力保障。加强毕业生就业网络建设，提高网络招聘求职服务的便捷性，加强大学生就业实习示范基地建设，提高大学生的择业能力。总之，通过一切有效工作，努力实现高校毕业生的最充分就业。

## 二、大学生就业思想教育的策略

### （一）树立以人为本、注重人文关怀与心理疏导的就业思想教育新观念

不断加强和改进大学生就业思想教育，就必须树立“以人为本”的全新观念，注重人文关怀和心理疏导，充分尊重毕业生的自主权和知情权，开展引导性、启发性的大学生就业思想教育。

#### 1. 树立以人为本的新观念

《中共中央国务院关于进一步加强和改进大学生思想政治教育的意见》中明确指出，大学生思想政治教育要“坚持以人为本，贴近实际、贴近生活、贴近学生，努力提高大学生就业思想教育的针对性、实效性和吸引力、感染力，培养德智体美全面发展的社会主义合格建设者和可靠接班人”。在大学生就业思想教育中，坚持“以人为本”的教育理念，就要强化教育者的尊重意识，尊重高校毕业生的人格、尊严和利益，提升他们的积极性、主动性和创造性，使他们成为自我教育、自我管理和自我发展的主体：就要坚持把解决高校毕业生就业中产生的思想问题和解决他们在就业过程中遇到的实际问题和困难结合起来，把重视好、维护好、发展好广大毕业生的根本利益（顺利、及时、充分就业）作为开展大学生就业思想教育的出发点和着眼点：就要从高校毕业生就业过程中的思想实际出发，把大学生就业思想教育做实、做深、做细，让广大毕业生感受到党和国家的关心和温暖：就要紧密结合构建社会主义和谐社会的目标对高校毕业生提出的新要求，引导他们认清政治与业务、主观选择与客观需要、个人正当合法利益与国家集体利益之间的辩证关系，树立正确的世界观、人生观、价值观、就业观、成才观、创业观；就要不断强化服务意识，让广大毕业生真正感受到教育者所做的一切，都是为他们服务的，都与他们顺利而充分地就业这个切身利益密切相关，从而使其自觉地接受教育，达到增强大学生就业思想教育实效性之目的。

#### 2. 树立注重人文关怀与心理疏导的新观念

大学生就业思想教育，必须适应这种新的情况，切实树立注重人文关怀和心理疏导的新理念，在具体教育活动中关心高校毕业生的内心感受，充分考虑到教育对象的身心特点和接受大学生就业思想教育的特点、规律，加强大学生就业思想教育接受规律研究，想方设法拉近教育者与教育对象之间的距离。同时，要紧密结合高校毕业生就业过程中产生的大量心理、情绪问题，落实注重心理疏导的大学生就业思想教育新理念，切实开展心理咨询和心理健康教育，通过加强心理疏导来切实加强大学生就业思想教育，从而增强大学生就业思想教育的针对性和实效性。

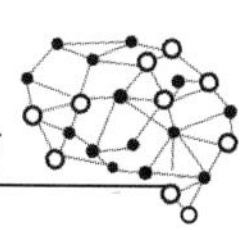

## （二）不断丰富和深化大学生就业思想教育内容

### 1. 更加突出理想信念教育

加强大学生就业思想教育，最重要的是要突出理想信念教育，帮助高校毕业生树立正确的世界观、人生观、价值观、就业观与成才观。在高校毕业生就业过程中，要整合学校教育、家庭教育、社会教育的力量，实行这三种教育力量的联动，形成教育合力，将中国特色社会主义理论体系、社会主义核心价值体系以及中国特色社会主义共同理想融入和渗透到高校毕业生就业各环节之中，将理想信念教育落到实处，使之成为贯穿于大学生就业思想教育全过程的核心内容。要通过理想信念教育，增强广大高校毕业生的责任感和使命感；要教育引导广大高校毕业生从实际出发、从国家大局出发、从未来发展前途出发，树立远大理想和正确的就业观、成才观；要引导广大高校毕业生把个人价值的实现与祖国民族命运紧密结合起来，以良好的心态应对纷繁复杂的社会大环境，以过硬的本领和踏实的作风投身于国家和社会最需要的基层工作岗位，在基层一线锻炼成长、实践成才。

### 2. 深入开展形势与政策教育

①要针对高校毕业生就业过程中关注的热点问题和思想特点，有针对性地引导和帮助毕业生认清整个国家的政治、经济和文化发展形势以及宏观和微观就业形势，教育和引导学生全面准确地理解党和国家关于高校毕业生就业的政策；②要加大宣传力度，通过报刊、广播、电视、网络媒体等深入宣传党和政府有关高校毕业生就业的政策，让毕业生充分认同党和政府对高校毕业生就业的制度性安排，切实感受到党和政府的关怀和温暖；③要倡导高校毕业生在国家就业方针政策指导下，正确理解并执行国家的就业政策，全面认识就业形势，根据自己的实际矫正不切合实际的就业思想，根据自己的条件调整就业定位，确定适当的期望值，树立先就业后择业的观念。

### 3. 强化服务基层意识教育

①要大力宣传高校毕业生在基层创业成才的先进典型，唱响到基层、到西部、到祖国最需要的地方建功立业的主旋律，在全社会和高校毕业生中形成良好的舆论导向；②要积极鼓励和倡导高校毕业生在基层锻炼、服务社会中增长才干，提升素质，增强就业竞争力；③要通过社会实践等多种形式，帮助大学生深入了解国情、了解社会，树立行行建功、处处立业的观念，踊跃到基层锻炼成才。要通过各种有效途径为毕业生搭建课内外实践的平台，建立一批相对稳定的实习和就业基地，积极组织毕业生开展社会实践、调研、实习等活动，让他们亲身了解并直接感受到基层、西部地区及重点行业建设的真实情况，从而认清到西部、到基层工作的优势和机遇，自觉扎根并服务于基层。

### 4. 加强诚信教育

①要高度重视高校毕业生就业中的诚信教育，采取切实可行的措施开展形式多样的诚信教育主题活动，如讲座、征文、座谈会、案例分析等，在高校毕业生中树立诚实守信的意识，将其作为为人处世的第一准则。强调从简历不注水、面试不作弊等小事做起，将诚

实守信贯穿到就业的各个环节；②积极推行诚信档案制度。在高校毕业生就业全过程，为其建立个人信用档案，通过一系列有效的数据、事实和行为来记录他们的诚信度，信用状况实行动态管理和实时监控。充分利用信用记录，与用人单位密切合作，对简历造假、随意违约等失信行为形成有效制约；③建立有效的诚信约束和激励机制。将诚信列为学生考核的重要内容，对不守信用的行为予以惩罚，对诚实守信者给予表彰，通过奖优罚劣达成诚信约束和激励。

#### 5. 进一步加强职业道德教育

要紧密结合高校毕业生在职业道德修养方面的实际情况，通过在日常生活中培养、在专业学习中渗透、在毕业实习等社会实践中体验、在自我修养中提高、在就业见习准职业活动中强化等途径，加强高校毕业生就业过程中的职业道德教育，培养高校毕业生爱岗敬业的精神。①要积极培育高校毕业生遵章守纪的职业意识，树立主人翁意识，增强工作责任感。②要教育高校毕业生热爱本职工作，有强烈的事业心；忠于职守，有高度的责任心；刻苦钻研业务，有高强的为人民服务的本领；团结协作，有良好的团队精神。③要引导高校毕业生正确对待职业流动，遵循职业道德，尊重自己选择的职业，明白干一行爱一行是职业工作者所应具备的基本素质。

#### 6. 注重心理疏导和心理健康教育

在就业过程中，高校毕业生的具体情况不尽相同，对于就业的期望值也各有差异，加之学生缺乏社会经验，对于未来的职业选择仅停留在模糊的感性认识阶段，难免存在一些来自就业的恐惧和困惑。对于这部分学生，只有加强面向个体、个性化的咨询，才能真正满足他们的需要。应该专门组织针对毕业生的心理危机排查、现场咨询、心理测评和心理讲座，建立毕业生心理热线电话和心理咨询信箱，开通网络虚拟心理咨询中心，积极开展高校毕业生就业中的心理疏导工作，为毕业生提供舒缓压力、排解紧张情绪的渠道，切实帮助高校毕业生以积极的心态面对就业压力，顺利度过毕业、就业的心理关键期。

### （三）努力实现大学生就业思想教育手段的信息化、网络化

面对现代通信传媒技术和网络技术日新月异的发展趋势及其对大学生就业思想教育带来的机遇和挑战，要改变传统的大学生就业思想教育手段单一、方法单调、储存、加工、传播的信息量少、强度弱、效率低的弊端，就必须借助和利用现代通信和网络技术，实现大学生就业思想教育手段的信息化和网络化，促使大学生就业思想教育跟上时代的步伐，使其教育形式更为灵活多样，教育内容因为教育形式的现代化更为教育对象喜闻乐见，从而使其更富有针对性、体现时代性、提高时效性。

#### 1. 充分利用现代通信技术推进大学生就业思想教育信息化

21 世纪以来，我国教育事业有两大发展趋势：素质教育和教育信息化。教育信息化为大学生就业思想教育提出了新的命题和具体的要求。大学生就业思想教育的对象是对高

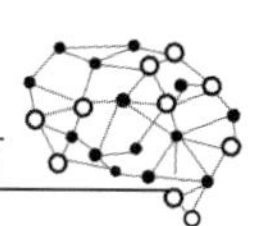

新科技特别感兴趣、对信息化潮流特别敏感和乐于追赶的知识青年。因此，大学生就业思想教育必须贴近高校毕业生的特点，适应教育信息化的要求，在方式方法上大胆借鉴和吸纳现代科技成果和最新的管理方法，提高大学生就业思想教育的科技含量，积极主动更新教育手段，拓展教育渠道和教育途径，实现大学生就业思想教育手段的现代化，改变传统的“一支笔、一块板、一份报”的比较单一、僵化、程式化的教育方式方法。要充分依靠科学技术来提高自己的亲和力。要充分利用形象、快捷、传播广的大众传媒来促使大学生就业思想教育覆盖到高校毕业生就业的各个层面、各个角落、各个具体环节，要充分利用可视、可感的大学生就业思想教育信息吸引教育对象的眼球，使大学生就业思想教育更加贴近高校中毕业生的身心特点和实际需要，从而增强其针对性和实效性。

**2. 充分利用网络积极因素实现大学生就业思想教育网络化**

网络信息传播具有开放性、跨文化性、虚拟性、隐蔽性、快捷性与即时性等鲜明特点。高校毕业生就业离不开网络，他们要利用互联网及时了解党和国家关于毕业生就业的政策、收集用人单位需求信息、发布求职简历、进行网上面试、交流求职心得等。针对教育对象的实际，大学生就业思想教育要因势利导，充分利用计算机和网络技术，建立定性与定量相结合的信息获取、信息分析、信息处理、信息反馈的大学生就业思想教育信息渠道和网络。要把互联网作为大学生就业思想教育的重要阵地，建设网上大学生，就业思想教育阵地，通过互联网拓展大学生就业思想教育的空间和渠道。要通过这一新的载体，使大容量的、针对性很强的大学生就业思想教育内容得到迅速传播，并通过沟通与配合，实现网络资源共享，形成网络宣传教育合力，从而提高时效性，扩大覆盖面，增强影响力。

## （四）不断优化大学生就业思想教育环境

**1. 各级政府要为加强大学生就业思想教育创造和谐大环境**

各级政府要进一步加大有利于高校毕业生就业的政策出台和落实力度，为加强大学生就业思想教育创造和谐的大环境。良好的政策环境，不仅会促进高校毕业生顺利、及时、充分就业，而且会为加强大学生就业思想教育提供强大的政策依据和宝贵的教育资源。当前，党中央、国务院高度重视高校毕业生就业工作，出台了很多针对性和导向性都非常强的政策，这些政策同时为大学生就业思想教育创设了有利的政策环境。关键是各地各部门“要把高校毕业生就业作为就业工作的重要组成部分，常抓不懈，完善毕业生就业市场机制，健全毕业生就业服务体系，落实毕业生自主创业、灵活就业的各项扶持政策”，出台相应的配套政策和具体措施，将好的政策落到实处，为高校毕业生顺利、及时、充分就业创造适宜的外部环境，从而为大学生就业思想教育创造和谐的大环境。

**2. 高校要为加强大学生就业思想教育构建宽松小环境**

高校要进一步加强就业指导服务工作，从解决毕业生就业中的实际困难和问题着手，为毕业生就业中的大学生就业思想教育构建宽松的小环境。大学生就业思想教育，既要教育、引导毕业生树立正确的世界观、人生观、价值观、就业观、成才观、创业观，引导他们到基层、到西部、到祖国最需要的地方建功立业，又要以促进毕业生顺利就业的实际行动来关心、帮助他们。比如高校要针对当前毕业生供求存在明显的结构性失衡的现状（主要表现为不同学历层次、不同学科专业、不同地区和院校毕业生就业状况差异十分显著），根据经济社会发展的需求，调整专业结构、课程设置、招生人数及人才培养规格，提高人才培养质量和适应性，切实改善毕业生就业状况。如果不注意解决毕业生就业过程中遇到的实际问题和困难，大学生就业思想教育就会脱离教育对象的实际需要，难以收到实际效果。

大学生就业思想教育模式具有通用性、可移植性和普适性。探讨大学生就业思想教育模式就是要为综合性大学、地方大学、公办大学、民办大学、研究型大学、教学研究型大学、教学型大学等不同类型、不同层次的大学生就业思想教育提供方便快捷的参考和借鉴。

# 第九章 大学生心理健康教育

切实加强大学生心理健康教育是一项系统工程，也是一项长期而艰巨的任务。目前我国许多高校已经将心理健康教育列入大学生素质教育整体规划之中，成立了相应的机构，添置了必需的设备，构建了大学生心理健康教育工作体系等，具备了开展工作的相关基础，也取得了初步的成绩，但在心理健康教育工作的方式方法和途径渠道上，还有待于进一步探索、总结和提高。对于民族院校来说，正确认识和分析学生的心理状况和特点，努力提高学生的心理素质，研究探索适合多元文化环境下大学生心理健康教育的工作方法和工作途径既具有一定的理论价值，也具有重要的实践意义。

## 第一节 大学生心理健康教育方法和途径的选择依据

心理健康教育方法和途径有多种多样，对于不同的教育目标、教育对象、教育内容等要进行适当的选择，从而使教育效果达到最佳状态。在选择合适的心理健康教育方法和途径时，主要考虑以下一些因素：

## 一、依据教育目标及教育任务选择教育的方法和途径

不同领域或不同层次的教育目标的有效达成，要借助于相应的教育方法和教育途径。民族院校心理健康教育目标既有根据不同方式的统一性要求，也有针对不同环境、时期、团体、个体的分层次、成序列目标。这一目标体系的实现不仅需要强化心理健康理论知识教育，同时也需要加强心理健康实践应用技能训练，使学生既具有一定的心理健康的理论知识，又能重点掌握维护心理健康所需的基本方法和基本能力。这些要求可以体现在民族院校大学生心理健康教育的任何环节中。作为心理健康教育教师，在顾及总体目标和任务的同时，也要准确地把握所承担的具体工作以及不同环节、不同层面所要完成的分目标和任务，使心理健康教育的目标和任务在宏观与微观两个层面上统一起来。为了适应具体的教育目标和任务的要求，需要对教育方法和教育途径进行准确的取舍。例如，要使学生获得心理健康的基本知识，培养学生科学的心理健康观念，一般通过大型心理健康宣传活动和心理健康普及课程来实施；要使学生获得感性认识，则可采用心理健康多媒体资源演示、心理测评等直观为主的方法；若要使学生把感性认识上升到理性认识，并能指导自己的生活实践，就可采用个体心理咨询、团体心理辅导等方法；若要学生熟练地形成某一操作技能或将知识转化为能力，一般可采用拓展训练、主题活动、心理情境剧、实践作业等以实践为主的方法。心理健康教育教师可依据具体的目标来选择和确定具体的教育方法及教育途径。

## 二、依据教育内容特点选择教育的方法和途径

教育目标、任务是通过具体内容的教育实现的，教育方法和教育途径不但要符合教育目标的要求，还要符合教育内容的特点。例如，普及性心理健康知识及防治性的心理健康教育内容宜选用课程教学或讲座来实施，而针对个体的适应性或发展性的教育内容则适合通过心理咨询、团体辅导或素质拓展来开展。不同的心理健康教育内容与学习要求不同，不同教育阶段、不同教育环节的教育内容与要求也不一致，这些都要求教育方法和途径的选择具有多样性和灵活性的特点。因此，心理健康教育教师应掌握教育内容的特点，并独立地对教育内容进行加工，使之转化为自己的知识体系、思想体系和自己的语言表达体系，才能在心理健康教育方法及教育途径上获得选择和创造的自由。

## 三、依据学生实际特点选择教育的方法和途径

学生的实际特点主要是指学生现有的知识水平、智力发展水平、学生动机状态、年龄发展阶段的心理特征、认知方式与学习习惯等因素。学生的实际特点与教育活动之间存在着相互作用，心理健康教育方法和教育途径的选择要受到学生的个性心理特征和他们所具有的基础知识水平等条件的制约。这就要求教师能够科学而准确地研究分析学生特点，有

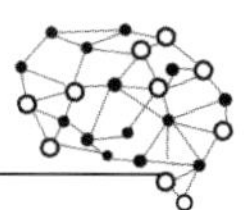

针对性地选择和运用相应的心理健康教育方法和教育途径。研究发现，不同年级、不同民族大学生的心理存在着不同特点和显著差异。蒙家宏对大学生年级间自卑分析表明，大学一、二年级学生明显比三、四年级学生感到自卑，心理上易产生失落感和自卑感；蒋艳菊、李艺敏对大学生孤独感结构特点的研究表明，大学一年级新生在社会孤独感、人际孤独感、自我孤独感、发展孤独感方面表现最强烈。针对大一新生普遍存在的情绪问题，可通过开设心理健康教育课程，帮助新生了解心理健康的基本知识，预防心理障碍，针对少数适应困难的学生还可进行“适应能力训练”、“独立能力训练”、“野外生存训练”等增强心理调适能力和适应社会生活的能力；而四年级的学生多以择业求职而产生的心理问题为多数，兼有个人未来发展和社会需要相矛盾的问题以及因恋爱而产生的问题等，在开展相关主题的心理健康讲座的基础上，可通过个体职业生涯辅导和“自信心训练”、“择业技能训练”等中、短期课外能力训练活动，帮助学生缓解心理压力，优化心理素质，提高市场竞争能力，顺利择业求职。与内地汉族大学生相比，来自山区、牧区及偏远地区的少数民族大学生往往具有独特的文化心理和较强的文娱能力，他们精力充沛、兴趣爱好广泛，但同时社会经历不多、社会视野不宽，在本民族同学面前，他们热情、开放，但在其他民族同学面前，他们又比较沉默寡言、小心翼翼。因此，通过营造良好的多元校园文化环境和开展丰富多彩的校园文化活动，鼓励他们参加各种社团活动，使他们在人际交往中获得友谊，减少孤独感、失落感，增强他们积极向上的情感，培养他们的兴趣、爱好、特长和主动性、创造性；引导他们积极参与各种社会实践，深入社会生活，通过参观访问、社会调查、社区服务等形式的实践活动，在实践中受教育、长见识、增才干，增强他们的使命感和责任感，培养健全人格，促进心理成熟，提高心理素质。

## 四、依据教师的自身素质选择教育的方法和途径

从事任何职业的人都需要具备相应的素质和条件。教师素质在教育过程中主要表现在他的表达能力、思维品质、教育技能、个性特长、教育风格特征、组织能力及控制能力等方面。任何一种教育方法或教育途径，只有适应了心理健康教育教师的素养条件，并能为教师充分理解和把握，才有可能在实际教育活动中有效地发挥其功能和作用。某种教育方法或教育途径本身虽然好，但并不一定适合于每一位心理健康教育教师。例如心理咨询作为一种特殊的助人工作方式，从事这种工作的心理健康教育教师不但要用他的知识和技术为学生服务，还要了解学生的内心世界，洞悉学生的生活隐私，帮助他们认识心理困惑的真正原因并改正适应不良的行为，促进心理的成长。因此，他必须具备一些特殊的人格条件，情绪稳定，具有健全的、乐观的人生观和民主的人际关系，能够真诚地关心学生，具备良好的沟通能力，亲切、和蔼、平易近人。那些情绪不稳定的人，经常处于心理冲突状态而不能自我平衡的人，是不能胜任心理咨询工作的。因此，教师在选择心理健康教育方法时，还应当根据自己的实际条件，扬长避短，选择与自己最相适应的教学方法。同时，

心理健康教育教师应当在自己的职业发展过程中，不断提高自身素质和水平，并能根据自己的素养条件，丰富和改造现有的教育方法和教育途径，逐步形成具有明显个性特征的高水平的教育风格。

## 五、依据教育环境条件选择教育的方法和途径

教育环境主要是指学校心理健康教育设备条件（设施设备、图书资料等）、教育空间条件（场地、活动室等）和教育时间条件等。教育环境状况对教育方法和教育途径功能的全面发挥也有着一定的制约作用，如：心理咨询的实施需要一定的咨询环境条件，情绪宣泄和放松需要一定的设备条件，团体辅导和心理素质拓展训练需要一定的活动器材，心理健康档案的建立需要一定的测评工具和数据处理软件，心理健康课堂教学需要一定的多媒体教学设施，等等。具体如咨询室布置的是否温馨、光线是否合适、桌椅是否搭配、色调是否柔和，都会影响到咨询师与求助者的沟通交流情况，都会促进也会破坏咨询的最终质量。因为心理咨询环境的布置不仅仅是考虑到心理咨询人员的工作状态，还需要考虑来访者的情绪和认知。来访者对心理咨询环境的感觉将在很大程度上影响咨询的效果，也将大大影响来访者下次是否再来咨询。因此，心理健康教育教师选择教育方法和教育途径时，要在时间条件允许的情况下，最大限度地运用和发挥学校教育设备和教育空间条件的功能与作用。

# 第二节 大学生心理健康教育的方法

心理健康教育方法是教师和学生为了实现共同的教育目标，完成共同的教育任务，在心理健康教育过程中运用的方式与手段的总称。心理健康教育方法是心理健康教育的客观规律和原则的反映和具体体现，正确地运用各种教育方法，对提高教育质量，实现教育目标，完成教育任务具有重要的意义。黑格尔曾说过：“锄头和犁比收获的谷物更为尊贵。”近年来我国高校大学生心理健康教育的相关实践证明，心理健康教育的方法选择与运用是否得当，对于提高心理健康教育的效果，帮助学校更好地完成学生心理健康教育的任务，具有十分重要的作用和意义。民族院校大学生心理健康教育的常用方法主要包括；

## 一、知识传授法

向大学生系统而全面的传授心理健康教育知识，是普及心理健康教育的有效方法。大学生的心理发展水平正处于迅速走向成熟而又未完全成熟的“过渡时期”，存在着许多矛

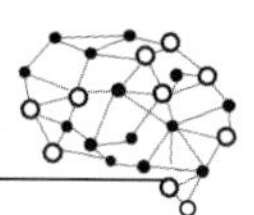

盾。民族院校可通过积极开设专门的心理健康课程，举办心理健康教育专题讲座，普及心理健康知识，教育引导大学生走向真正的心理成熟。

## （一）开设心理健康教育课程

开设心理健康教育课程可以帮助民族院校大学生了解心理健康知识，掌握一定的心理调适技术。开设心理健康教育课程就是将心理健康教育纳入课程计划的总体规划，排入课表，依据不同的年级层次开展相应的课堂教学活动。心理健康教育课程以心理健康教育的发展性目标为主，防治性目标为辅。在课堂教学中，学生在教师指导下，通过创设情境、展开讨论、树立样板、联系自我、反馈矫正、总结深化等环节，将学生学习心理潜力挖掘出来，提高学生的心理素质，调动学生自我发展的主动性、自觉性和积极性。由于心理健康教育课程具有系统性、快速性、计划性、理论性的特点，学生可以在有限的时间内，掌握尽可能多的心理学常识，并可结合一定的理论对自我进行初步分析，具备初步的自我教育能力，因此是目前各高校学生心理健康教育过程中普遍采取的主要方法。

“心理健康教育只有进入到学科渗透的层面时，学校心理健康教育才算真正落到了实处。”民族院校要把心理健康教育课程纳入课程体系，列入正常的教学计划之中，设立必修或选修课程，给予相应的考核和学分等，保证这些课程的顺利开设。

应鼓励已有的师资队伍根据民族院校的学生特点，编写适合民族院校学生的心理健康教育教学教材和指导用书，使民族院校学生心理健康教育教学具有实际操作性。要构建规范化、科学化的心理健康教育课程体系，根据民族院校大学生的心理特征确定有别于普通院校的教育内容，体现民族院校的特色，具体应包括环境适应教育、人格教育、学习智能训练、人际沟通与交往训练、性心理教育、挫折教育、情感教育、职业生涯辅导等方面。心理健康教育必修课程宜在一年级开设，选修课如人格心理学、成才心理学、交往心理学、恋爱心理学等的开设要针对不同年级、不同专业学生的特点，以满足不同学生的心理健康需求。

心理健康课程不同于普通心理学理论课，因为其不仅是心理学理论的讲授，更要指导学生的行为实践。因此，在心理健康教育课程教学过程中，要创新教学方法，讲求教学实效，坚持理论联系实际、知识传授和心理素质训练相结合、心理健康教育与人生观教育相结合。在课堂教学过程中，不仅要将心理健康教育的基本理论传播给学生，还要讲求实践活动课程的训练方法，通过通俗易懂的理论讲授和生动有趣的活动实训教学的结合，使学生能够感受心理体验的真实感，并能运用简单实用的心理知识，使心理健康教育真正落实到实处。

## （二）举办心理健康专题讲座

开设心理健康教育课程是对大学生进行系统的心理健康教育，但这只是对大学生一个“面”的指导，仅有此还是不够的，还需要结合大学生生活中所处的具体环境、发生的具体事件及面临的一些共同困惑，给他们有针对性的指导。因此，举办各种心理健康讲座，进行有针对性的专题教育也是目前各高校经常采用并行之有效的方法。

民族院校可依据不同时期、不同层次、不同专业的学生和不同地区的学生心理特点，用专题讲座的形式，有针对性地进行心理健康教育指导。例如，针对新生不适应环境、易产生失落感等，举办如何尽快适应大学生活的系列讲座；针对广大女大学生的心理特点和成长需要开展专门的女性心理讲座等。还可针对存在心理隐患的特殊学生开展对症下药的专题心理教育，如针对边远贫困地区的学生开展战胜自卑心理，树立自信自强信念的专题训练；引导因语言差异或文化差异而易出现人际交往问题的学生学会正确地与其他学生交流交际；开导失恋学生走出心理阴影，正确处理男女朋友之间的关系等等。在向学生开展心理健康专题教育讲座之外，还应积极对全校思政工作人员、辅导员、班主任以及学工部的管理人员进行心理健康专题培训，使他们了解民族院校学生的心理特点及心理健康状况，掌握帮助学生解决解决一般心理问题的能力。

为了真正发挥专题讲座的作用，在设计专题时，应在学校心理健康教育指导中心的统一安排下，由学校从事学生心理健康教育的一线教师共同讨论，并邀请校外有专长的心理教育专家给予指导，力求专题讲座更有针对性和教育性。同时，在专题讲座的开设形式上也应比心理健康教育课程更为灵活。可以采用讲座的方式讲授，也可以进行专题讨论；可以由心理教育教师开设，也可以请校外专家讲授，必要时还可以请学生来讲。形式不拘一格，力求解决问题。

## 二、个别咨询法

高校心理健康教育的实施，必须实现集体教育与个体教育的一体化。如果说把心理健康教育引入课程教学属于集体教育范畴的话，那么建立心理咨询室对学生进行个别心理咨询辅导，就是属于个别教育最典型的范畴。国内外大量的心理健康教育实践证明，个别心理咨询工作在高校心理健康教育中承担着重要的角色与任务。个别心理咨询是指来访者就自身存在的心理不适或心理障碍，通过语言文字等交流媒介，向有专业素养的咨询员进行诉说、询问与商讨，在咨询员的支持和帮助下，通过共同的讨论找出引起心理问题的原因，分析问题的症结所在，进而寻求摆脱心理困境与解决心理问题的条件和对策，以恢复心理平衡、提高对环境的适应能力、增进身心健康的方法。具体方法有：

支持疗法。教育者或专业的咨询员通过支持与鼓励，使面临困难而情绪低落、抑郁的学生看到希望，恢复信心；鼓励他们将内心的痛苦、不满等情绪得到宣泄，从而使心理压力得到缓解和减轻；通过解释指导，培养健康的生活适应方式。

心理分析法。咨询人员力图破除来访者的心理阻抗，把压抑在潜意识中的冲突诱发出来，帮助来访者明确症状的实质，从而使症状失去存在的意义，最终消失。它一般采用自由联想、梦的解析等方法。

行为疗法。又称行为矫正疗法，来源于行为主义理论。行为主义认为，异常行为是习

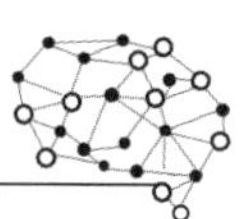

得性行为，并且因为强化而得到巩固。因此，可通过对个体再训练的方法，以及在某些方面改变个体环境的方法把不正常的行为变为正常。它采用的一般方法有：脱敏疗法、厌恶疗法、条件操作法、自我调整法、模仿法、角色扮演法等等。

人本主义疗法。人本主义疗法强调创造一种良好的环境，形成真诚相待、相互理解、彼此尊重的气氛，帮助来访者进行自我探索，认识自身的价值和潜能，发现真正的自我，对自己的成长负责，并朝着自我实现的目标前进。

认知疗法。认知心理学认为人的心理行为受人的认知所支配，某些人的心理问题主要是由于在错误前提下对现实曲解的结果。这种心理咨询方法的关键在于指导来访者改变原来的认知结构，以更现实的思维方式代替其错误的想法，纠正不合理的信念，从而使其在正确认知的指导下来调整和改变自己的行为。合理情绪疗法是最常见的认知疗法之一。

为了取得好的教育效果，民族院校心理健康教育工作者在心理健康教育过程中应恰当灵活地运用以上各种咨询方法，此外还应遵循一些基本的咨询原则，如自愿原则、助人自助原则、保密性原则、客观中立原则、感情限定原则、时间限定原则等等。作为非常复杂的专业工作，从事心理咨询的教师应经过严格的专业培训，具备丰富的知识经验、高度的责任心和敬业爱岗的精神，严格遵守心理咨询工作职业道德。在具体工作中，可以采取见面晤谈式咨询、电话热线心理咨询、“心灵信箱”信函咨询等形式开展个别咨询工作，但必须注意保护来访者个人隐私，做好咨询记录。为了提高个别心理咨询的效果，心理咨询中心要加强制度建设，如案例讨论制度、心理咨询回访制度等等。

对于民族院校的学生心理咨询工作者来说，“如果不考虑文化背景，任何精确评价、有意义地理解和适当地改变行为的尝试都是误导的、天真的和危险的”①。在多元文化环境中工作的咨询工作者必须具备一定的文化反省能力，提高自身的文化自觉性。文化反省能力包括三方面的内容：情感上的文化意识；认知上的文化知识；以及行为上的文化技巧。②《在多元文化的心理咨询与治疗理论刍议》一文中我国研究者总结了这三种能力。③文化意识是指能够正确判断治疗双方所处的文化差异的能力，它包括：能否意识到双方的沟通方式是否符合来访者的文化背景；是否具备对非言语线索的敏感性；能否意识到不同文化群体间的等级关系；能否理解不同文化群体的价值判断标准的差异。具备了文化意识后，就应该掌握文化知识。文化知识是指搜集一些有意义的事实来理解咨访双方的文化差异。因为对于不同文化群体来说，同样的事实可能具有不同的含义，不同的事实又有可能具备相同的含义，而这背后的深层原因则有助于对文化差异的理解。文化知识包括：了解某个文化中的家庭结构；家庭成员间在不同情景下的关系；所处的社会是否有等级结构；这个民族的宗教信仰是什么；如何通过艺术表达他们的价值体系等，所有这些都有助于将来访者的问题置于其文化背景中进行正确理解。文化技巧是建立在精确的文化意识和有意义的文化知识之上的，指的是在来访者的文化框架下以来访者的语言习惯解决问题的能力，在此之前咨询者必须首先意识到自己与来访者文化中相对立的价值观。因为任何一种咨询理论都反映了它所处文化的价值观，所以一个掌握了文化技巧的咨询者应该能够正确运用带有文化偏见的咨询理论。总之，文化意识总在改变咨询者对人性的看法，以及对其他文化的态度，以使咨询者和来访者建立起和谐的咨访关系；文化知识有助于确立正确的咨询目标；文化技巧则重在行动中正确地解决问题。

## 三、团体辅导法

团体心理辅导是通过团体内人际交互作用促使个体在交往中观察学习体验，认识自我、探索自我并接纳自我，调整和改善与他人的关系，学习新的态度和行为方式，以发展良好的生活适应的助人过程。团体辅导由于有很多的互动，因而其效果更容易巩固和迁移；而且参与团体辅导的学生较多，其影响面比个别咨询要大。因此，团体心理辅导也是目前各高校实施学生心理健康教育的重要方法之一。

在民族院校，由于少数民族大学生高考录取分数比汉族学生低，进入大学后学习上的难度比较大，在教学方法、教学目标相同的情况下，少数民族学生达标程度较汉族学生要低。另外，由于民族历史、文化的差异及生活经验、生活习惯、学习基础等诸多方面的差异，使他们进入大学后会遇到比汉族学生更多、更大的困难、障碍和不适应，从而导致部分少数民族学生产生失落感和自卑感，坠入狭隘的误区，致使他们的交往动机、成就动机、学习兴趣、社会竞争意识和社会历史责任感等受到不同程度的冲击和影响，极易产生逐步脱离大群体、形成民族小团体并相互影响的不良倾向。由于少数民族学生具有较强的自我封闭性，但同时又有很强的群体凝聚力、民族自尊意识等特点，面对非本民族的个案咨询老师，他们往往很难真正地、顺利地打开心扉，这就给个别心理咨询带来很大难度，而团体心理辅导的特点和优势就可较好地对应这一特殊要求，从而有效地帮助民族大学生进行适当的心理调适，以适应环境，完善和发展自我，承担起应有的社会责任。有研究者用两年时间，分 5 批对 61 名来自民族院校的自信水平较低、希望增强自信心、经济比较贫困的同学进行题为《自信为成功引航》的贫困生自信心团体心理辅导，在运用主客观相结合的方法进行统计评估发现，训练后成员自信心改变自我评价表的各项得分后测与前测相比发生了显著变化，焦虑程度显著降低，适应性明显增强；成员在自信心、与人沟通、成长能力等各个方面都表现出非常显著的改善。

民族院校在开展大学生团体心理辅导时可通过两种方式组成团体，一是将在新生心理普查中发现有共同问题的学生集体预约在一起组成团体；二是通过招募和自愿报名，把有共同需求的学生聚在一起，组成心理辅导团体。具体的实施过程中一般采用团体讨论、角色扮演、团体活动等方式来开展团体辅导。大学生从入学到毕业，从环境适应到职业生涯规划等等会遇到一系列的共性问题，心理健康教育工作者可围绕大学生成长的主线，运用团体心理辅导的形式，抓好针对性教育，如一年级的入学适应问题、人际关系问题，二、三年级的学习、恋爱、情感问题，四年级的求职择业问题等。

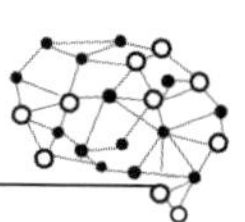

随着越来越多的心理辅导理论强调辅导对象的多元文化背景问题，在团体工作中重视文化的差异在今天也已成为带领团体必须要考虑的重要问题之一，对于民族院校的团体心理辅导教师更是如此。柯里指出，“多元文化的团体工作包括制定一些策略，从而培养对诸如文化、人种、种族、性别、阶级、宗教等领域多样性的理解和欣赏”。在带领由不同民族、不同文化背景的大学生组成的团体时，民族院校的团体心理辅导教师必须时刻考虑到成员之间的文化背景的差异，并且需要准备好如何去应对差异。如一些少数民族学生与汉族学生在一起接受辅导时可能会由于语言理解和表达能力的差异而显得较为安静和被动，为了避免他们面临较大的团体压力，给予他们更多的积极关注和鼓励则显得极为重要。不同民族、不同文化背景的学生有不同的立场和价值观及其表达模式，如果这些差异会导致团体辅导中的紧张或困扰，团体辅导者必须要准备好如何处理这些问题，通常情况下，理解成员的文化差异及其在团体中的存在方式，帮助成员了解其他文化并且挑战他们仅从自己的视角看世界的方式，运用非威胁性的活动推进团体进程或许会很有帮助。从伦理意义上说，团体辅导教师有义务去获得那些在多元文化背景下工作所必需的知识和技巧。

## 四、测查建档法

了解和掌握学生心理健康状态，是开展大学生心理健康教育的前提。长期系统地开展学生心理状况测查，建立心理健康档案，是提高大学生心理健康针对性和有效性的重要方法之一。民族院校对学生进行心理健康普查，建立学生心理档案，有利于学生科学地掌握自己的心理状况，认识自我的个性特点，增强自我心理教育、心理训练的自觉性、主动性，也有利于学校把握学生群体心理状态，做到对学生心理问题及时发现、早期干预和有效控制。

民族院校在每年新生入校后应及时开展新生心理健康普查工作，通过大学生心理健康问卷（UPI）及症状自评量表（SCL-90）等工具实施测试，完成新生心理普查统计分析和反馈，并就需重点关注的学生进行筛查并有针对性地开展心理咨询面谈工作。对于测查的结果，应在坚持保密原则的前提下向学生所在学院或系（部）进行反馈，及时通报有关危机情况，为各级学生教育管理部门提供管理和决策的依据。针对不同年级的学生，还可根据需要开展其他类型的心理测量，如面向二年级的学生提供人格［如艾克森个性问卷（EPQ）］、人际关系及情感等方面的心理测量，针对三、四年级的学生进行霍兰德职业兴趣测试等。对学生的测试结果统计处理后应形成测试报告，反馈给所有参加测试的学生，为其建立心理档案，在进行后续跟踪了解的基础上，积累民族院校大学生心理健康教育的第一手资料。

针对测查中学生存在的共性问题，民族院校要有针对性地通过心理健康讲座、团体心理辅导、心理素质拓展训练等形式加以分析、教育、解决。对于有心理疾病倾向的一般学生，与辅导员、班主任协调，共同予以关注，及时提供心理援助；对有需要的学生，则在心理测查和建立心理档案的基础上，系统地进行心理素质的培养，优化其个性品质；而对于测查中筛查出来的症状明显、心理问题突出的个别学生，由心理咨询老师分别约请，与学生个别交流，寻找症结，并对这些学生建立长期观察、定期回访制度。

## 五、拓展训练法

心理素质拓展与训练主要是通过接受专业教师的指导和通过心理状态与行为方式的自我调控，进行某一特定的心理素养方面的训练，改变自身的生理状态和心理状态，解决自己在认识、情感、人格、社交等方面的心理问题，其本质是一种体验式培训。苏格拉底说："凡不锻炼身体的人，就不能执行身体应执行的任务，同样，凡不锻炼心灵的人，也不可能执行心灵所应执行的任务。"心理素质拓展与训练是实施发展性心理健康教育的重要方法，有利于发掘大学生自身潜能，提高自我控制能力，从容应对压力与挑战，培养团队合作精神、增强团队观念等。有研究者针对某民族院校 18 名人际适应不良的少数民族大学生进行压力应对方式和应对技能的干预训练后发现，与对照组学生相比，参与训练的学生能更多地采用积极的（如求助、问题解决、转移等）方式来应对困难，人际交往方面强迫症状、人际敏感、敌对和偏执因子得分在干预后测查时有了显著的降低。

民族院校可以针对不同年级的学生实施不同的心理素质拓展与训练，通过专业教师的及时引导，让受训成员掌握学习迁移能力，将拓展训练中的收获应用于日常生活、学习中，使自己解决问题能力、心理承受能力得到不同程度的提升。对于初入学的大一学生，可以开展专门性的适应教育、语言表达训练、自律训练和环境适应训练；对于面临的问题多为学习压力、考试焦虑问题、恋爱情感问题以及人际关系问题的大二学生，可以组织学生进行自信心训练、人际沟通训练、情绪控制训练、人际信任和团队合作训练、意志力训练；对于面对的问题是择业、择偶以及面对社会的兴奋担忧、躁动或恐惧等问题的毕业班同学，可以进行毕业前教育、自我及社会认知教育、婚恋指导、潜能拓展训练、社会适应教育，并且开展有针对性的歪曲认知矫正训练、耐挫力训练及专门的自荐书写作训练等，充分考虑和满足学生的具体现实要求。

进行心理训练的具体方法和操作技巧是多种多样、灵活多变的，活动形式如演讲、影视欣赏、游戏、角色扮演、团体讨论等，根据目标人群不同、训练目的不同，心理素质拓展与训练可以设计不同的训练项目，从人员上分，有个人项目、双人项目、团队项目；从训练的场地上分，有户外项目，也有室内项目等；从训练内容上来分，有沟通练习、信任背摔、空中单杠、盲人方阵等。在心理素质拓展与训练实施过程中，学生可以通过个人挑战类项目的体验来克服失败的恐惧以及逃避的心态，产生成就感，形成高峰体验，借助成功地完成一个个艰巨的任务，帮助学生延伸自我，突破自我设限，建立充分的自信；也可以在双人协作项目的完成中改善心境，获得人际间的支持与鼓励，并培养人际信任感；还可以在团队形成的过程中，学会与人合作，正确认识自己的价值和重要性，以正确的心态面对问题和解决问题。拓展训练看似游戏活动，其实是为导致某些预期的结果而设计的，

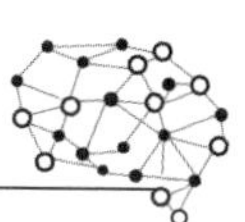

目的是使参与者在愉快的参与中学到书本上学不到的知识，感悟道理。同时，拓展训练又具有很好的趣味性，它能在短时间内吸引住学生，激发学生参与的热情，让学生积极主动地参与到活动中来，使参与者在游戏中享受快乐，在快乐中得到感悟，在感悟中得到知识，在活动中进行自我教育，形成良好的意志品质，培养较好的情绪调控能力，增强社会适应的能力，从而形成健全的心理素质。

## 六、危机干预法

心理危机干预是在面向全体学生开展心理教育的基础上，对大学生中特定个体已经出现的心理危机问题进行干预＆民族院校对那些正在面临重大生活事件或者已初步出现程度不同的某种心理功能失调或障碍的人，要及时进行心理干预，帮助他们正确面对和处置生活事件和心理压力，使他们能够走出心理阴影。心理危机干预主要表现在早期预警、危机干预、后期跟踪等方面。

发现有以下列因素之一的学生，应做好早期预警：情绪低落、抑郁不愿与人交往者；过去有过自杀企图或行为者，经常有自杀意念者；存在诸如失恋、学业失败、躯体疾病、家庭变故、人际冲突等突遭重挫者；人格有明显缺陷者；有强烈的罪恶感、缺陷感或不安全感者；感到自己无能，看不到出路者。对发出以下警示讯号的学生，应作为心理危机的重点干预对象及时进行危机评估与干预：谈论过自杀并考虑过自杀方法，包括在信件、日记、图画或乱涂乱画的只言片语中流露死亡的念头者；不明原因突然给同学朋友或家人送礼物、请客赔礼道歉、述说告别的话等行为明显改变者；情绪突然明显异常者，如特别烦躁，高度焦虑、恐惧，易感情冲动，或情绪异常低落，或情绪突然从低落变为平静等。对已恢复心理健康返校学习的学生，仍然要关注其心理保健，避免复发。

总之，民族院校心理健康教育工作者应认清大学生心理健康面临的新形势，从多角度、多方面开展教育，使大学生心理问题能够及时得以解决。

# 第二节
# 大学生心理健康教育的途径

加强大学生心理健康教育既是民族院校人才培养目标的需要，也是大学生成才与发展的客观要求。大学生心理健康教育的目的在于优化学生心理素质，促进人格全面发展与完善。有效的途径是实现目标的重要载体。在大学生心理健康教育目标和任务既定的情况下，教育途径的有效性直接关系到目标的实现和任务的完成。途径得当，心理健康教育的要求可以有效落实；否则，预期的教育效果不但难以实现，还可能抵消其他教育的作用，甚至干扰以后的教育工作。因此，分析和探讨大学生心理健康教育的有效途径是提高其实效性的一个重要课题。

## 一、学校心理健康教育专业机构工作途径

心理健康教育的专业性较强，由专业机构的专业老师承担最为合适。所谓心理健康教育机构，主要是指高校专门负责学生心理健康教育的工作机构。近年来，我国高校心理健康教育机构不断完善，在开展学生心理咨询的基础上，增设了心理健康宣传、心理测评、团体心理辅导、心理健康培训等多种形式的服务，已成为高校大学生心理健康教育最有效的途径。民族院校应利用心理健康教育机构广泛开展教育与咨询工作，促进学校心理健康教育工作的规范化、专业化和科学化，增进大学生心理健康，优化大学生心理素质。

### （一）民族院校心理健康教育机构的主要工作职责

民族院校心理健康教育机构的工作主要以面向全体学生的正面心理健康知识和心理健康意识教育为主，有机结合正面宣传教育、个别咨询、课外活动及日常教育管理等，立足解决常见问题，注意识别并及时转介特殊重症。在日常工作中应做到：

第一，通过多种形式帮助学生提高自我认识能力，树立自爱、自尊、自信、自强的意识和积极的人生态度。

第二，通过有效方式培养学生坚强的意志品质和战胜各种挫折的信心，学会积极面对和正确处理学习、生活中的各种压力、提高适应环境，适应社会的能力。

第三，通过丰富的活动培养学生健康情绪、情感和自我控制、自我调节情绪的能力以及人际交往能力，帮助他们正确对待他人，树立团队精神。

第四，运用科学现代的理念，通过搭建活动舞台，培养学生创新精神和实践能力，促进学生潜能的开发。

第五，运用专业咨询技巧解决学生成长过程中出现的各种问题，帮助他们排除心理障碍，优化学生个性心理品质。

第六，采用专业方法开展学生心理危机干预工作。

### （二）民族院校心理健康教育机构主要工作模式

民族院校学生心理健康教育工作机构应设立于学生德育工作的主管部门——学生工作部内，或建立隶属于党委领导下、具有协调指挥功能的独立机构。其工作模式确立的立足点要以面向全体学生为主要目标，以实施正向教育为主要职责，以密切结合学生日常教育和管理实际为基本工作渠道，以能承担心理健康教育教学和心理咨询并协调第一课堂与第二课堂为经常任务。在工作工程中应形成以下基本模式：

第一，结合学校学生心理状况和心理健康教育咨询工作实际情况，对全校心理健康教育工作进行中、长期规划，制订每学年工作计划并组织实施，定期对工作情况进行总结。

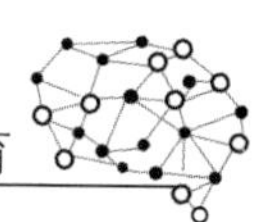

第二，广泛开展大学生心理健康教育普查，建立大学生心理档案，掌握大学生心理健康状况，对部分有严重心理问题学生进行重点监控，定期追踪。

第三，以选修课、讲座、报告、展览、板报、刊物、网站等形式积极宣传与普及心理健康知识，提高学生自我心理调节和防御能力。

第四，开展个别心理咨询和团体心理辅导，帮助大学生解决心理困惑、心理障碍和进行危机干预，引导大学生树立心理健康意识，培养良好的心理素质。

第五，构建学校、学院、班级三级心理健康教育体系，充分发挥心理健康教育机构的管理职能，从不同层次、不同侧面及时解决学生可能遇到的心理困惑或问题。

第六，组织培训并指导辅导员、班主任、学生管理部门相关人员、学生心理协会、班级心理委员、宿舍长等开展心理健康教育工作，并指导各院系开展心理健康教育活动与咨询工作，逐步建立和完善学生心理教育防护网。

## 二、心理健康教育三级防护网络途径

心理健康教育三级防护网络是高校心理健康教育的有效途径，不仅使心理健康教育工作逐渐被高校师生认识和重视，也很好地促进了高校心理健康教育的发展。我国高校心理健康教育走过了多年的探索之路，目前大部分高校已建立了心理健康教育三级网络，即校级心理健康教育指导中心、院级心理健康教育指导老师以及班级心理委员。近年来一些高校三级防护网络模式逐渐趋向于发展为一种结构合理、体系完善的多元立体的教育模式。学校分管领导、学生教学和管理部门、院系（部）、班主任（辅导员）、社团和学生干部都被纳入心理健康教育工作体系，逐步形成一个以心理健康教育服务机构为主平台，以院系（部）学生工作力量为依托，以学生社团和学生骨干为基础的立体化工作格局，充分发挥心理学教师、德育工作者、学生志愿者的积极作用，全面开展学校心理健康教育工作。

民族院校要确保学校心理健康教育工作的有效、顺利开展，就必须整体规划、全面管理、统一协调和多方兼顾，建立由学校主管领导负责的心理健康教育指导中心、各个院系的辅导员组成的心理健康教育梯队以及各个班级的心理委员骨干组成的三级心理健康教育防护网络，并制定学校在人力、物力、财力上保证此项工作顺利开展的制度；积极探索完善三级心理健康教育网络，对班级、院（系）、学校三个等级有区别、有重点、地开展工作。

第一级，学校成立心理健康领导小组，下设学生心理健康教育指导中心，主要负责统筹规划学生心理健康教育工作。学生心理健康教育指导中心主要由学校专、兼职心理健康教育教师组成，负责具体工作的实施。第二级，在各院系设立心理辅导站，配备经过一定专业训练的专兼职心理辅导员专门负责开展学生心理健康教育工作。第三级，在学生中成立心理协会，学生会设立心理部，班级设立心理委员。对协会成员和心理委员进行系统培训和协调管理，使他们在拥有为同学真诚付出的热情之外也具备一定的工作经验，及时了解并反映本班级同学的心理问题、心理健康需求以及个别同学的异常情况，开展心理主题班会等。

## 三、思想政治教育途径

民族院校大学生心理健康教育与思想政治教育工作有不同的形式，不同的内容，不同的要求和不同的方法，遵循各自不同的规律和原则，前者立足于解决大学生的心理问题，后者立足于解决大学生的政治思想观念问题。但是，心理健康教育与思想政治教育又不是完全对立的，二者互相关联，具有内在统一性。从目的看，二者都是高校做好学生工作的重要手段，都是立足于培养社会主义事业的建设者和接班人；从内容和效果看，二者相辅相成，互相促进，一方面心理问题的解决有助于正确思想观念的接受和形成，另一方面，正确的政治思想观念又能使大学生保持良好的心理品质。因此，在民族院校学生管理工作中，管理者要把握好将两者结合、实施得更好的教育方式。

### （一）提高思想政治教育工作者开展心理健康教育的工作水平

首先，思想政治教育工作者要主动学习心理健康教育方面的知识，积极参与管理学生的心理健康教育的工作，这样不仅扩大了心理健康教育工作的发展空间，更能提高思想政治教育工作者的教育知识水平，从而更好地为学生服务，引导和指导学生健康的成长。

### （二）思想品德课程与心理健康教育课程相结合

教学计划应该将思想品德课程与心理健康教育课程相结合，不仅使学习内容丰富，而且也可以及时根据学生的思想动态来了解和帮助学生克服实际的困难。比如在实际生活中，学生遇到的问题不能单方面地从学生思想上进行教育，而要加入心理学方面的知识进行开导和帮助，这样会达到更好的教育效果。

### （三）完善思想政治教育工作的方式方法

思想政治教育工作者不要以老套的说教对学生做思想教育工作，要灵活运用心理学知识教育学生，多采取动手、动脑的实际行动去引导学生，既丰富了教育的方式，学生也更容易接受，又可以增强教师与学生之间的良好关系，消除学生对教师的心理隔阂，近距离的交流也可促进师生关系的发展。

## 四、大学生自我心理健康教育途径

大学生既是高校心理健康教育工作的主体，又是客体。高校心理健康教育的效果，很大程度上取决于学生自我教育的主动性和积极性，取决于学生自我教育能力的高低。加强民族院校心理健康教育，必须把教育与自我教育结合起来，在大学生中建立一种心理互助、自助机制，使心理健康教育自觉延伸到学生中去，培养学生的心理自我救助能力，提高学生的自我心理保健能力和自我心理健康教育能力，减少心理问题的发生和控制心理问题的发展。

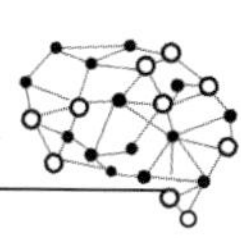

## （一）成立学生心理健康协会

成立学生心理健康协会是民族院校开展大学生心理健康教育的重要途径。通过学生心理健康协会开展心理健康教育工作，既可在一定程度上缓解学校心理健康教师配备不足的问题，又可激发大学生的主动性和创造性，在校园内宣传普及心理健康知识，掌握学生心理健康状况，及时发现学生心理危机情况。协会成员在学习、工作中助人的同时也能培养自己良好的人格品质，提高组织能力、人际交往能力和心理承受能力，发展自我潜能，实现学校心理健康教育助人自助的宗旨。建立并充分利用大学生心理健康协会全面开展学生心理健康教育工作，对于切实提高全体大学生的心理素质有着十分重要的作用。

民族院校应鼓励并支持建立学生心理健康协会（下文简称“心协”）。“心协”是民族院校大学生的业余性社团组织，其任务是配合和协助学生心理健康教育指导中心面向全体学生开展心理健康教育和宣传普及活动，如负责校园心理健康知识的传播、开展朋辈心理辅导、制作与维护心理健康网站、组织与策划校内心理健康教育活动和校际间心理健康教育的交流与合作等。“心协”可由心理学相关专业和热心心理健康知识学习的本校学生组成，接受学校团委、学生会（研究生会）的工作指导，接受心理健康教育指导中心的业务指导，协助心理中心面向全校学生开展多种形式的心理健康教育活动；定期邀请相关心理学专家组织专题讲座和学习交流；发展协会成员内部的互助活动；在全校范围内，甚至是到校外大力宣传心理健康知识并义务举办各类心理健康活动等等。为了充分发挥“心协”的作用，在建立“心协”时，必须明确建立该协会的目的、要求及作用，确定协会的组织机构与职能，制定协会管理原则和会员选拔制度，对协会工作内容和工作要求做出较为清晰和具体的规定，并在运作过程中严格管理、正确引导。

## （二）建立并完善朋辈辅导机制

朋辈辅导是一种实施方便、推广性强、见效较快的高校心理健康教育途径，主要是由受过训练或督导的同龄学生担任心理辅导员为大学生提供心理辅导的过程。朋辈辅导的开展不仅可以弥补专业心理咨询人员不足的状况，帮助更多的学生解决心理困惑，及时防止突发心理危机事件的发生，还可以使朋辈辅导员在助人的过程中增加自己的才干，改善人际沟通能力，提高自己的心理素质。有研究表明，制定系统的“朋辈心理辅导”措施，开展以朋辈辅导为核心的综合心理健康教育，对改善少数民族贫困大学生的心理防御和社会支持有显著的效果，对维护少数民族大学生心理健康具有积极的作用。为了从更大程度上促进全体学生的心理健康水平，使学生的心理问题能够更加及时地得以解决，民族院校应积极建立并完善以朋辈辅导为主体的学生自助、互助机制。

民族院校在促进朋辈辅导有效开展的过程中，首先应及时收集大学生心理健康状况资料，确定朋辈辅导的重点。其次，重视对朋辈辅导员的选拔，在学生中选拔一部分对心理健康知识具有浓厚兴趣、乐于关心他人的学生成为朋辈辅导员，开设了心理学相关专业的民族院校，应首先考虑吸收和选拔优秀的专业本科生和研究生参与朋辈辅导工作，尤其是取得国家职业三级心理咨询员资格证的学生可优先考虑，在选拔中如能兼顾朋辈辅导员的民族分布，则能更好地满足不同文化背景的来访学生的辅导需求。最后，应加强对朋辈辅导员的培训与专业督导，使他们能够理性地审视分析自我，较好地掌握心理咨询的基本理论，不断提高一定的心理辅导技能。由于学生朋辈辅导员本身也有自己的学习任务和面临的各种压力，因此在合理安排朋辈辅导任务的前提下，由专业的心理健康教育教师适时通过个案督导、讲座培训、团体辅导等方式帮助学生朋辈辅导员解决自身困惑，提高专业辅导能力也是开展朋辈辅导的基础性工作之一。尤其值得注意的是在朋辈辅导的过程中应做好严重心理问题和心理障碍学生的评估，及时做好相关的正规心理咨询或心理治疗转介工作，避免延误问题和引起不必要的严重后果。

## 五、心理健康网络教育途径

心理健康网络教育即以计算机网络为教育媒体，利用网络所具有的开放性、快捷性、虚拟性、信息海量性、自由性以及便捷性等特点，多种形式、多样化地进行心理健康知识宣传、心理健康测试及网上心理咨询等项目的大学生心理健康教育过程。心理健康网络教育突破了传统心理健康教育的时空限制，网络信息资源的共享性使得学生可直接访问相关网站获取自己需要的心理健康知识，随时通过免费的自测来增进对自我的了解、评估自己的心理健康状况，还可以根据自己的需要及条件选择学习内容和形式，充分发挥主体性和主动性。同时，网络的快捷复制方式和即时交互性可使一位心理健康教育工作者能“同时”接待多位来访者，可以进行网上的团体咨询和团体辅导。而网络的虚拟性和隐蔽性提供了最大限度的交流自由和交流安全，使得学生能随时咨询困扰自己的心理健康问题，既保护了学生的隐私，也能真实地表述自己的问题和期望，不仅弥补了传统的教育方式的缺陷，也有效地增强了新的教育方式的推广。目前通过专业的心理健康教育网络平台向学生提供心理学习资源，通过运用 QQ、E-mall、BBS 等，向学生介绍心理学知识，提供心理健康教育相关服务，引导和组织学生学习并掌握有关心理健康知识和技能，已成为当前高校开展心理健康教育工作的主要途径之一。民族院校在通过传统教育途径开展心理健康教育工作的同时，应加大在教育过程中的网络利用度，充分发展心理健康网络教育平台的优势。

### （一）完善硬件配备，建立校园心理健康教育网站

要想实施网络心理健康教育，首先必须具备硬件的支持。硬件方面主要是开发和建设质量高、实用性强的心理健康教育网站。心理健康教育网站的板块构想如下：

#### 1. 学习资源

提供相关的学习资料，包括心理相关领域的一些优秀实用小论文、相关网站的链接、推荐的心理书目、心理健康教育视频资源、相关专题的课件以及在线资源。

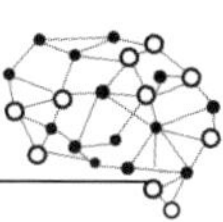

**2. 心理自测区**

帮助学生了解自己的心理健康状况及其他心理特征，帮助有心理问题的学生走出心理困惑。网络心理测验至少应该包括学习适应、人格特质、人际关系、情绪状态、生涯规划等方面。

**3. 主题讨论区**

通过网络BBS、专业博客平台、专业微信平台等，针对大学生中的一些热点问题或引起关注的事件展开一些主题讨论，让学习者主动发表自己的看法，进行网上讨论和辩论，在沟通和交流中开拓视野，丰富心理健康知识，提升解决心理问题的能力，充分发挥同辈群体的相互积极影响作用。

**4. 师生互动区**

心理健康教育教师通过建立网络BBS、QQ群等方式与学生进行一对一、一对多、多对多的时时交流与互动了解学生的想法，设立相关主题在网络上交流，实现教师与学生的交流。学生可以就困惑的问题及学习的过程中的相关问题请教老师，老师及时给予回答。教师提供自己的心理信箱，定期查看邮箱的内容，对学生的提问和咨询进行回复，实现师生的双向沟通。

**5. 新闻快讯区**

提供学校心理健康教育工作方面的最新动态或相关信息，帮助学生了解和掌握学校心理健康服务内容、服务时间、服务方式及注意事项等，及时满足自己的心理健康需求，解决自己的心理困惑。

### （二）培养心理健康网络教育师资，提高工作效率

为了充分发挥网络心理健康教育的优势，民族院校要建立一支适应网络时代需要的心理健康教育师资队伍，加强对心理健康教育教师相关知识的培训，使他们不仅具备扎实的心理学和教育学理论功底、专业技能和实践经验，还具备较好的信息素养，熟悉常用软件的基本功能等网络技术，熟练掌握网络的运作结构和工作功能，能够有效获取、加工和利用信息，把心理健康教育和网络技术结合起来，既可以在学校各项活动和授课中担任主要角色，又可以在网上通过对信息的收集和管理，对学习者进行教育引导，使心理健康网络教育不仅专业而且生动、富有吸引力和感染力。针对民族院校学生的学习、生活的特殊性，心理健康教育教师要合理规划工作时间和工作效率，利用学生上网的有效时间开展基础心理健康知识的宣传普及教育与在线讨论、交流与咨询，指导学生有效解决学习生活中的各种困惑。同时，也可以指导学生家长通过校园网站随时关注和了解学生在校的情况，在线咨询家庭教育对学生心理健康教育的重要性，促进学校教育与家庭教育共同引导和指导的有效结合。

### （三）开展网络心理咨询，提供个性化服务

网络心理咨询沟通的隐蔽性很强，减少了教育客体的很多顾虑，参与者往往表现出更强的主动性，将自己内心世界真实的想法反映出来，使心理健康教育教师清楚了解其心理特点及动态，有效地实施心理咨询，使学生更为主动、积极地迈向自我实现。民族院校开展网上心理咨询可以采用以下一些方法：第一，利用在线进行心理咨询。开辟诸如“我的心理医生”栏目，可以请心理咨询中心的专任教师提供咨询服务，解决学生的心理问题。第二，利用BBS进行心理咨询。一方面，请具有一定知名度的专家，用权威的正确的主导声音去引导大学生；另一方面，专家以一般网民的身份采取匿名讨论的方式，参加某一话题的讨论，在讨论过程中以健康的心态、清晰的舆论观点积极引导，帮助大学生改变不合理的认知。第三，利用电子邮件进行心理咨询。网站公布心理咨询教师的电子邮箱，学生通过电子邮件直接向心理咨询老师就有关心理问题寻求解答，老师在收到邮件后及时回答学生提出的问题。这样，就使有问题需要解决的学生能及时通过邮件与老师联系沟通，从而使求助者建立起正确的体验生活的方法，使个体逐步形成完善的自我概念和对物质世界的适应能力。

### （四）注重引导方式，传统与网络相结合

网络的互通性使得学生可以自主地学习网上的知识，但是不能否认网络还存在诸多不完善、不成熟之处，加上网络管理、网络安全、网络社会的道德有待规范，民族院校在看到网络积极的一面的同时，也要看到网络环境给大学生心理健康和道德发展所带来的负面影响。网络的虚拟化特征极易导致青年学生人际交往的障碍，如人际距离疏远，产生孤独、苦闷、压抑人格障碍，诱发自我冲突及带来大学生道德法制观念的弱化等。因此，心理健康教育教师要认真筛选、过滤网络教育内容，对网络咨询信息进行总体监督，严格规范和管理网上心理咨询平台，严把法制关、道德关和制度关，引导学生以科学的态度进行心理健康网络学习，及时有效的控制学生的思潮动向，尽可能地降低网络对大学生的负面影响。心理健康网络教育为民族院校心理健康教育提供了新的契机和良好的平台，但是它不可能也不会完全替代传统的心理健康教育，它只是传统心理健康教育的辅助手段和补充。因此，民族院校应把心理健康教育网站的建设、运作与传统的心理健康教育相结合，在抓好网站建设的同时，更应全面带动传统的心理健康教育高效地开展。

## 六、校园文化环境建设途径

人的心理现象带有明显的社会历史和文化背景的印迹，校园文化对人的心理和行为会产生重要影响。学生心理的健康发展不仅需要专门的心理健康教育，还依赖于学校整个教育环境的优化组合。加强校园文化建设，营造良好的心育环境氛围，营造有利于大学生健康成长的文明健康的校园文化氛围和心理环境，是民族院校实施大学生心理健康教育的重

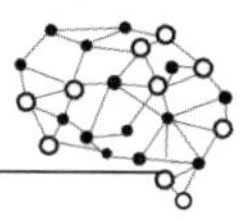

要途径之一。

### （一）优化校园物质文化环境，调适心理状态

物质文化环境主要指校园文明设施和教学生活条件，良好的校园物质文化环境对学生的审美情趣、道德情操和心理健康起着潜移默化的教育、激励作用。因此，民族院校应该加强包括学校的环境美化、建筑设施、仪器设备的设置等内容的物质文化，重视校容校貌和校园的合理布局，通过建筑物的装饰、校园绿化美化、文化景观建设等陶冶学生情操，给大学生以积极的情绪影响和精神启迪，使大学生感受到温馨柔美的文化气息，缓解因学习、生活、工作紧张而带来的心理压力，有效地调整心理状态。在校园物质文化环境优化过程中应以学生为本，从学生的角度出发，将校园的总体规划和学生微观的细节需要联系起来。同时，要体现民族院校的校园特色，从建筑到人文景观风格要协调一致，整体透射学校良好的人文气息。

### （二）优化校园精神文化环境，促进心理发展

校园精神由高校的历史传统、社会习俗、民族精神、理想追求、办学特色、校风学风和学生的成才特点等凝聚而成，它是校园人价值观和人生观的集中体现，它既潜藏于校园，又弥漫于校园，同时又显形于个体行为，形成校园所特有的巨大的“心理场”，深刻影响着校园人的心理趋向与精神状态，对于培养学生乐观向上的生活态度和健康愉悦的情绪特征，优化学生的心理品质起着潜移默化的积极作用。民族院校应培育和强化富有个性的校园精神文化，促使大学生在一种无形的巨大力量推动下，在积极向上的心理氛围中受到激励和鞭策，走向心理成熟。首先应通过建设积极向上、团结协作、宽松友好的校风学风，培育行之有效的制度文化来营造健康向上、宽松和谐的校园文化氛围，帮助大学生深化自我认识，充分发展个性，为大学生思想和行为能力规范提供有利的条件。其次，应大力提倡高位文化和高雅艺术，通过组织高层次、高水平的艺术演出等形式提升校园文化格调和文化品位，运用校内的报纸、广播、网络等媒体弘扬积极的文化，净化大学生的心灵，陶冶大学生的审美情趣，促进大学生身心健康积极向上的发展。最后，还应该营造对多元文化的积极认同的校园氛围，尊重各民族学生的文化和习惯，在民族节日组织、动员少数民族学生开展丰富的文化活动，庆祝自己的节日，为他们提供活动空间和相关服务；在住宿、饮食等方面，学校也要为少数民族学生提供适合他们要求的条件，让他们安心、轻松、愉快地去学习。

### （三）优化校园行为文化环境，提高心理素质

民族院校应通过加强包括教学活动、科研活动、管理活动、服务活动、社会实践活动和课外活动中形成的各种有特色的、丰富多彩的校园行为文化，培养和营造优良的治学氛围，强化教师的示范作用和对学生的人文关怀，同时引导和督促学生刻苦学习、奋发向上，

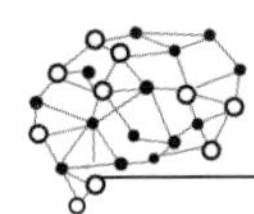



促使更多的学生积极主动参与实践活动，培养社会适应能力，提高学生的心理承受能力，提高学生对待挫折的正确态度以及抗挫能力。学校、各社团以及各个院系应该大力开展学术活动、文艺活动、体育活动、作品展览、社会实践活动、生活技能活动，积极引导大学生参加各种比赛、社区服务、社团协会等，帮助学生丰富业余生活，加强他们对学校的情感，增加他们锻炼自我的机会，提高其自尊和自我概念。少数民族大学生大多能歌善舞，在学校的各种文艺、体育活动中，他们表现得尤为突出民族院校引导大学生积极参与课外活动，是加深他们对新的文化环境认同的有效措施，可以促进学生在组织中、实践中学会与他人友好合作，体验和培养相互协作的适应能力，促进人际关系和谐，在为集体争取荣誉中提高自我评价，增强适应社会的信心。正如有关研究所认为的，“当学生更加积极地参与学生组织时，他们就会较少地感受到与院校的疏离和格格不入，学生组织为学生提供机会，使他们更好地了解院校，使他们能够同由于这种机会而认识的教师员工一起工作，向特定民族集团的学生开放的组织更能促进该集团的文化发展，使学生得以培养自己的若干技巧和领导才能，有助于校园的多样化”。

在民族院校，来自民族地区的少数民族学生文化基础与汉族学生和来自杂居地的学生相比有较大差距，很多学生都存在学习困难、成绩偏低、专业水平不高的现象。尽管各民族院校普遍存在少数民族学生教育基础差，正常的教学、考核困难的状况，但学校也很难为这些学生另开炉灶，为他们提供特殊的课堂学习环境，这就无形增加了这部分学生的学习压力，尤其是来自考试的压力，不仅包括学校开设的各门课程的考试，还包括各种等级、资格考试等。本研究中针对少数民族学生的访谈结果表明，很多少数民族学生在平时的课堂教学中，尤其是理工科课程教学中经常会存在不能完全理解老师讲授内容的情况，在考试中也往往力不从心，经常达不到基本的要求。所以，民族院校因为旷课违纪和考试挂科的学生当中少数民族学生居多，这也影响了部分少数民族学生无法拿到学位证或顺利毕业。作为以培养人才为目标的民族院校，既要执行政府的优惠政策，对少数民族学生实施降分录取，但同时也要保证少数民族大学生入学后能适应大学环境，顺利完成学业，这样才真正地达到了我国民族高等教育的目的。正如美国社区学院未来委员会在《建设社区——对一个新世纪的展望》中明确提出，“社区学院不仅要多招少数民族学生，而且更要保证他们能成功完成所学课程，必须继续对所有学生敞开校门，并且重申使少数民族学生通过教育增长才干的诺言”。针对少数民族大学生基础差、学习中困难多的现状，学校应该采取各种有效措施，努力提高他们的学习成绩。辅导员、班主任、任课教师都应加强对少数民族大学生的学习与生活指导，针对少数民族大学生突出的人际敏感和孤僻问题，教师应该主动关心他们，指导他们认识大学学习的特点，掌握大学学习方法，帮助他们提高学习效率，以缓解其因学习压力而带来的焦虑、抑郁、受挫、自卑等的不良情绪，使其在学习中树立信心，增强自我成就感。此外，也可以积极发挥班团组织的作用，组织党团员和学生干部开展“一帮一”活动，通过学生同辈群体间的充分接触，帮助他们建立和谐的人际关

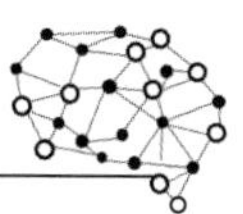

系，使他们能够更快地适应大学生活，减少学习和思想上的困扰，树立成长成才的自信心。

由于民族院校学生多来自经济发展相对落后的贫困边远地区，因此各民族院校经济困难大学生的比例远远高于其他普通院校，很多家庭贫困、经济压力较大的学生往往也承受着较大的心理压力，甚至因此影响正常的大学学习生活。因此，民族院校应积极地探索有效措施，鼓励和帮助贫困大学生，切实减轻贫困大学生的经济压力和心理压力。学校可在奖、助学金的评定和勤工助学岗位的分配方面向贫困大学生给予一定的倾斜和支持，使贫困大学生真正得实惠，鼓实劲，帮助贫困大学生顺利完成学业。

总之，民族院校在学生心理健康教育工作中应充分发挥校园文化环境这一载体的心理功能，用健康、先进的校园文化滋养学生的心灵，调控学生的心理状态，提高大学生的心理素质，全面促进大学生的心理健康发展。

# 第十章 新媒体环境下的大学生思想教育

## 第一节 新媒体概述

### 一、新媒体含义及特征

#### （一）新媒体的含义

新媒体是指以数字技术和信息技术为依托的网络媒体，是一种新型的大众传播媒介。在科学技术迅速发展的背景下，新媒体的传播内容也在不断增加、充实和丰富，传播的速度也越来越快，传播的范围变得更广。而就外在形态而言，新媒体相对于传统的媒体来说是以数字信息技术为依托的一种新的媒体形态，如互联网、手机、微信、微博等。在国内被大众普遍认可的新媒体是网络和手机，因为这两种新媒介对大家的学习、生活和工作产生的影响最大。其次，新媒体最明显的特性就是互动性，它的这种互动性主要体现在：不仅包含了上行的各种建议反馈，而且包含了下行的各类信息传递。新媒体的双向传播从根

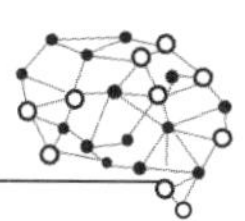

本上颠覆了旧媒体单一的传播，模糊了传播中的主体与客体位置。现在我们说的新媒体，是一种综合载体的产物，是在数字化基础上发展起来的能实现双向互动的信息传播媒介，是对新时期所有新的媒体的一个统称，当今人们使用最多的就是网络新媒体和智能手机新媒体。

## （二）新媒体的特征

### 1. 即时性

新媒体对信息的发布比旧媒体更加的方便和简单，并且信息传播的速度更快，传播的流程更简洁。新媒体打破了时间和空间的限制，可以达到一种能快速实时地对事件报道的效果，为人们及时了解周边环境的变化提供了良好的"知情"环境。

### 2. 开放性

新媒体可以实现对信息迅速地、多角度地实时传播，强化了传播的即时功能。新媒体在传播的内容、方式上表现得更加开放，它的开放性主要体现在：传播主体的未知性、传播时间的任意性。因此，人们在新媒体提供的平台上可以自由地发布、接收各种信息，既有积极的信息也有消极不利的信息，真实的信息和虚假的信息都可以在新媒体上自由广泛地传播。

### 3. 个体性

人们在面对新媒体时都是平等的，每个人都可以根据自己的需要决定是否发送、接收或者拒绝信息，信息发出者可以根据自己的个性化需求选择适合自己的服务，从而满足自己的发展需要。比如，建立一些有特色的 QQ 聊天空间、有特色的微信群、有特色的论坛以及一些有特色的个人博客等，每个人都可以选择一个信得过的载体发布信息，从而为人们提供更为广阔的交流平台。

### 4. 互动性

互动性是新媒体区别于传统媒体的重要特征。新媒体克服了旧媒体单向灌输的信息传输模式，使教育主体和客体可以自由地互动。在旧的教育模式里，教育客体无法及时地反馈受教信息，主体不能有针对性地解决教育客体所提出的问题。新媒体则弥补了旧媒体的这种缺陷，新媒体的互动性，教育客体不再只是信息的被动接受者，他们也可以成为信息的发布者、传播者，这样就更利于教育客体能力的提高和问题的解决。

### 5. 整合性

整合性也是新媒体的重要特征之一。旧媒体的功能大部分散单一，而新媒体则把旧媒体的大部分功能整合到一起，既有声音又有图案，比旧媒体更具体更生动。多媒体是利用计算机技术综合多种媒体的一种新技术，多媒体信息包括文本、图像、动画、视频和音频等。网络媒介、手机媒介以及其他新媒介可以运用多媒体技术整合传统的报纸、广播、电视三大媒介的优势，呈现出立体化、全景式的多媒体化传播特点。

## 二、新媒体环境下大学生思想政治教育的特点

### （一）大学生思想政治教育主体的特点

21 世纪已经进入新媒体时代，新媒体技术正在逐渐渗入社会的各行各业，改变着我们的思想和行为方式，并且在向我们的后代传递和延续。新媒体的迅猛发展，不仅对高等教育改革和发展带来重大的影响，而且也给大学生思想政治教育工作带来新的机遇与挑战。大学生思想政治教育工作者作为大学生思想政治教育的主体，肩负着使大学生身心健康成长的重大使命，在新媒体环境下呈现出以下几个特点。

第一，在认知上，对大学生思想政治教育理论课的复杂性、特殊性的认识不够，而对大学生思想政治理论课教师的职业定位也不清楚。把大学生思想政治教育理论课等同于一般专业课，把大学生思想政治理论课简单化为课堂理论知识的宣讲，把提升大学生思想政治理论课实效性一般归结为“满堂彩”的课堂教学效果和优异的成绩单。思想陈旧，缺乏创新意识和献身精神，新的教学模式的实施，意味着传统教学工作方式的改变，部分教师不肯为适应新的教学模式付出更多的努力，不是无视新媒体时代大学生思想政治理论课面临的机遇和挑战，就是在应对挑战中走过场。

第二，在现实中，大学生思想政治教育理论课的教师在传统教学模式的影响下，普遍缺乏调动学生、与学生沟通的经验和能力，缺乏与学生平等相处、合作共事的意识和经验。大学生思想政治教育理论课教师的教学任务过重，很难对教学做到精细化。在教学的具体模式上，课堂教学中对理论灌输与学生参与度之间的把握有赖于在实践中探索；实践教学面临着时间、经费、安全、空间等一系列教师不能解决的问题；新媒体教学中，在敏感话题应答、学生意见与舆论导向之间度的把握等方面，还存在着教师无能为力之处。

第三，在体制上，按照当下的教师工作考评、职称晋升评定体系，新的教学模式构想中存在着大量教学活动无法计入教学的工作量；教学工作量与工作表现也只是一个基础参考，而最重要的参量是容易量化的科研成果、科研项目等。由此可以看出大学生思想政治教育工作者在教学工作的劳动投入上面临着体制障碍。

### （二）大学生思想政治教育客体的特点

现今的大学生基本上都是“90 后”，就像代际差别被明显地标识出来一样，他们在思想和行为上的特点与以往各个年代的同龄人都有些不同，有些甚至刚好相反。他们作为大学生思想政治教育的客体，能否了解他们的新时代特征直接关系到思想政治教育的成败。他们的新时代特点主要表现在以下几个方面。

第一，在智力方面，现今很多大学生都有一技之长，如绘画、舞蹈、音乐、象棋、摄影等。由于从小就置身在激烈的考试竞争与繁重的学业压力之中，他们的平均智力水平已经大大超越了以前的同龄人。他们不但好奇心强，而且接受新鲜观念和新生事物的能力

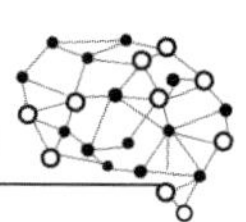

也都较强，再加上新媒体时代的广阔视野，使他们的知识和信息都达到了前所未有的丰富程度。

第二，在心理状态方面，大学生大部分都是独生子女，他们在心理方面呈现出多维而立体的复杂面，其自身的特点时常既矛盾又互为因果。有些大学生热情、开放、活跃，善于言谈；有些大学生则不喜欢与其他同学交流，他们的交往范围仅限于与宿舍同学；有些大学生甚至与宿舍同学之间也极少说话，性格比较内向，遇到困难也从不向周围的同学求助，显得很不合群，很不好交往，时间长了别的同学逐渐习惯于他们的沉默，而这样又反过来让他们觉得更加孤单，甚至有被忽视的感觉；有些大学生有时十分自信，有时又非常自卑，如此反反复复，并且对于外界评价相当敏感：有些大学生的内心世界异常丰富，自认为非常熟悉成人世界的各种“规则”，表现得十分老成；有些大学生十分了解中国社会的各种主流和非主流思想，其价值观表现得非常现实甚至功利；有些大学生很张扬自我和个性解放，因而十分缺乏团队精神和对于组织的奉献精神与集体荣誉感；有些大学生很自私，做事只关注自身的感受和得失，很少考虑到别人：有些大学生承受挫折的心理能力比较差，遇到稍微严重点的事情就会爆发出强烈的情绪反应和过激的行为；有些学生表面上看起来朋友很多，既忙碌又开心，但实际上内心经常会感到空虚而迷茫；还有些大学生嫉妒心比较重，看不惯其他同学比他（她）强，“我得不到的别人也别想得到”，接受不了别人比自己好，比自己优秀。许多“90后”大学生拥有强烈的反叛意识：他们有自己的观点，对于传统习俗不苟同；他们对父辈和学校不合理的说法和规定敢质疑、敢反抗，语言的创新能力很强，这一代人往往特别需要宣泄。

第三，在日常生活和行为习惯方面，大学生有十分强烈的独立意识，不喜欢被别人打扰和干预，他们不喜欢父母、老师和同学过问自己的事情。他们大都是独生子女，从小到大的很多事情都是由父母代劳的，像做家务、洗自己的衣服等日常劳动都很少参加，他们在生活和经济方面对父母的依赖程度很高。大部分的独生子女早就习惯了备受宠爱和照顾，因而与他人分享的能力和团结合作的能力就相对较差，如果在学校里与同学产生了矛盾，他们就容易感到孤独无助，既不愿与父母做深入的情感交流，又对父母产生强烈的情感依赖。这种矛盾心理经常使他们觉得十分煎熬。

有些大学生拥有很多成年人难于理解的古怪爱好。如果他们在学业上无法做到出类拔萃时，就会用其他各种方式来尽力表现出与众不同，以获得父母的关注，进而得到心理上的满足。他们在服装和发式方面保持怪癖。他们的市场消费观念很强烈，有时注重外表和时尚，只为了虚荣心的一时满足。

对电子产品的过分关注与依赖是当代大学生的一大特点。他们成长于新媒体时代，大部分学生时刻都不能离开智能手机或掌上电脑，无论在听什么、做什么，眼睛分分钟钟都紧紧盯住小小的屏幕，旁若无人地沉迷于 QQ 聊天或游戏当中，而对其他任何事情都表现出心不在焉甚至不屑一顾。

### （三）大学生思想政治教育载体的特点

新媒体技术影响大学生的生活与学习，网络成为大学生生活中不可缺少的重要组成部分，因而它必然影响到大学生的思想政治意识，新媒体技术于是就成了大学生思想政治教育的新兴载体。占领着媒介主阵地的新媒体技术，相对于传统的“四大件”媒介，像报刊、户外展示、广播、数字电视，新媒体被形象地称为“第五媒体”。概而言之，新媒体技术作为大学生思想政治教育的新兴载体具有以下几方面的特点：

第一，覆盖面广，新媒体技术用一种崭新的方式给人们传达着来自四面八方的信息，它既继承了传统媒介的一般功能，同时又颠覆了传统文化，并且显示出创新的功能。新媒体用自己的媒介形态，如移动电视、数字报纸、手机短信、数字广播、触摸媒体、桌面视窗、网络等，运行着“一切人对一切人的传播”的效能。新媒体以数字化信息技术为基础，互动传播为特征，实现了媒介的新一轮革命，是具有创新特征的媒体。

第二，平等参与。新媒体实现了主体们平等参与其中互动的愿望。新媒体技术不再把特定的受众作为传播对象，它既消除了电视、报纸、通信、广播等传统媒介的边界，又消除了国家之间、产业之间、甚至信息传播者与接受者、特定群体之间的边界，并极大地拓展了受众的参与性。新媒体信息的传播超越了国家、社会地方、政治立场以及知识的平面，突破了权力控制的界限，其流动性呈现出立体放射状。人们利用新媒体平台可以自由发表自己对一切的看法与主张。在这种媒介环境下，人人都可以讲理论，人人都是思想家，人人都是记者，人人都是艺术家，人们文化地位的传统分界不复存在。人们可以通过网络，建立起一种的虚拟社会关系，如网络可以产生虚拟的国家、虚拟的家庭、虚拟的交换、虚拟的友情或爱情，从而实现人们网络化的生存形态。新媒体技术可以让整个社会关系达到需要无限、生产无限、传输无限、消费无限。新媒体提供的内容具有个性化，信息发布者与接收者可以处于平等的文化地位，也可以在同一个层而讨论某个问题。

第三，生活化。新媒体技术带来的网络平台是大学生生活与学习的重要内容和完整不可分割的重要组成部分。现今的人们几乎离不开网络和手机，就如鱼儿离不开水、人离不开空气一样，新一代的大学生如果离开了网络和手机就会感到呼吸不畅、生活无序。随着经济社会的飞速发展，网络覆盖的范围不断扩大，网虫数量与日俱增，网络资源为大学生们提供的服务也越来越重要。新媒体利用各种信息的快速传播和资源共享的特性，如各类论坛上的唇枪舌剑，如 QQ、微信、微博上的你来我往，又如 E-mail 的表情达意。新媒体不但实现了互动性的功能，而且实现了跨越时空限制的功能。因此，新媒体成为大学生获取最新信息和资讯的最重要手段，备受大学生们的青睐。除网络以外，新媒体的另外一种重要表现形式甚至被称之为“第五媒体”的手机。随着智能手机的发展，手机几乎可以呈现互联网所有的功能，而且更方便快捷，成为人们出行的必需品，智能手机还在快速地研发着。新媒体将来具体如何发展，是一个未知数，但有一点是可以肯定的，那就是新媒体技术将会不断地被超越。

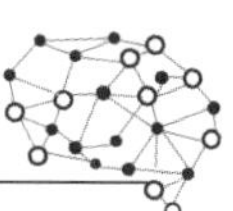

# 第二节
# 大学生思想教育中新媒体的利用现状及问题

## 一、大学生思想教育中新媒体的利用现状

### （一）新媒体对大学生思想政治教育的影响

在新媒体环境下，大学生可以利用网络随时随地阅读时事政治类新闻，一些大学生比较信任官方网站上的信息，经常浏览校园官方网站，吸取思想政治教育知识。增强了大学生政治信仰、品德修养、对目标的坚定程度和明辨是非的能力。由于新媒体是新兴的载体形式，建立和管理的机制并不完善，新媒体环境下还存在着大量的不良信息，这些垃圾信息的存在降低了大学生对社会和他人的信任，增加了精神的空虚度。社会上的伦理约束在新媒体环境下得到了摆脱，大学生的社会责任和伦理道德容易产生扭曲。这些问题提示思想政治教育工作者既要找出方法减少大学生对新媒体的过度依赖，又要创新大学生思想政治教育的突破口，消除新媒体环境给大学生思想政治教育带来的负面影响，创造思想政治教育工作的新契机。

### （二）新媒体对大学生人生观和价值观的影响

在新媒体环境下存在着大量的不良信息，这些违背道德规范的文化垃圾对大学生人生观世界观产生消极影响，甚至引诱一些大学生走上了违法犯罪的道路。过度和不正确地使用新媒体容易对大学生身心健康产生影响。在新媒体环境下，网络、手机等载体存在大量违背道德和法律的垃圾信息，对于涉世不深，社会经历和阅历尚浅的大学生，极易腐朽他们的思想、扭曲他们的人生观和价值观，导致大学生的政治立场、价值取向、行为方式等方面产生偏颇。

### （三）新媒体对大学生生活的影响

网络自产生以来，发展非常迅速。网络具有全球性、开放性、共享性、参与性、全球性等特点，在传播形式上集文字、声音、图像于一体，正广泛而深刻地影响大学生的生活内容和生活方式。在给大学生的生活带来巨大便利的同时，减少了大学生参加集体活动的时间，从而疏远了现实群体，对大学生现实生活中建立良好人际关系造成了困难。90% 以上的大学生不仅使用手机与外界联系、获取信息，随着“5G”时代的到来，还在很大程度上满足了大学生娱乐、消遣的需要。同时，调查结果还显示了利用新媒体环境从网络上获取教育资源、提高学习成绩的大学生仅占 35.3%，而沉溺于网络游戏的大学生比例高达 4.9%。通过调查新媒体环境下大学生的使用情况可知，新媒体环境给大学生的学习和生活虽然带来了便利，但由于大学生的社会经历和阅历都尚浅，自我约束能力差，容易过度依赖于新媒体环境。大学生具有更充沛的自由支配时间，很多大学生沉迷于网络，甚至几天几夜在网吧度过，严重影响大学生的精神状态、睡眠质量和身体健康。

### （四）新媒体技术对当代大学生学习思维能力发展的影响

生活在新媒体环境下的大学生，会利用新媒体环境获取海量的信息资源，这些信息资源获取的方式既快捷又方便，但由于过度依赖于新媒体所提供的丰富的信息，大学生容易对学习产生惰性，不爱思考，经常在网络上抄袭他人的学习成果，呈现出随意性、局限性和不成熟性的不良特点，缺乏合理利用网络资源的规划，对大学生思维能力的发展产生影响。一些大学生使用电脑和网络查阅资料来达到辅助学习的目的，他们认为新媒体技术对学习方式、方法有着良好的影响，特别是对知识的积累有着明显的趋势，新媒体为大学生提供了丰富多彩的专业知识及专业以外的各种知识，有效地拓展了他们的知识面，对他们构建的合理知识结构起到了积极的作用。但同时，由于对新媒体的过度依赖又使得大学生降低了独立思考和研究的能力。

### （五）引发大学生心理危机及人格障碍

手机短信、博客、微博、网络论坛等新媒体具有较强的匿名性和虚拟性，为大学生的行为提供了极大的自由度，使其主体性、创造性得到发挥。由于大学生社会阅历和社会经验尚浅，心智没有完全成熟，缺乏辨别力，容易过分依赖虚拟空间，如网络聊天、网络游戏等。甚至还有一些大学生利用网络走上违法犯罪的道路，如利用新媒体发布假消息、散布谣言、制造病毒软件等。大学生的人格在现实和虚拟中频繁转换，降低了责任意识，诱发了严重的人格障碍。同时，还有一些大学生沉溺于在网络中取得的成就，逃避现实，疏远了与他人之间的距离，厌倦现实生活中的交际，精神长期处于紧张状态，性格越来越孤僻，进而诱发心理疾患和认知偏差。

## 二、大学生思想教育中新媒体利用存在的问题

### （一）思想政治教育模式建立不完善

随着新媒体技术的不断更新和进步，当前的新媒体思想政治教育存在着一定程度的简单化倾向，形式上的宣传大于实质上的作用。目前，各高校对思想政治教育网站建设做了一些探索，但从总体上看还存在不足，有些实际问题也难以解决。

从目前高校新媒体思想政治教育平台建设来看，思想政治教育网站还没有完全覆盖所有高校，很多学校还没有设置专门的思想政治教育网站。有一些建立了专门思想政治教育网站的学校，在网站的管理上过于简单，只把国家的重大事件和相关的时事政策复制到网上，都是新闻类的信息，在内容上过于单调，而且信息更新的速度也非常慢，无论内容上

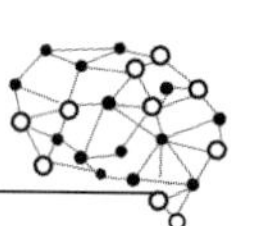

还是形式上，这些信息都很难引起大学生的注意，点击阅读的非常少。高校也很少关心究竟有没有人去关注、去点击思想政治教育网站，这些网站的建立是否起到加强大学生思想政治教育实效性的作用。因此，尽管许多高校都在呼吁要加强新媒体时代大学生的思想政治教育，但在实践过程中，这些网站的建立如同虚设，开展新媒体思想政治教育的平台建设滞后。

### （二）思想政治教育网站缺乏吸引力

在一些拥有几万大学生的高校，每天访问思想政治教育网站的次数仅有几百次，学生只有在为了完成作业搜集信息或者准备考试的时候才会阅读相关资料。据一项有关“红色网站影响力”问卷调查显示：经常浏览思想政治教育网站的大学生只有 15.3%，从未浏览过的大学生占到了 27.2%，不知道有此类网站的大学生占到了 19.5%。在对于思想政治教育网站的前景预测中，有 25% 的大学生认为思想政治教育网站仍得不到重视，仅有 16.5% 的大学生认为“如果做得好就能吸引学生”，其余的学生选择“不确定”。

过多的理论上的宣传教育存在于思想政治教育网站中，缺少休闲性、娱乐性和服务性的内容，使大学生对思想政治教育网站感到枯燥和乏味。高校如果只为建立思想政治教育网站，不从学生的兴趣点出发设置内容和形式，就很难吸引大学生的注意力发挥网络思想政治教育的作用，更谈不上提高网络思想政治教育的实效性和针对性。

### （三）思想政治教育在网上监管不力

新媒体环境所涉及的内容包罗万象，既能方便快捷地发布信息，同时也存在着许多弊端，一些违反道德规范和法律法规的不良信息充斥着新媒体环境。因此，引发了信息监管的困难。以电子公告板为例，作为新媒体环境下大学生思想政治教育的新兴载体，是国际互联网上最常见的信息服务点，由于匿名性、开发性和言论自由性等特征，该网站容易出现的问题有：讨论区的文章容易出现过激言论；在争论不同观点的过程中容易出现人身攻击的现象；一些不负责任的发布者在网上传播文章的内容不健康等。电子公告板出现的问题也反映出其他新媒体容易出现的问题。因此，应该建立责任制，加强职责监管，定期对网上信息进行调控。组织信息要平衡网络上的信息污染：适时整理网络上的热点和观点，制作和发布积极信息，过滤和反驳不良信息。

### （四）思想政治教育队伍建设滞后

在新媒体环境下，在高校中存在只重视引进专业的新媒体技术人员，而忽视了培训思想政治教育工作队伍的媒体知识和媒体技术。忽视教育队伍的新媒体素养，是造成思想政治教育队伍建设滞后的原因。

教育队伍缺乏主动将新媒体技术与思想政治教育相结合的观念。许多思想政治教育工作者缺乏时空观念、缺乏未来意识和创造意识。他们没有深刻体会新媒体给现代思想政治教育带来的便利，不能主动利用新媒体技术与大学生思想政治教育相融合，没做到与时俱进。

教育工作队伍缺乏利用新媒体手段处理思想政治教育信息的能力。一些教育者在处理错综复杂的思想政治教育信息时，不能很好地接纳和捕捉，也不能重组和整合原有的思想政治教育信息，缺乏及时传播和交流思想政治教育信息的能力。

教育工作队伍缺乏参与思想政治教育实践活动的积极态度。有一些相对传统的思想政治教育团队，他们还没有从心理上完全接受新媒体时代的到来，对新媒体技术的应用持有怀疑甚至排斥的态度。同时，他们还没能完全掌握最基础的新媒体技术，没能找到适合培养自己新媒体素质的有效途径。在思想政治教育过程中，大学生对缺乏思想政治教育知识的教育工作队伍持有怀疑的态度，影响了大学生思想政治教育的发展。

## 第三节 新媒体对大学生思想教育的影响

### 一、新媒体给大学生思想政治教育带来的积极影响

#### （一）新媒体丰富了大学生思想政治教育的内容

新媒体和旧媒体相比，新媒体的信息量更大、传播的速度更快、传播的范围也更广。对教育的主体来说，传统的教育内容主要从广播、电视、报纸、杂志得到，并且传统的教育一般都会受时间地点的局限。但是现今的思想政治教育，教育者只要会使用互联网、会使用手机、会玩微信和微博，就可以得到与教育内容相关的很多信息。新媒体产生的消息是不断更新的，因为很多的媒体网站，像百度、搜狐、乐视等每时每刻都在更新最新的消息，特别是重大的事情更可以即时跟踪报道。而各种全文数据库给教育者查阅资料带来了很大的方便，教育者可以通过互联网查找自己想了解的最新的知识和信息，网络上的信息既丰富又紧跟时代潮流，为自己的备课、教学提供了很大的便利。新媒体也为大学生的道德学习提供了更多的资源。网络和手机集多种媒体的功能于一身，它们不但可以呈现文字的表述更能传达出声音和图像，让大学生有一种亲临现场受教的感觉，新媒体的发展为大学生提供了更宽的发展空间，了解到更多的国内外大事件，为他们进一步深造和就业提供了更丰富的信息。新媒体充实了大学生思想政治教育的内容，使它的内容更多更全，也更能被大学生接受和认可，更能帮助大学生解决道德方面遇到的新问题。

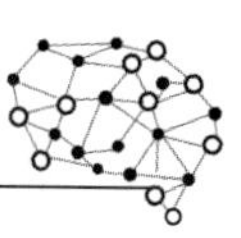

## （二）新媒体增加了大学生思想政治教育的教育手段

新媒体技术的不断发展，新媒体的快捷、开放、自由、互动性强的特点，吸引了越来越多的大学生和教师，新媒体的广泛使用，使大学生思想政治教育开始从传统的教育方式向新媒体时代的教育方式进行转变。传统的道德教育都是在固定的教室、固定的时间用固定的内容对大学生进行面对面单一的灌输教育。一般情况下，都是教师拿着书本在讲，学生一边听一边笔记老师的板书和重点，老师很少提问学生问题，学生更不会自己站起来提出问题，气氛比较紧张，效果不理想。随着新媒体的出现，打破了传统的道德教育方式，教育者的教育不再受时空的限制，通过网络、手机可以随时随地对大学生进行教育，因为新媒体可以创设虚拟的环境，隐蔽大学生的身份，这就避免了传统灌输式带来的单向接受和紧张气氛，使大学生可以尽情地倾诉自己的问题，给教师提问题，和教师进行自由的交谈和互动，可以使教师更多地了解大学生在新时代背景下遇到新的道德问题，更好地提高自己的工作能力，帮助更多的学生解决道德问题，使大学生健康成长，将来更好地为祖国贡献自己力量。

以往的大学生思想政治教育往往都是采取开会、学习等单调的教育方式，新媒体时代的大学生思想政治教育呈现出新的特点，像微博的互动，手机微信的传情、QQ 聊天空间的自由表达，都能让大学生对思想道德教育越来越感兴趣，调动他们的积极性和主动性。因为他们不用在固定的时间、固定的地点接受单向强制性的思想政治教育，他们开始有更多选择性的接受方式，他们可以选择自己最喜欢的方式与教育者进行聊天，在放松的心态下主动地参与到大学生思想政治的教育中来，大学生的主体意识得到提高，这就更利于大学生们理性获取适合自己的信息。再者，这种方式拉近了教育者和受教者之间的距离，为教育者和教育对象之间提供了更多的交流互动平台，使大学生思想政治教育的效果得到提高。

## （三）新媒体提高了大学生思想政治教育的效率

首先，新媒体作为传播的新手段，传播的速度更快，传播的内容丰富，可以提高教育者的备课效率。由于大学生对网络和手机的使用越来越多，很多有关大学生思想道德方面的工作都可以在网上直接完成，不受时间和空间的局限，而且更及时更高效更具有针对性。再者，教师可以通过新媒体这个渠道获得最新的教育素材，从而把课备得更全面、更有价值。

其次，新媒体下的大学生思想政治教育工作可以采取平等与互动的方式进行，这种方式更容易被学生接受，更能了解学生的真实道德心理问题。例如，在网络上，学生选择微博、博客、留言板、QQ 聊天室等交流平台。教育者在利用这些新媒体平台和学生交流的同时，把正确的世界观、人生观、价值观渗透在其中。

再次，新媒体提高了大学思想政治教育内容的传播速度。新媒体为思想政治教育工作提供了新方式，创建了各种具有使用价值的道德教育网页，如心理咨询网站、时事论坛等为大学生思想政治教育注入新的活力，深受大学生们的欢迎。由于新媒体信息具有复制性强、共享性强、即时传输等特点，可以为大学生创造一种活跃、轻松和愉快的受教育环境，使大学生获知的信息更及时更生动更具有价值。

最后，教育者可以利用新媒体把教育资源进行整理和综合，经过处理后发布到网上或手机上，实现了思想政治教育与传播媒介的互补和结合，从而提高了大学生对事物的判断分析能力，大大增强了思想政治教育的吸引力。

## 二、新媒体对大学生思想政治教育带来的挑战

### （一）新媒体给大学生思想政治教育主客体带来了挑战

对于实施过传统教育的教育主体来说，他们的思想、行为还不能随着新媒体的出现很快转变过来，教育主体中的一大部分教育者对新媒体技术认识还不够深刻。他们总是戴着有色眼镜看待新媒体技术，他们认为新媒体是一种危险度数高，知识泛滥，不好控制的一种资源。他们对新媒体不信任不接受甚至排斥的主要原因主要包括：①对大学生思想政治教育理论课的复杂性、特殊性的认识不够，而且对大学生思想政治理论课教师的职业定位不清楚，把大学生思想政治教育理论课等同于一般专业课，把大学生思想政治理论课简单化为课堂理论知识的宣讲，把提升大学生思想政治理论课实效性一般归结为“满堂彩”的课堂教学效果和优异的成绩单，思想陈旧，缺乏创新意识和献身精神。新的教学模式的实施，意味着传统教学工作方式的改变，部分教师不肯为适应新的教学模式付出更多的努力，不是无视新媒体时代大学生思想政治理论课面临的机遇和挑战，就是在应对挑战中走过场；②由于新媒体所传播的信息包含着多元化的政治思想观念，使得一些人思想保守、缺乏实践，这两种情况交汇的必然结果就是对思想教育主体思想的冲击。

大学生正处在人生观、价值观、世界观不断发展完善的重要阶段，这个阶段缺乏自我控制能力和对事物的判断能力，很难正确地辨别事物的正反性，自己的道德价值观不完善，容易受到周围环境的影响。手机和网络成为当代大学生获取知识和信息的重要途径，尤其是它被应用于道德教育时，作为道德教育的客体就变得非常复杂。进入大学后新一代的大学生，像笼子里刚放出的小鸟，自由而快活，他们远离了父母和教师的唠叨和教育，新媒体海量的信息对大学生来说具有很强的吸引力，并且由于大学生缺乏对事物的分辨力和自制力，又没有教师与家长的提醒和指点，大学生不能准确辨别眼前的这些各色的信息。新媒体的普遍应用，教师的知识和精力有限，不可能对大学生接受的信息都进行筛选，这就不可避免地对大学生道德教育产生前所未有的冲击。有些大学生对新媒体产生依赖，如大学生时时刻刻都不能离开手机和微信，有的大学生沉迷在网络游戏中不能自拔，影响了他们正常的生活和学习。新媒体的快捷方便，而且信息丰富多样，大学生可以快速地得到一些难解问题的详细答案。久而久之，学生们就不愿意自己动脑思考，因为他们认为网上有

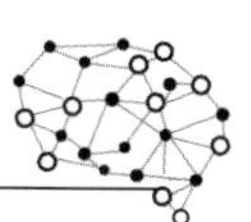

现成的正确的答案，网上的答案肯定是最权威的，这就造成了大学生对新媒体的依赖，造成了他们懒惰的心理，对教师布置的作业总是习惯于从网络上搜索答案，不利于大学生学习的进步和身心的健康成长。

### （二）新媒体冲击了大学生思想政治教育的模式

高校思想政治教育的内容是对大学生实施思想政治教育在思想、政治、道德、法律、心理诸素质方面的要求，是决定大学生素质的重要方面。它不仅体现思想政治教育的性质，而且是实现思想政治教育目标与任务的重要保证。在传统的高校思想政治教育环境中，思想政治教育具有很强的针对性，教学形式存在灌输知识，学生听，老师讲，老师在教学上是绝对的权威，学生和老师处于不平等的地位，学生一直处于单一被动的接受状态。教育主体的特性几乎毫无体现，传统的教育内容比较古板陈旧，跟不上时代的发展，满足不了学生的需要，于是新媒体技术就开始得到运用。新媒体时代，大学生接受信息的途径非常广，接受的内容复杂多样，他们不仅能够得到社会的主流思想，还能接收到社会的非主流思想，既能听到中国的声音，又能听到中国以外的声音。信息来源的多样性以及信息不断的更新换代，大学生们有些应接不暇，他们筛选信息的能力差，判断是非的能力又不强，从而加大了大学生思想政治教育的难度。新媒体是通过网络进行交流的，在虚拟的网络世界里，在交流的过程中双方都不能看到对方的表情和动作，这样可能会造成教育者因失去肢体语言透露出的信息而做出失误的判断，使一些简单的道德问题复杂化，如学生只需要老师一个眼神的认可、一次微笑的肯定就可以解除心中的郁结，但是新媒体技术在进取这方面是无法与传统的教育方式相比的。

### （三）新媒体增加了大学生思想政治教育的难度

新媒体信息是巨大的，内容是复杂多样的，新媒体不会像传统的教育一样根据不同的受众特点和基础传播不同的层次的信息，这容易造成信息的泛滥和不受控制。大学生接受的信息是复杂而综合的，这就给大学生思想政治教育带来了难度。加之大学生通过新媒体获得的信息非常复杂多样且又无法控制，加上大学生的世界观、价值观、道德观还处在发展的时期，对事物的判断能力差，因此这些不良的信息就开始对大学生的思想和行为产生坏的作用，影响了大学生的健康成长，从而削弱了大学生思想政治教育的效果。新媒体受众面的广泛性增加了网络管理的难度。随着手机新媒体的不断创新，5G时代的来临，越来越多的人开始使用手机，手机的功能也越来越全，很多网络的服务和功能利用手机都能轻松的完成，如网上购物、找工作、找对象。正如人们所说“只要手机在身，走遍天下都不怕。”由于大学生几乎人手一部手机，大学生手机上网的概率越来越高，大学生可以随时随地把自己得到的信息上传到网上，所以手机媒体对大学生的影响非常大。但是手机是一种崭新的媒体形式，对手机的监督和管理体系还不完善，再加上手机和互联网的互动都是隐蔽的甚至是虚拟的，很难找到信息的最初发布者，增大了对真实信息的辨别难度，给高校的网络监管增加了难度。新媒体时代大学生的认知方式和处理问题的方式与其他时代相比都有所不同，他们容易受到外界环境的干扰。但是，由于新媒体环境下的大学生思想政治教育的形式是虚拟的，教育者不能观察到教育对象表情变化，很难正确地判断大学生的道德问题。因此，就不能提出正确的解决办法，这样就给大学生思想政治教育造成了难度。

# 第四节 新媒体环境下大学生思想教育的路径

## 一、构建新媒体思想政治教育方法模式的原则要求

### （一）尊重规律，讲究科学性

进入新媒体时代，传统的以教育者根据自身的感觉或经验对受教育者进行“灌输式”的思想政治教育方法，难以被教育对象所接受，也难以满足社会发展的需求，似乎要退出历史舞台。新媒体环境下的思想政治教育方法体系是建立在对教育对象思想和行为变化发展规律的科学认识之上的，讲求教育与管理机制相结合的原则，自律与他律相结合的原则，疏导与堵截相结合的原则和主动引导与平等交流相结合的原则。构建新媒体思想政治教育方法体系讲究科学性的一个重要标志，就是尊重新媒体思想政治教育的基本规律，体现在以下几个基本原则上。

**1. 教育与管理机制相结合的原则**

管理与教育从来就是相辅相成的，在我们新媒体思想政治教育方法体系中也必须实现辩证统一。

**2. 自律与他律相结合的原则**

既重视他律，又重视自律，二者的统一是新媒体思想政治教育方法体系的基础工程和特征。

**3. 疏导与堵截相结合的原则**

坚持疏通思想并把人向正确的方向引导，新媒体思想政治教育与传统的思想政治工作相比更应如此。

**4. 主动引导与平等交流相结合的原则**

新媒体思想政治教育方法体系要遵循思想政治教育的目的性和规律性，就必须保证这二者的结合。

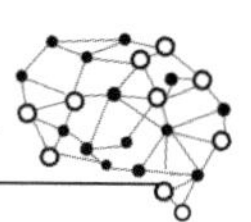

### （二）立足网络，凸显民主性

随着高校思想政治教育体系逐渐完善，大学生的自立、自强、自爱、自重等意识不断增强，平等竞争、独立思考等意识也在不断得到强化。因此，现代思想政治教育绝不能采取“强迫式”或“硬灌式”的方法，运用新媒体环境开展大学生思想政治教育更是如此。因此，在现代思想政治教育的实践中，我们必须使教育工作者和大学生处在平等的基础上进行交流，达到以情感人，以理服人的目的。如果离开民主性原则，教育工作者与大学生就难以相互信任，教育工作者很难深入了解、分析大学生的思想动态，进而帮助他们逐步接受正确的思想观点，消除错误的思想认识。可见，民主性的原则是新媒体思想政治教育方法逻辑的要求，也是推进其现代化进程的必然。

### （三）与时俱进，追求实效性

增强新媒体环境下大学生思想政治教育实践的出发点和理论的落脚点最终都要落在追求实效性原则上。新媒体环境下的思想政治教育方法体系缺乏有效机制，很难发挥其有效功能。传统媒体形式下的思想政治教育方法，大多只是形式主义，只注重在活动中做了多少次演讲，写了多少份报告，开了多少次会议，并以此为依据，对思想政治教育活动进行价值判断，而不是根据思想政治教育方法实践的效果来检验其成效。新媒体环境下思想政治教育的目的，是指在思想政治教育方法的实践中，教育者用最少的时间和精力，采取最佳的手段，取得最理想的思想政治教育成果。因此，在新媒体环境下加强大学生思想政治教育必须坚持与时俱进，追求实效性的原则。

## 二、提高大学生思想政治教育主客体的新媒体素养

### （一）提高新媒体传播者的综合素养

传播者是传播活动的发动者，也是传播内容的源头，在整个传播过程中发挥着主动作用。政治学家拉斯韦尔提出的传播学“5W”模式中，传播者既包括广大民众所熟知的单个个体，比如记者、主持人等，也包括电视台、出版社、网站等人们日常生活接触广泛的所有从事传播的组织和机构。当今，大众传媒已深入人们日常生活的方方面面，几乎涉及所有的领域，人们在接触信息时有时不可避免地受到一些负面信息的影响。

#### 1. 传播者要有坚定的政治立场

作为新闻传播者，始终要保证大众传媒的社会主义方向，树立高度的政治责任感。

#### 2. 传播者要积极提高自身的职业意识，健全自律机制

职业意识和自律意识是传播者赖以生存和发展的前提条件，拥有良好的职业意识和自律意识会得到公众的信任，对社会舆论氛围都会产生积极建设性的影响，传播者只有保持工作的公正性与客观性，才能营造出良好的社会舆论环境。

## （二）提高教育工作者的新媒体素养

21 世纪是知识经济的时代，随着科技的发展和新媒体的广泛应用，社会对高校的人才培养也提出了越来越高的要求。高校在传统人才培养模式的基础上，还应积极开展素质教育和创新教育，努力拓宽素质教育渠道，使所培养的人才能够适应新媒体背景下社会、经济发展的需要。越来越高的素质要求，需要创新高校人才培养模式，同时也给高校思想政治教育工作的开展带来了新的挑战。新媒体时代，高校思想政治教育工作者要不断提高自身的媒介素养，才能胜任新媒体环境下的大学生思想政治教育的工作。

### 1. 高校思想政治教育工作者要有较强的信息技术应用能力

新媒体的迅速发展使整个世界成为一个整体，新媒体正在逐渐改变我们的生存环境，成为人们日常生活不可缺少的重要组成部分。新媒体时代的高校教育工作者，必须要有基本的信息技术应用能力，如网络、微信、微博等。更好地与学生融为一体，用学生们喜欢的方式开展思想政治教育工作。

### 2. 大学生思想政治教育工作者要具有使用网络语言的能力

新媒体时代，信息的传播、人与人之间的沟通不再局限于面对面、集中在某个地方进行沟通，而更多地采用网络虚拟的方式来进行沟通交流，这种沟通和交流缺乏肢体语言的呈现，往往只有文字的表述。因此，教育者要想真正解决学生们的道德问题，就要融入学生的世界，教师就必须学会使用各种网络语言，比如网络流行语“任性”“给力”“duang”等各种新潮词语，以此避免被学生质疑教育者是否跟得上时代潮流，是否能真的给自己的道德问题提供帮助。

### 3. 大学生思想政治教育工作者要具备分辨信息好坏的能力素养

要善于对网络上丰富的信息进行分类和整理，要努力培养自己对信息的敏感性，能及时对信息的性质做出判断，以免影响自己的教育效果。

## （三）提高大学生的新媒体素养

作为大学生思想政治教育的主要客体，如果大学生们的媒体素养水平普遍较低，也会间接妨碍新媒体在思想政治教育过程中功能的发挥，甚至会限制他们信息认知能力和媒体利用能力的发挥。因此，要充分发挥新媒体在大学生思想政治教育中的功能和作用，加强大学生的媒体素养也非常重要。大学生新媒体素养的提高主要体现在以下几个方面。

### 1. 大学生需要提高媒介素养的自我教育意识

大学生要积极发挥自己的主观能动性，有意识地提高自身的媒介素养，掌握扎实的新闻媒体理论知识，大量阅读有关媒介方面的书籍和资料。同时，通过多种方式提高媒介使用的技能，形成自己的媒介观，积极参加媒介素养的实践活动，在媒介的实际运用中进一步了解媒介的本质。

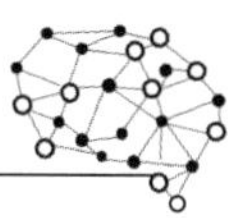

2. 提高大学生网络媒体素养水平

网络已经深深地影响着社会的每一个角落，作为网络使用规模中最大的群体，大学生日常接触时间最长、使用频率最高的就是新兴的网络媒体。高校教育工作者可以通过专题培训、座谈交流、素质拓展、社会实践等教育方式，向大学生普及网络技术与应用知识，引导他们精通掌握网络应用的能力，培养他们分析、鉴别信息的能力，激发他们自我学习、自我管理和自我服务的热情，逐渐提升他们在新媒体环境下的媒体素养水平。

## 三、打造大学生思想政治教育的新媒体平台

### （一）建立以微博新媒体为主的大学生思想政治教育载体

随着信息社会信息量的爆炸式增长，信息载体新媒体的传播形式也层出不穷。微博是一种微型博客，按照国际惯例，设定每篇微博内容一般不超过 140 个字，如果字数过多可以用附件或者截图的形式来实现。如今，许多大学都建有自己的校园官方微博平台或微博发布厅。大学是思想最活跃的地方，大学应肩负起新媒体传播引领者的角色，积极引导校园舆论氛围，而微博信息发布平台正是营造校园良好舆论氛围、开展大学生思想政治教育的一个重要载体。要想充分发挥微博在大学生思想政治教育上的载体功能，学校的管理部门一定要加强对微博使用情况的重视，了解微博在教师和学生当中的使用情况，更要弄清微博对大学生产生了哪方面的影响，努力把微博打造成当代高校进行思想政治教育的重要载体。要充分发挥微博服务师生、开展教育的功能，我认为高校教育管理工作者应着重做好以下几个方面的事情：①微博可以作为校园发布信息、交流互动的载体，学校通过发布新闻、公告通知、就业资讯等来提高学校的管理和服务的效能；②学校领导要高度重视对微博的建设，各个部门的思想政治教育工作者都要积极开通微博、使用微博，采取学生感兴趣的图片、视频、语言等形式及时更新维护微博，与学生互动交流，拉近彼此的距离，更好地为大学生思想政治教育服务；③积极推出意见领袖微博，如学校的知名教授、某方面达人的微博，通过微博使学生与知名教授进行沟通交流；④新媒体的开放性给人们表达自我、展示自我提供了平台，但新媒体上也充斥着很多不健康的、消极的言论和思想。因此，高校教育管理部门在利用微博开展大学生思想政治教育的同时，也要加强对微博的管理和监测，对微博内容进行筛选排查，剔除糟粕，及时发现并及时处理问题。

### （二）建立大学生思想政治教育的校园互动网站

网络已经成为最主要的新媒体，目前各个高校几乎都有自己的校园网络，是学校发布新闻资讯、发布公告、信息查询、娱乐互动的重要载体。网络使用的便捷性、信息资源的丰富性、信息传播的即时性给高校思想政治教育带来新的教育内容和增加了新的教育手段。建立好、管理好高校思想政治教育的校园网站，使校园网络成为高校进行大学生思想政治教育的重要载体，成为高校管理者的迫切任务。校园网络对开展大学生思想政治教育具有

诸多优势和便利，能更好地为师生服务，充分发挥思想政治教育的功能，应从以下几个方面来做好校园网络建设工作：首先，校园网站的建设要贴近学生、服务学生，符合新时期大学生们的思想行为特点，不可过于陈旧或脱离学生的现实需要，内容上要体现学生关心、关注的内容。比如，教务处可以利用校园网络发布考试时间、地点安排，学生转专业、休学、退学相关条件及程序，学生证丢失补办程序等学生切实关心关注的内容。图书馆可以借助校园网络发布数字资源下载、视频公开课、信息检索、新书通报、借阅规则、读者咨询等服务。就业指导部门可以发布最新的就业信息、就业宣讲会、就业协议如何签订、报到证等就业手续办理流程等内容。其次，高校教育工作者建设校园互动网站时，要格外注重网站的风格形式，尽量采取生动活泼、时代性强、学生喜闻乐见的形式，只有做到以上几点才能真正发挥网络资源平台对大学生思想政治教育的功能作用。

### （三）整合大学生思想政治教育工作资源

新媒体技术的不断进步和发展，高校思想政治教育者开展思想政治教育的内容、方式和手段也随之不断更新丰富。传统的大学思想政治教育方式主要有课堂教学、专题报告、座谈交流、实践活动等，而近年来互联网的快速发展和广泛应用，对传统的思想政治教育模式进行了深刻的扩展和延伸，新媒体与传统媒体可以相互结合、实现优势互补，共同促进高校思想政治教育的进行。传统的校园媒体有广播、报栏等，现今的高校思想政治教育者在进行思想政治教育时要注意把图案、声音、文字为主的媒体资源结合起来，使新媒体旧媒体有机地结合起来，发挥各自所长，增加信息资源的吸引力和提高学生积极主动的参与性，从而达到高校思想政治教育的目的。此外，高校思想政治教育者要学会将各种复杂的信息进行分类与整理，根据信息的特点和重要程度，选择不同的媒体形式进行发布，以达到理想的效果，例如可以利用校园广播播放大学生比较关注的时事新闻、体育赛事、校园重要事件等动态的新闻。校园报纸则以传递大学生的优秀文章和一些深度的时评为主，利用网络和手机发布一些紧急的事件，如发布开会时间，活动开展的时间，临时改换的时间和地点等，高校教育者要根据信息的实际情况，选择大学生接受面比较广的媒介平台来传达信息，从而提高教育的效果。

### （四）运用新媒体技术形成教育合力

新媒体的迅速发展对社会的各个方面都产生了深远的影响，而它对大学生思想政治教育的影响尤为明显。在信息社会和新媒体技术迅速发展的新时期，探讨如何运用新媒体来形成思想政治教育的合力则显得尤为重要。新媒体技术的运用在复杂的反馈回路中把机器和人结合了起来，并以比任何人曾梦想到的任何信息流大几个数量级的方式诠释、储存和传递信息。尽管这次转变像有文字记载的历史上的任何一次转变一样深刻，但是却要比以往任何一次转变都要快得多。高校的思想政治教育者在工作中，要不断提高自身的政治理论水平，努力提高自身的业务水平。高校思想政治教育仅仅依靠学校的教师显然是远远不

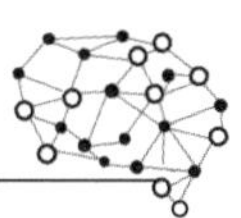

够的，效果也肯定不好，因此高校教育者要与学生家长和社会团体合作，形成教育合力，只有这样才能使道德教育达到更好的效果。高校思想政治教育者应从以下几方面做起：①在大学生思想政治教育过程中，要与家长、社会多沟通交流、协作，通过各方共同努力形成教育合力，促进思想政治教育的实效性，以此避免教育者抓得紧，家长放得松的情况；②高校思想政治教育者要通过校讯通、校园网、QQ 群、微信群等建立起与家长沟通交流的网络平台，这样家长就可以及时了解自己的孩子在学校里的情况，学生家长也可以把自己孩子的想法和做法通过网络反馈给老师，这样就可以使家长和学校形成教育合力，提高思想政治教育的效果。社会教育是指除学校教育与家庭教育之外的社会文化教育机构、团体、组织对社会成员特别是青少年所进行的有针对性的教育。如今社会上的拜金主义、享乐主义、法纪观念淡薄等现象对大学生产生了消极的影响。新媒体的不断发展，高校的思想政治教育也开始逐渐地实现网络化，高校思想政治教育工作者不仅要做好学校的教育工作，还要与社会上的教育文化机构和团体通力合作，与家长多沟通和交流，形成学校、家庭、社会相结合的思想政治教育合力，提高大学生思想政治教育的效果。

## 四、把握新媒体环境下大学生思想政治教育规律

### （一）教育要求与受教育者思想品德发展之间保持适度张力的规律

这一规律的基本内涵是指在思想政治教育活动中，教育要求与受教育者思想品德之间要保持一种动态的平衡关系。具体地说，是指教育者不仅要适应受教育学生思想品德的现状，更要有提升自身思想品德水平的能力，对提出的教育要求要高于目前大学生思想政治品德的基础，而且是大学生通过努力也难以达到的高度。教育要求与受教育者思想品德发展之间保持适度的张力，在任何时期任何条件下都是必要的，这是由思想政治教育培育人的根本性质所决定的。这一规律揭示了教育过程中教育要求和受教育者思想品德发展之间的本质联系以及它们之间矛盾运动的基本规律，是思想政治教育过程的重要规律。

### （二）教育与自我教育相统一的规律

思想政治教育过程中的两个基本要素是教育者和受教育者，思想政治教育过程的构成是两者相互影响、相互作用的结果。教育与自我教育相统一的规律就是揭示教育者和受教育者之间的联系及其互动趋势的一个规律。

在思想教育过程中，教育者居于主导地位，起着主导作用，具有主观能动性。受教育者是教育的对象，当接受教育者受到影响而进行自我教育的时候，也是教育的主体，具有自觉性、积极性和主动性。受教育者对教育的影响进行理解、选择和吸收，不断地进行自我教育。在思想教育过程中，根据对教育者的教育和受教育者的自我教育的认识，教育者发挥其主导作用，受教育者发挥自我教育的作用，从而增强新媒体环境下大学生思想政治教育的实效性。

### （三）协调与控制各种影响因素使之同向发挥作用的规律

在思想政治教育过程中，存在着两大方面因素的影响：①教育者所施加的自觉影响，包括直接的、间接的，教育者个体和群体如社会、高校、家庭等思想政治教育者所施加的影响；②社会环境因素的自发影响。各种环境因素对大学生的思想品德和思想政治教育过程都在自发地产生影响，对教育的影响是复杂的，既有积极的影响，也有消极的影响。

上述两大负面因素的影响作用紧密联系在一起，积极因素的影响和消极因素的影响也紧密掺合在一起，很难截然分开。这种情况表明，在思想政治教育过程中，教育者不仅要积极主动地施加教育影响，而且分析各种对大学生的思想品德和思想政治教育过程产生影响的因素，并尽最大努力对各种因素加以调控，使之向社会要求的方向发挥作用，从而形成良好的思想政治教育氛围。这是当代思想政治教育者的重要责任，也是思想政治教育过程顺利发展的内在要求。

在新媒体环境下，思想政治教育过程处在纷繁复杂的社会环境之中，不是一个封闭而孤立的过程。教育者与受教育者相互补充、相互强化。通过思想政治教育过程规律的讨论，促使大学生的思想政治教育朝着社会要求的方向发展。

# 第十一章
# “微时代”环境下的大学生思想教育

## 第一节 “微时代”概述

### 一、“微时代”的内涵与时代特征

#### （一）“微时代”的内涵

“微时代”是伴随着移动互联网所带来的改变而产生的，它改变着人们的生存环境、思维方式甚至是整个社会心态。是当下社会的一个“巨变”。而这种变化，也正在逐渐引发人们的注意，它对于社会的影响已逐渐成为当前社会关注的焦点。正因为如此，当前人们对于“微时代”没有一个确切的定义。不同的角度，“微时代”有着不同的内涵。

**1. 从“微时代”的产生基础来看**

微博成为“微时代”到来的基础。微博的兴起，改变了人们的交流方式、生活方式，使得简洁、快速的传播方式及生活理念快速传播。

2. 从“微时代”的传播角度来看

“微时代”是指以信息的数字化为传播基础，运用视频、文字、语言等方式，通过终端设备，从而进行以“高效”“实时”“互动”为主要特征的传播活动。

3. 从“微时代”的受众角度来看

“微时代”是微民产生微效益的快速时代。我们当下社会的每个人都可以称之为微民，但是微而不微小。从很多兴起于网络而引发广泛关注的社会事件来看，往往都是由广大微民而造成。

从“微时代”的内容来看，“微时代”主要由如微博、微信、微电影、微公益、微整容等在内的新形式而组成。

## （二）“微时代”的时代特征

1. 丰富的载体体现

伴随着“微时代”载体的不断发展，人们可以通过各种形式加入“微时代”，如通过新浪、网易等门户网站、微博、微信等客户端、移动手机客户端、平板客户端等多种方式参与。尤其是当下移动互联网的快速发展，人们可以随时随地，只要有网络和手机，就能即时登录网络载体，通过微博、微信等方式发布和接收各种消息。而这些信息，也能在第一时间在朋友圈的个人动态中心显示，从而即使有效地沟通互动。正是因为有了这些丰富的载体，使得人们能够通过方便快捷的渠道迅速沟通，因此受到学生们的热烈追捧也就不足为奇了。

2. 快捷的信息传播速度

手机媒体等移动互联网的发展，使得人们的信息传播更为便捷。尤其是智能手机的普及，为人们提供了一个新的网络平台。5G 网络、无线 wifi 的开通，极大地提高了手机网络的传输速度。及时性的信息传播已经成了“微时代”的最显著特征。互联网的社会，人们可以利用手机终端及时了解信息并进行实况转播，这不仅使人们能够在第一时间掌握了第一手资料，而且加快了信息的传播、更新和扩散的速度，极大地提高了聚焦事件的社会关注度。

3. 碎片化的表现形式

从“微时代”下应用载体的主要特征可以看出，碎片化已经是其主要特征。微博以 140 字短小精悍为主要特征；微信通过一句语音对话的传播，一张图片的发送，代替了人们传统的沟通方式。从微博的发展历程来看，它经历了一个从加法到减法的过程，碎片化促使长篇大论的时代褪去，感兴趣的人可以深入阅读，大多数人从 140 字内就可以解读到主要信息。互联网的传播模式既满足了传播者能够随时随地表达欲求，也满足了受众可以抓住空闲时间迅速方便地接收信息的需求，这使得传播环境的时空也进一步碎片化。

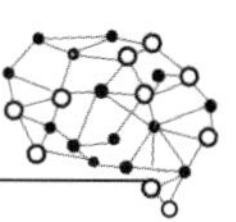

#### 4. 开放性的信息传播

“微时代”下的参与主体广泛，任何一个人、单位或者组织都可以成为“微时代”中的一员，他们都可以通过相关媒介，在网上发布信息。同时，“微时代”背景下的交流与传播具有交互性，每一个社会事件的发生，每一条信息的传播与转发，参与群体不仅是关注者，也是参与者，能够及时地传播形成海量的信息。所以“微时代”下的这些海量信息也是良莠不齐的，既有积极向上的信息，也有消极负面的信息，这种“微时代”开放的信息传播，也为思想整治教育工作者提出了更高的要求。

#### 5. 信息辐射更广泛

传统的传播平台在信息的传播方式和辐射范围上，往往是点对点的形式，即信息往往是面对单个的接受者或者是特定的接受者，信息的传播是由上而下的直线型传播。在“微时代”背景下，信息传播交互的每一个节点上都可能是一个传送或接收的中心，传播活动早已不再是自上而下的单向式传播，而是呈现信息传播的网状结构、双向结构。微博等新兴媒体打破了“六度理论”使社会交互更加扁平化。微博、微信等通过发布、关注、转发等功能，可以实现超强的传播速度，形成核裂变效应，传播力超过以往所有网络传播方式，传播效应远超过以往的传播平台。

#### 6. 信息丰富且开放

随着“微时代”的发展，微博、微信等新兴媒体功能逐渐完善，其传播的内容已不仅仅局限于文字信息，其中还包括图片、声音、视频等多种元素。因此，“微时代”信息所包含的内容更加丰富多元、更加形象生动。与即时通信工具、网络社区相比，微博以陌生人的单向跟随作为典型特征，摒弃了即时通信工具和网络社区的双向互动的紧密人际关系，具有更大的开放性。通过微博、微信等平台和桥梁的搭建，“微时代”中人际关系更加开放，素不相识的人也可以因为相同的语言和爱好进行交流，信息的私密属性逐渐淡化。

### （三）“微时代”的表现形式

#### 1. 微博

微博即微型博客的简称，即一句话博客，一种通过关注即时分享简短实时信息的广播式社交网络平台。它从 twitter 转变而来，短短几年时间内，红遍大江南北，引发了一场微博热潮。微博是互联网技术发展的产物，满足了网络用户的发展需求，年轻活跃的大学生群体成为微博的重要用户群，这也对思想整治教育提出了新的要求。

#### 2. 微信

微信是腾讯公司推出的一个为智能终端提供即时通信服务的免费应用程序，微信支持跨通信运营商、跨操作系统平台通过网络快速发送免费（需消耗少量网络流量）语音短信、视频、图片和文字。同时，也可以通过共享流媒体内容的资料和基于位置的社交插件“摇一摇”“漂流瓶”“朋友圈”“公众平台”“语音记事本”等服务插件。微信好友通过手机通讯录、QQ 好友和用于添加陌生人的“漂流瓶”“附近的人”“摇一摇”功能，建立一个供大家交流的平台。与微博不同的是，微信的朋友圈相对封闭，利用“朋友圈”功能，在熟人社交圈内，分享自己的心情，评论交流，非微信好友不能查看。根据企鹅智酷发布的首份《解密微信：微信平台首份数据研究报告》显示：微信当前已经覆盖 90% 以上的智能手机。

3. 微电影

微电影是指专门运用在各种新媒体平台上播放的、适合在移动状态和短时休闲状态下观看的、具有完整策划和系统制作体系支持的具有完整故事情节的“微（超短）时”（8 至 15 分钟）放映、“微（超短）周期制作（1 至 7 天或数周）”和“微（超小）规模投资（几千至几万元 / 每部）”的视频（“类”电影）短片，内容融合了幽默搞怪、时尚潮流、公益教育、商业定制等主题，可以单独成篇，也可系列成剧。微电影适合在移动状态下观看，虽然是播放时间段，但是“麻雀虽小，五脏俱全”，有着完整的策划和系统的制作体系，完整的故事情节，内容载体也不输于传统电影，主体丰富，既有公益的，也有时尚潮流，商业的。随着“微时代”的到来，微电影带来了超乎想象的传播能力，如新浪的《四夜奇谭》就创造了 2.1 亿次点击率的神话。

4. 微公益

所谓的微公益，就是从微不足道的公益事情着手、强调积少成多。虽然你没有亿万的身价，也没有强大的社会影响力，但是这并不妨碍你从事公益事业，微公益给你提供了很好的平台，将人们的微不足道的爱心汇集起来就形成了一股强大的社会力量。微公益具有很强的利他性，能够汇聚广大微友的小小力量；微公益的主体也一改传统，以广大微友代替了国家、大企业家。微公益充分利用互联网自下而上的大众性、草根性和迅速传播性，实现平民化和常态化的公益，使得“微公益”更像是一种生活方式，这不仅推动了平民公益事业的发展，更将是一种人人公益的理念。

## 第二节 “微时代”环境下大学生思想教育面临的机遇和挑战

### 一、“微时代”背景下大学生思想政治教育面临的机遇

#### （一）范围更为广泛

传统的思想政治教育局限于课堂教学。“微时代”，微博、微信等新兴媒体的发展能

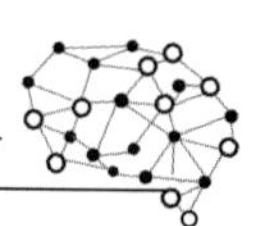

够进一步扩宽高校思想政治教育范围。在以微博这一典型新兴媒体为例的《大学生微博使用状况》问卷调查中得到的数据显示：被调查的400名在校大学生中，有70%的申请了微博账号。借助微博等新兴媒体展开高校思想政治教育的范围是十分广阔的，再加上微博等新兴媒体强大的转发功能，使得思想政治教育信息能够更加广泛地传播。

### （二）内容更为丰富

微博是重要的舆论阵地，可以为高校思想政治教育提供新信息。“微时代”微博、微信等新兴媒体已经具有了各类报纸、杂志、电视台、政府新闻网、媒体网站的官方账号平台。这些平台使得各类社会媒体信息能够交融汇聚在一起，使得微民能够更加便捷地获取各种类别的信息。不管是思想政治教育工作者还是大学生，在打开自己微博、微信或人人网主页时，就能详细地了解时事新闻、关注社会热点问题、知晓世界变化动态等，极大丰富了思想政治教育的内容。

### （三）载体更为多元

传统的思想政治教育载体有书本、课堂，通过教育者面对面教学传播高校思想政治教育内容，摆事实，讲道理；报纸杂志，刊登关于高校思想政治教育内容；电视广播，传播主流文化，对舆情进行正向引导；校园网站，发布关于高校的实时信息，开展网络思想政治教育工作。“微时代”，微博、微信、人人网、QQ空间等新兴媒体的产生则为高校思想政治教育提供了更有效的载体。在丰富高校思想政治教育载体的同时也克服了传统载体的不足，多元化的载体更好地增强了高校思想政治教育效果。

### （四）平台更为新颖

传统高校思想政治教育平台主要有课堂、校园网站等。这些平台结构单一、形式呆板，思想政治教育效果也并不显著。“微时代”，微博、微信、人人网等新兴媒体平台的发展为高校思想政治教育带来了新的契机，思想政治教育单向的语言灌输与传统的行为身教方法被打破。利用网络将主流价值观与高校思想政治教育内容互相融入渗透，产生积极的效果，从而得到更为新颖的高校思想政治教育平台。从实际出发，高校宣传部门可以通过开办官方微博、微信账号、建立微信群、设立人人网公共主页等方式宣传学校的发展方向、学科建设及发生的各类重大事件等。借助这些平台加强与大学生之间的互动，在营造健康和谐校园氛围的同时开展思想政治教育工作。据调查所知，当前许多高校院系均已开设官方微博、微信账号等，并与大学生形成了良好的互动。

## 二、“微时代”背景下大学生思想政治教育面临的挑战

### （一）多元化的信息内容，对舆论环境形成挑战

#### 1. 微博自身内容的多元化

通过微博，每个用户可以将自己的兴趣、情绪、意识、概念进行释放，或通过视频图像或文本形式，对自己的关注转帖和发简短的新闻进行发布。低技术门槛的微博发布使其拥有广泛的受众群体。庞大的微博容易导致信息“淹没”，加上监管机构还未出台微博管理的有效手段，面对危机迅速传播的各种信息显得束手无策。毋庸置疑，微博内容多样化，导致信息产量过剩，是对高校网络舆论环境的挑战之一。高校网络舆论不仅是思想政治教育工作的重要载体，也是高校思想政治教育外在形式的重要组成部分。积极、健康的网络舆论不仅为把握大学生思想动态和社会心理教育提供了帮助，还将有助于保护对公共事务有知情权的大学生，以建立具有荣誉和骄傲意识的“我为校荣”的集体观念。然而，有些扭曲，甚至恶意的微博信息传播和扩散，有可能造成大学生道德价值观危机、信心危机，集体荣誉感下降。如何处理消极信息的蔓延，减少消极信息对大学生的危害，如何引导网络舆论朝着积极、有益于大学生成长的方向发展是当前思想政治教育的新课题。

#### 2. 微博对舆论环境的挑战

微博信息简单，几个单词或图片就可以形成一条信息；操作方式简便，与互联网接入的手机可以完全取代 PC 机，实现了彻底的手持操作；操作具有便捷性，大学生只要利用自己的零碎时间便可充分交流，因此微博在大学课堂上几乎是监管盲点。由于当前大学生自控能力普遍缺乏，判别意识薄弱和尊重平等自由愿望强烈等，相比较枯燥的教室学习环境，与“填鸭式”的传统思想政治教育方式对

比从微博获取最新最酷的信息，显然微博更具吸引力。但基于微博的实名隐藏功能，如果没有正确的引导和有效的监管，随着时间的推移，这种自由的交流方式可能引起正常教学秩序的破坏，反而影响大学教学的活力，使思想政治教育面临着新的挑战。

### （二）开放性的信息形式，对网络文化环境形成挑战

#### 1. 开放式的信息形式对高校学生的影响

微博是一个开放的交流平台，用户通过 Web、WAP 网络、短信、彩信、手机客户端以及 MSN 绑定即可实时更新微博，实现信息顺利对接与信息的大量上载。这种开放性体现在两个方面：一方面，微博的传播技术平台跨越时间和空间障碍；另一方面，微博形成信息共享不受年龄、职业、教育背景和阶级制度的影响。微博平台将日益突出，社会群体和产生的社会团体参与其中的“大”与开放参与个人微博之中的“小”形成了对比，显然大学生选择“小”微博平台，而且微博的开放性特点也创造了微博文化类型的形态并深刻影响着大学生思维方式、情感、价值观、道德标准和行为方式。目前的“微博”文化，既

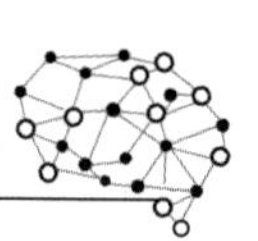

丰富又融入了主流文化的积极、健康、公共文化服务，同时又吸纳游离于主流文化之外的琐碎的、适度的其他文化类型。微博网络的兴起所带来的文化观念与网络普及的集合，相互依存和由此产生的网络文化的变迁，微博网络文化生态正在形成一个独特的“微时代”。这种文化生态无论在内容上还是形式上，都不同于过去所有的文化风格，对传统文化与思想政治教育是一个非常重大的影响，与网络文化社会主义精神文明建设紧密联系在一起，因此，营造良好的网络文化生态环境是当前思想政治教育的一个关键所在。

**2. 微博的真实性和宽泛性给高校思想政治教育带来的负面影响**

在社会网络微博建设，每个人都可以发布大量的信息，这可能会削弱守门人的角色，可以很容易地导致信息污染和不良信息的泛滥。特别是落后腐朽思想文化和反社会主义、反马克思主义的负面效益和拜金享乐主义、甚至是黄色的图片和暴力的视频也很容易乘虚而入，充斥其中，毒害学生并腐蚀他们的灵魂，由于学生自身经验不足和辨识能力较弱，极容易丧失自身的理想和信仰，给他们带来了极坏的影响。当代大学生所处的特殊年龄层次，决定他们具有热衷于发表各种言论，以新颖的发散能力筛选信息的真实性的强烈愿望，一旦缺乏指导，很容易被别有用心的人利用，不知不觉中成为群体性事件生长和传播的主体，对高校思想政治教育产生较大的负面影响。微博在各大主流网站的应用程序使每个人都可以申请自己的微博账号、建立人际关系网络。不可避免地使一些学生沉迷于网络交流平台而忽视现实世界中的人际沟通。使教师和学生在孤立的沟通空间中混淆了真实的个性和虚拟人格，从而产生现实交际能力不足和人格异化，影响正常的社会交往。如果缺乏思想政治教育的有效形式，不断更新思想政治教育的内容，他们很容易通过微博虚拟的媒体平台对外部世界的认识，从而建立起真正的人类关系链条。

### （三）互动的信息交流，给思想引导带来了难度

**1. 互动信息交流的引导作用**

微博中快速交流的感觉来其本身的互动性，这种互动性不仅反映在微博新闻和免费的主题以及角色转换和低技术门槛，也反映在微博动态信息交互机制和创新的对话模式。与其他网络媒介相比，微博自身互动的优势，仅几年时间微博创造了一个神话，现在我们随处可以看到微博的身影。微博为大学生发挥的是新鲜、时尚、个性化元素的作用。微博在大学生思想政治教育中不仅是沟通的工具，它深刻地影响着当代大学生，同时也在塑造和构建大学生的意识形态。由于微博信息的碎片性使得微博在扩大和意识形态效应上是复杂的、高度分散的。但是，在微博中，由于主题的可变性，扩散和不可知性特点，特别是结合“意见领袖”在微博互动功能弱化的趋势，这将导致网络言论空间的发展不受约束，比如“微博 V 名人”和“微博达人”等明星发出的微博，由于微博有评论和转发等功能，部分人利用该微博信息放大或歪曲信息，在舆论引导方面存在了极大的难度。

2. 微博信息的滥用，对高校思想政治教育和管理工作带来阻碍

在微博的使用过程中，由于其零门槛和过于随意化和私人化的表现特征，极大地扩大了信息传播者的数量，生产出大量的信息，这也无形中削弱了把关人的地位。这些没有经过筛选的信息真假难辨，大量堆积在网络中，很容易造成信息的污染和泛滥。大学生涉世未深，甄别信息真伪能力弱，随着他们年龄特点和特殊的年龄阶段，很容易使各种不良信息进入校园，并且深入校园教育工作中，毒害和腐蚀大学生的思想和心灵，动摇他们的理想和信仰，削弱他们的道德和责任意识，在不知不觉中大学生成为消极信息的繁殖者和传播者，他们盲目和随意转发一些低级趣味、个人欲望和盲目追求的信息，给高校教育环境带来极大的破坏，这给顺利开展思想政治教育和管理造成一些负面的影响，高校必须高度重视。

3. 增加思政引导的难度

我们知道，一个微博的发布词语最长不超过 140 个字符，这直接限制了单条微博的内容。实践调查发现，大学生喜欢微博的主要原因是其立即表达自己的感受和良好的表达能力，使他们的视野迅速开阔。在快速的信息传播时代，大学生的思想尚未成熟，对客观事物不能构成一个正确、全面的认识。微博成为越来越多的大学生生活的重要内容，由于其方便性，许多人已经在很大程度上对其产生了依赖心理，成为微博控。太沉迷于微博的世界，严重削弱了大学生学习的积极性与现实交际。

## （四）微博对传统思想政治教育方式的挑战

1. 微博挑战传统思想政治教育思想方式

“微博”具有及时性和便捷性特点，给使用者带来了快速性、及时更新和淹没遗忘等特点。传统的大学生思想政治教育是选定特定内容，在相对集中的时间和固定地点，排除干扰，进行集中、持续、高强度的信息灌输，以转变受教育者思想及行为的教育方式和过程。思想政治理论课、理论学习会议、宣传报告会等是这个过程中常用的载体。在这样的过程中教育者和受教育者之间的双向互动成分较少，教育者处于信息优势和控制地位。但是微博的出现，让“快速信息交互”这种生活方式在大学生中深入人心，大学生变得越来越讲究效率和相互沟通，对传统的校园生活方式和教育方式也越来越缺乏耐心。冗长的会议和报告无法吸引他们的眼球；读书会、写作比赛等偏向系统思考性的学生活动也逐渐丧失其吸引力，无法激发“微生活”下大学生们的兴趣。再加上部分教育者对这些方式的形式主义的运用，使得传统思政教育方式在大学生思想政治教育过程中的效果大打折扣。如今的大学生最主要的一个共性就是缺乏耐心，对传统文化和生活观念不是十分感兴趣，崇尚新科技、新工具。面对这些具有这种性格特点的大学生，开展思政工作将会面临更多的困难和阻力，学术会议、人文讲座等，甚至连辅导与其开展的一对一谈心活动也表现得十分不耐烦。可以说：“过于形式化和内容空洞的政治教育活动，将会受到大学生越来越严重的排斥和抵制。在新的传媒时代，学校和教师的权威正在被逐步化解和消亡，师道尊严

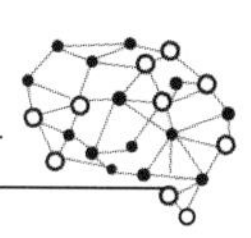

日趋没落。”

**2. 微博的虚拟性和隐蔽性给大学生的健康成长造成负面影响**

作为一种原生态的网络形式，微博相对于博客等先辈来说，在发布的渠道上更为多样化，操作上也更为方便，除了传统的网站更新方式外，手机工具的加入给大学生带来全新的体验，他们可以利用零碎时间，编辑简短的内容或一张图片即可。这一方面对交流提供了便利，但同时也为高校课堂无形中增添了监管盲区。现阶段，大学生的自控能力弱，经常在课堂上收发短信、登录微博获取新鲜资讯的学生呈明显上升趋势，形成了“隐性逃课族”，部分学生沉迷其中，影响了学习成绩。

此外，由于微博信息的传递是通过编辑简单的文字或符号来完成的，大学生从中并不能感受到真正的在现实生活中那种带有肢体语言的情感表达，这种长期虚拟而缺乏面对面的交流，忽略了与身边人的心灵沟通，极易造成真实人格和虚拟人格的混淆，降低在现实交往中的能力。微博的这种虚拟性和隐蔽性，对大学生的健康成长和思想政治教育工作造成了诸多的负面影响。我们不能否认微博系统里信息传播交流态势的积极一面，例如核裂变式的信息快速扩散、信息的自由表达和平等交流，便捷的海量信息获取等。但是，在微博平台各类文化和思想并存且互相竞争的情况下，微博中的非主流现象的不良影响不容忽视。“口水战”“病毒式营销”“围观”等微博非主流现象对大学生的影响，容易导致大学生价值取向发生偏差。微博用户可以随时随地将自己的状态、情绪、感悟和意见等发布到微博上，基于微博用户关系圈，关注该微博的粉丝可以对其进行评论和转发，在极短的时间内就有可能产生潮水般的信息蔓延。基于这种信息传播模式，“口水战”“病毒式营销”“围观”等微博非主流现象大有愈演愈烈的趋势。微博“口水战”的最初一般是事件双方当事人（往往是名人）在微博上的简单观点陈述，但是随着其观点被各自的赞同者或者否定者的不断转发和评论，最终演变成了整个微博用户群的观点对立。“口水战”的双方各执一词，互不相让，丝毫不见有“理性思考”的氛围，最终只好以“我不屑和某某辩论”的论调而草草收场。“口水战”的高潮期，微博用户满嘴都充斥着口水战的信息，让微博用户莫衷一是，这非常不利于大学生理性思维方式的培养和正确价值取向判断的形成。微博“病毒式营销”，则是商家为了追求产品信息曝光率而向微博用户发起的产品信息转发请求。一般而言，“转发某产品信息至多少好友，则有机会获取一定的奖励”。与此同时，也有很多不实信息的发布来赚取大家的关注和转发，部分大学生微博用户选择了自己在使用微博过程中参与过“营销活动，期望赚取奖励。”

“病毒式营销”不仅仅是造成了微博系统中的信息冗余和信息污染，更助长了大学生“投机”心理的形成。所谓“围观”现象，就是微博用户将其亲身所见所历的一些比较特殊的、触动其内心的或者侵害其物质利益的事件发送到微博上，通过微博用户的转发和评论，期望能引起多数人的共鸣，产生舆论支持效果，进而希望能够获得外界实质性的帮助和支持。但是，有些人以“看客”心态参与“网络围观”，仅仅为了满足自己的好奇心，而很少去把发起者希望得到的实际帮助付诸实际行动。这种"流民化"现象使得很多大学生在"网络围观"的信息潮中失去了自我主见，也使心理未成熟的大学生变得道德冷漠。

3. 微博削弱大学生理性思考的能力

微博环境下，各种思想交汇、碰撞、融合，大学生可以接触到各种各样的价值观念、生活方式和社会思潮，其中不乏一些西方的腐朽观念。大学生尚未形成稳定的价值观，缺乏理性判断的能力，很容易被动地接收信息。这些纷繁复杂的价值理念，对大学生价值标准的选择形成强大冲击，尤其是一些原来被普遍否认的价值观念被冠以"新""潮"等名而登台亮相，极易导致大学生价值取向的紊乱。在微博环境下，大学生通过微博的超链接功能，接触到的信息可以无以复加地增长。加之微博上传信息被去中心化，容易造成网络中虚假信息泛滥，很多博主不加查实考证，随意书写所见所闻，甚至通过歪曲事实乃至杜撰"新闻"来博取高点击率，这样不负责任的微博发布状况增添了大学生辨别真伪的难度。信息的超速增长使大学生根本来不及做出理性的筛选和思考，信息已超过他们处理能力承受的极限，批判和筛选的能力也必将日渐消退。微博环境下，虚拟空间扩大了大学生交往的天地，同时也对其现实人际交往心理造成了消极的影响。网络人际传播缺乏现实人际交往中无法忽视的非言语线索，消除了诸如面部表情、肢体语言以及环境作用等诸多面对面交流中的必要因素。遥远的陌生人，因为空间概念的改变而变得熟悉，身边的人却因不屑或无暇顾及而变得陌生。虚拟交往使学生自我封闭，与现实社会中的他人交往和沟通能力减弱，现实人际传播能力大大下降。

## 第三节 "微时代"环境下大学生思想教育存在的问题及成因

### 一、"微时代"下高校思想政治教育存在的问题

#### （一）"微时代"下高校思想政治教育信息来源的隐蔽性

"微时代"的兴起是由于社会经济的发展带来的科学技术的崛起，对大学思想政治教育事业发展而言，其隐蔽信息面对的挑战更多。作为继报纸、电视、广播之后兴起的第四大现代媒体的"微时代"，其特点是更为便利、互动性更强、极具虚拟意识。对于互联网平台而言，通过QQ、博客等网站传播信息，本身就具有开放性与包容性，信息的编辑与发送都可以通过发布者或制作者隐匿姓名或不公开的形式进行发布，由于传播信息具有及时性，作为传播信息的客体可以通过转发信息而变成信息传播的主体者，通过不断的转发

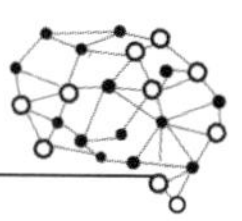

使得信息来源更不清晰，甚至造成很多给社会带来危害的信息来源都无从入手考证其来源。

### （二）“微时代”下高校思想政治教育信息价值的多元

作为大学生，在当前经济全球化的大环境下可以对任意网站进行浏览，随时便捷地对信息进行获取。在各式各样的信息中，既有强调形态意识的反对观念，也有与主流思想相一致的进步观念，结合互联网能利于西方敌对分子通过互联网媒体实现对大学生的思想西化控制，任意的蔓延资本主义思想、利己主义、拜金主义与个人享乐主义等不良思想，对大学生道德素质、价值观人生观与政治立场都将带来一定的冲击，不利于中国大学生高等教育事业的发展与进步。

随着互联网技术的兴起，原有的教育方式已难以满足日新月异的现代教育思想的发展，不能再采用一刀切、单向的自上而下的教育模式。多媒体教育采用的是语音一体、图文并茂的方式来讲解，而不再是简单的说教方式。现代教育方式更多样化、交流与互动更多，社会正在形成一种创新性的大学生政治思想教育模式。文化思想的载体是多媒体技术，这有助于提供一个新的大学生政治思想教育平台给大学生们，有助于高校学生宣传马克思政治教育思想、爱国主义思潮、社会发展意识与集体主义发展观念。随着引导与发展先进的思想文化民主观念，将在重点领域实现大学生人生观、思想观、政治观念的重新塑造。

### （三）高校对“微时代”重视认识程度不够

“微时代”作为一种新媒体崛地而起，从零开始逐步走进人类的生活，在人类意识中形成一种难以割舍的观念。作为高校，如何对“微时代”进行利用来开展大学生政治思想教育课程是急需面对的。由于受到传统观念的限制，高校还难以十分重视“微时代”带来的教学方式的突破问题，“微时代”的到来未能引起高校的及时关注，信息处理方式仍旧处于空白状态，基本没有高校领导开通实名微博，在微博上与学生进行教学互动，高校领导依旧难以接受新方式，大多一味地沉溺于传统方式，不积极主动的了解“微时代”的功能特点，对新技术难以接受，担心引起误会、引发笑话，从内心就不接受新媒体。对于高校领导来说，都一致认为办讲座、课堂授课才是大学生政治思想教育的主流方式，主要管理人员就是各系的领导、辅导员或是政治教育的老师、高校的管理部门等。而恐慌的存在正是由于高校领导本身缺乏正确的道德教育观念、教育观念与社会发展明显不符，学校的教育能力较差。因此，在“微时代”到来的背景下，高校难以与时俱进不断的改进政治教育的观念与方式。在这样落伍的思潮中，“微时代”给大学生政治思想教育带来的作用与突破是很难引起关注的。在进步的时代背景下，应该主动对大学生政治思想教育工作进行创新，而不能对这个阵地进行随意的放弃，构建一个充分科学合理的“微时代”平台是离不开对教育事业的重视与实践的。高校领导在科学技术的推动下，必须与发展相适应，将观念转化，利用“微时代”的到来积极开展政治思想教育活动，将原有落伍的教育模式进行改变，严格地实践大学生政治思想教育工作。作为教育管理部门，应根据学生的身心发展实际，以健康教育为己任，将原有落伍的教学考核制度进行创新，重点将高校教育工作落实为教学服务，通过考核量化实现高校教学与人的实践目标。

### （四）高校尚未形成“微时代”思想政治教育工作合力

“微时代”在高校工作的应用主要局限在学院宣传教育部、学校教工委、学生工作处等部门，很少有学院通过“微时代”来实现大学生政治教育活动的开展，而大学教师或辅导员注册“微时代”平台来进行交流也为数不多，属于个体行为。虽然在一定程度上能有助于政治思想教育，但主体作用还是诉求问题，兴趣交流。而高校中的校友会、后勤保卫部与科研中心等后勤管理部门却很少参与其中，更不会运用“微时代”来实现政治教育活动。大学教学活动中，政治教育仅仅是一个组成部分，很难做到高校各个部门都积极加入形成通力合作，这些工作承担着主要就是辅导员或政治老师，当需要各部门配合时，往往会相互推脱，这些本不该由他们负责的工作，各部门更加有借口推辞。这体现了官本位主义思潮，在利弊权衡的基础上出现的困境，很大程度上是由于目前未能建立大学生现代化的教育制度与思想挂念，学校的主体在很大程度上被忽略，高校未能树立正确的教育观念与育人意识。对于高校管理部门来说，很多工作具有量化指标，唯独政治教育工作成绩难以衡量，看不见听不到，付出与回报不成正比，而建立“微时代”平台来实现教育发展也未列入考核范围，可见被动不积极参与的各部门也是值得原谅的。如果在大学生政治教育工作中，各职能部门无法形成通力合作，各自为政，那么高校的“微时代”平台也仅仅是作秀的工具，无法起到真实的作用，无法通过互动教学起到教学育人的根本性作用。

## 二、“微时代”环境下大学生思想教育存在的问题成因分析

### （一）“微时代”信息传播来源的多样化

大学生政治思想教育工作开展，一方面是以马克思主义思想为基础，以中国特色社会主义理论架构对大学生进行教育引导，号召在新时代背景下大学生积极地学习，继而将马克思主义思想观念、人类社会发展客观规律与社会发展观念重点把握，坚定实践中国特色社会主义观念，实践中国特色社会主义思潮；另一方面，如今互联网技术带来空间开放与交流便捷，使得传播信息更为直观，不同的信息和文化片段以一种非常迅速的速度对人们的意识形成冲击，并在整体呈现出网络环境的多元化构建。可见，网络文化的复杂化发展有助于思想教育内容的深化，形成更多样化的教学知识。

随着“微时代”的到来，传播信息的方式更多样化，而在互联网世界中网民地位更平等，交流话语权更扩大，无论是谁，都可以通过 QQ、微信、微博等网络平台实现自己对事物的理解。这将有助于信息内容的传播与扩大化。传播政治思想教育信息必须是在多样化与科学化的平台上进行，这对教育从业者来说要求更严格，只能对符合社会形态意识的信息进行传播，政治思想教育必须通过各种各样积极的信息来实现，才能使得政治思想教

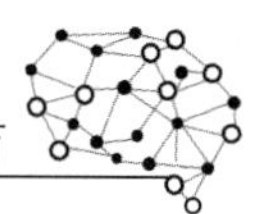

育信息更加有感染力，继而实现政治思想教育的实际意义。“微时代”发展在实际教育工作中具有传播无障碍性、传播信息多样化与不完整化等特点，大量不良信息的产生不利于政治思想教育工作的开展。

## （二）“微时代”信息传播速度的快速性

“微时代”对社会发展和信息传播带来的变化体现在以下几个方面。①“微时代”催生了各种网络媒体和自媒体的产生，它们往往发挥着舆情源头的作用；②“微时代”的网络结构环境极大加快了信息的传播和扩散速度；③通过“微时代”平台，不同人群容易迅速聚集在一起参与对某一热点事件的关注和评论。

作为新生代大学生，在新媒体的时代背景下可通过 QQ、微博等网络平台实现对信息的获取，信息获取的速度更加能满足学生的需求，但却超出教育者所实践的范围，如果无法及时地将互联网获取的信息进行去伪存真，同样不利于政治思想教育课程的扩大发展。在当前的环境中，大学生判断自身价值离不开多种多样的信息。大学生对于存在的疑惑或不解及时通过新媒体寻求帮助，这将在教育者毫无准备的情况下在课程上展示出来，严重地阻碍教育工作的正常开展。

## （三）“微时代”信息传播影响的冲击力

随着“微时代”的到来，新媒体主要的使用者就是大学生，对于自己疑惑的信息都可以及时地获知，而不再通过交易者来实现解惑的目的，这将不利于教师地位的确立。以往单向的教育模式随着“微时代”的到来将被一一打破，有助于提升学生受教育的自助选择权，但这也对教育的预见性提出的要求更高。作为教育者应该清楚地意识到：QQ、微博等平台的兴起使得自由言论传播更快，但如果缺乏鉴别能力，在毫无限制的情况下容易带来不良影响。于是，对教育者来说重点需要降低开放信息带来的不良后果，将教育预见性提升，将学生带来的冲击力缓减。

## （四）“微时代”信息传播获取的自由量

“微时代”的快速流动使大学生们获取知识和信息的速度大大加快，但信息泛滥和过度试用给每个人的合法权利造成的安全隐患，部分学生甚至为了种种利益编造各类谎言，或捏造或夸大，进而对整个学校乃至社会利益造成不可估量的损害。这就是所谓的网络谣言。相较传统人传人的谣言扩散途径，“微时代”下信息传播快捷、迅速领人防不胜防。对于大部分被动传播者而言他们只需动动手指，或许都不会认真多看上一眼，这就导致信息传播获取更自由、无界限。

# 第四节 “微时代”环境下大学生思想教育的路径

## 一、以教育者为主导创造“微时代”下良好的教育环境

### （一）加强“微时代”认知构建适应“微时代”环境的思想政治教育队伍

“微时代”大学生思想政治教育队伍应具备基本的思想政治教育素质和运用“微时代”的微载体进行思想政治教育的意识与能力，这需要不断提高高校思想政治教育队伍各方面素质。从当前来看，高校思想政治教育工作者专业理论素养在长期的实践教学中已非常扎实，但仍在系统掌握和学习传统马克思列宁主义理论的基础上，掌握“微时代”环境下思想政治教育的方法，充分发挥其影响力和号召力。通过微载体来影响大学生的思维观念、学习习惯和生活方式等，并在工作中不断地去完善“微时代”环境下大学生思想政治教育的对策，在面对大学生所提出的问题，要不断地与时俱进，增强号召力和说服力，得到大学生的认同和共鸣。只有对“微时代”对大学生的改变及与思想政治教育的密切关系，才能够立足当前。根据社会的发展，与时俱进，不断地转变传统的教育观念，尊重当下，尊重大学生的主体地位，激发大学生自身的自主性、能动性与创造性，从而抓住更多有利于思想政治教育的切入点，促成教育内容快速有效地传递给大学生，从而增强“微时代”环境下大学生思想政治教育的效果。

### （二）建立对话联系提升教育者话语权

“微时代”改变了传统教育者与被教育者的地位，信息的扁平化传播使得学生不再局限于从教师处获取知识。因此，有必要在“微时代”下建立师生之间的联系，从而提升教育者在传授知识、促成学生成长的效果。

“微时代”高校思想政治教育的教育者依然是话语行使权的主体，高校思想政治教育者应该立足于现实的需要，与学生积极沟通，建立对话练习，以主动权赢得更好的话语权。首先，教育者应该充分意识到“微时代”对传统师生地位的冲击，要转变传统的说教形式，所传授内容缺乏新鲜灵活与吸引力，在坚持四项政治教育目标的前提下，不断地从语言魅力、表达习惯、教学理念等多方面做出提升与转变，从而增强教育者话语权的感召力；其次，改变传统教育者支配话语权，受教育者被动接受的失语状态，建立对话练习。“微时代”的到来为高校的思想政治教育的受教育者提供了实效话语权的可能性平台，作为高校

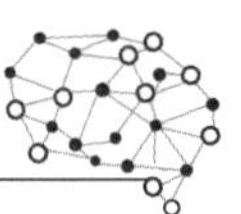

的思想政治教育者，在实际的教学过程中需要改变教育思维，尽力摆脱传统教学过程中话语表达方面的枯燥、无趣和单一，要将思想政治教育的理论目标和培养目标有效地结合，适应“微时代”的表达习惯和方式，不断地探索“微时代”背景下受教育者感兴趣的、有利于提升教育效果的话语体系，使得高校思想政治教育的话语更具时代性、通俗性、趣味性和生活性，从而实现教育者话语权吸引力的提高；最后，高校的思想政治教育者应该“投其所好”，吸收“微时代”下流行的语言，并且引入课堂，使得学生感受到亲切与认同，从而提升课堂效果。同时也需要教育者倾听受教育者的话语内容，将交流与沟通建立在支持、理解和包容的基础上并正确引导。

## 二、利用微载体构建微平台

### （一）利用微载体开展思想政治教育

“微时代”中的载体如微博、微信，为人们提供了一种全新的交流方式，尤其是微信，改变了传统以手机为主要通信工具的交流方式，使即时联系变得更为容易和便捷。微载体作为一种交流工具，如果能在高校教育者与被教育者之间得以充分利用，将能有效提升思想政治教育的实效性。

微载体可以成为思想政治教育工作者了解学生的窗口，从前面的调研结果可以看出，微博、微信等在大学生之间的应用已非常普遍，很多大学生投入较多的精力和时间在其中，并且将自己的思想观念、生活状态等通过微载体来反映，这就为思想政治教育者提供了认识学生内心世界的工具。他们可以通过微载体来了解大学生的思想状态即“赞成什么、反对什么、因何而困惑”等，了解他们的现实生活与心理特征，从而可以发现共性及某些特殊情况，并进一步有针对性地进行思想政治教育内容的传播，纠正其认知的偏差，引领其正确的方向。微载体可以进一步扩展师生之间交流的空间维度，由于授课时间和空间等的限制，传统的课堂教育无形拉大了教师与学生之间的距离，增加在有限的时间和空间内进行较为深入交流的难度。而通过微博、微信等工具，教育者和被教育者之间实现了双向沟通，能有效化解师生之间的隔膜，从而使学生在轻松娱乐的环境中比较自然地表达内心真实的想法，从而营造出良好的师生互动沟通空间，互动之外，还能通过微载体进行课前准备及课后反馈，为针对性地提升教学效果提供了更好的方式，可以使得微载体成为补充传统课堂之间的第二课堂。微载体可以作为一种线上教育，与传统线下教育有机结合，打造一个完整的，虚实相结合的链条式思想政治教育机制。

### （二）利用微载体丰富思想政治教育内容和形式

大学的思想政治教育的内容应该紧跟时代，与时俱进。它应该是包含过去、现在和未来。当前高校的思想政治教育理论课的教育内容，在某些方面还是存在着一些问题，诸如理论过时，过于强调理论而忽略现实。但可以肯定的是，强调主流的社会价值绝对是当前思想政治教育要求的重点，但是也应该看到，如果过度的强调，则与“微时代”中的文化中更加注重个人的理念相排斥，将势必影响教育效果。传统的思想政治教育形式主要局限于课堂，微载体为思想政治教育多样化提供了可能性。

## 三、充分利用“微时代”信息传播规律合理引导大学生

### （一）加强“微时代”舆情正向引导

大学生处于人生的起步阶段，思维活跃，对新鲜事物有着强烈的好奇心与创新精神。当前，他们正处于一种社会观、价值观形成期。另一方面，由于他们长期身处校园，社会经验相对不足，导致在校大学生在认知问题上的局限性，看问题更容易片面、甚至偏激，心灵上更容易受到外部因素的干扰，因此在“微时代”，更需要充分认识大学生群体的特点，趋利避害，正确引导。

首先，需要从思想方面加强对大学生的引导。“微时代”下微信、微博等载体的快速发展及应用，极大地丰富了大学生的学习和生活，但同时，也增加了加速传播不良信息的可能性。如片面以金钱衡量人生价值，功利化的利己选择等冲击，不利于大学生形成正确的人生观、世界观和价值观。长远来看，这不仅影响到学生自身的发展，更关系到国家建设人才的培养。因此，有必要加强大学生思想引导，从理论学习和实践体验上，用先进的思想帮助大学生形成正确的价值观。其次，要不断创新教育，增强思想引领能力。根据“微时代”对大学生思想及行为方面带来的冲击，有针对性地提出相应意识形态与道德观念方面的对策，配合思想政治教育，利用开展讲座、专题报告等方式，分析“微时代”对学生造成的正面及负面影响，降低不良信息与错误的价值观念对大学生带来冲击的可能性。最后，通过“微时代”来开展主流价值观念与社会主义核心价值观念的引导活动。既然“微时代”对人们影响深远，那就充分利用、积极主动通过微载体来构建价值观念，通过微载体，不断丰富并传递健康的主流思想和价值观念，通过更容易接受和理解的方式去吸引和争取大学生。这有利于拉近与大学生的距离，且对于进一步增强大学生的思想政治教育工作的有效性和实效性有着现实意义。

### （二）加强大学生媒介素养教育

媒介素质教育通过培养人们的媒介素养，使人们具备正确使用和利用媒介的能力。当前，我国尚没有针对所有的在校大学生专门开设的媒介素养教育课程，但这并不意味着媒介素养教育不重要。相反，在“微时代”下，增强大学生的媒介素养教育，是非常有必要的。

大学生处在网络迅速发展的当下，互联网上的天量信息，鱼龙混杂，大学生因一直身处校园，甄别能力不足。而另一方面，快捷方便的互联网，让他们能够轻而易举地通过转发、编辑放大互联网事件及其影响力。长期来看，加强大学生的媒介素养教育，是建立一个良好的互联网环境所必需的，是引导大学生合理使用微载体，适应“微时代”的必然选择。

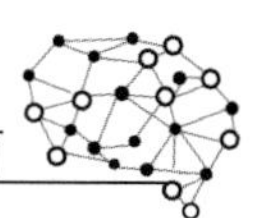

加强大学生的媒介素养教育，可以从以下几个方面入手：首先，让大学生了解认识到与传统媒介时代相比，当前的信息化社会已发生了巨大的变化，在这个信息能够瞬间产生并传播的时代，个人的行为可能会产生巨大的影响；其次，应培养大学生们独立自主的意识，批判性的解读信息的能力，而不能人云亦云。在铺天盖地的信息和评论面前，大学生们应保持清醒的头脑，解读其实质；最后，互联网为我们的生活带来便利，“微时代”中各种微载体应用于发展丰富和我们的生活和语言，大学生应该好好加以利用，将网络作为载体，提高大学生自身知识及视野，掌握沟通交流的工具。充分认识当前以互联网为载体的积极作用，使其成为一种更为有效的工具，加以利用。

# 第十二章 网络环境下的大学生隐性思想教育

## 第一节 网络环境下隐性思想教育概述

### 一、隐性思想政治教育含义

李贵在《论隐性教育在思想政治教育中的现实性和必要性》中指出：“在高校思想政治工作中开展隐性教育，是指在高校内通过创设一定的教育环境和教育情境，利用群体效应、情境陶冶、环境暗示、行为模仿等途径，潜移默化的影响学生的思想品质、价值观念等，以达到教育的目的。”

李锦红、宋刚在《试论高校隐性思想政治教育的三种形态》中认为：“隐性思想政治教育是指在思想政治教育中自觉运用隐性课程理论，注重开发利用隐性思想政治教育资源，通过比较隐蔽的形式使受教育者在无意识间获得某种思想或经验的教育方式是隐性课程理

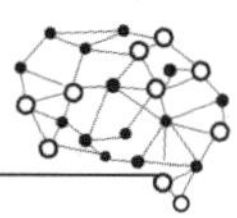

论在思想政治教育领域的延伸和应用。”

综上所述，笔者认为隐性思想政治教育是指在开展高校思想道德和心理建设工作中通过采用潜移默化的、间接的教育实践活动的方法，将施教内容隐藏于日常的生活与学习之中，让他们内化为一种不自觉的说服力，从而把组织的意志变为他们自觉的行动。

## 二、网络视角下隐性思想政治教育特点

网络视角下隐性思想政治教育是建立在互联网科学技术发展之上，在虚拟网络世界中有意识、有计划的营造一种隐性教育氛围，间接的、隐匿地向受教育者传播符合社会发展要求和人们思想行为需求的教育内容，使之形成一种正确的网络舆论导向，从而影响受教育思想、个性、行为的一种虚拟实践活动。其特点主要体现在以下几个方面。

### （一）潜隐性

各大高校开展品德培养工作的目的就是要求大学生主动接受老师们倡导的道德理论和价值主张，达到统一的认识水平和提高道德素质的目的。网络视角下的隐性思想政治教育是把带有“灌输性”的道德建设和价值观培养寓于除正常的课堂授课以外的网络实践活动之中，使其在网络虚拟世界中没有限制的、无意识地接受社会或高校所要传授的一些理念认知和社会舆论，进而完成教育的任务。

高校大学生在心理上正处于“三观”的构建和发展时期，教育者在网络虚拟社会中以隐匿的方式将教育内容和任务无声无息地渗透于其中，既不是硬性的、填鸭式的灌输课本知识，也并非本主义和强制性的规定，而是引导大学生自然而然融入教师所营造的隐性氛围中，使大学生在潜移默化中有效地消除一些容易抵触逆反的心理，让其在整个网络传播过程中自愿接受并以行动方式体现出来。

### （二）虚拟性

虚拟化通常是说信息、资源、空间利用的虚拟化。高校教师可以利用各种网络载体对文本、图片、音视频等进行修改和编辑，将所要呈现的网络资源通过一定的信息交流和沟通传播给受教育者。在整个传播过程中高校教师和大学生的身份均有一定的虚拟性。网络的发展使人们在网上接收和传播信息都不受时空的局限，拓宽了信息传播的空间。因此，网络隐性思想政治教育是我国高校教育逐步进入开放性新局面的关键点。随着互联网技术不断发展，它已经成为道德品质形成最关键的宣传平台，教育资源的传播具有动态的、快捷的特点。使用，在网络上开展隐性的价值导向更能检测出我国教育效果的好坏。我们要充分运用各种网络媒介来使大学生树立正确的信仰和观念意识，让他们做一个有益于中国特色社会主义建设的接班者。

### （三）自主性

隐性思想政治教育使一种无意识的教育形式渗透在大学生的平时生活中，让他们在潜移默化中受到熏陶。在整个教育过程中大学生不再处于一个被教育的位置，他们更乐于主动进行自我意识培养，并可以在行为表现上有所提高。本书研究在网络平台上所开展的隐性思想政治教育，是由于网络有其自身的虚拟性，使教师这个真实身份有所隐藏，老师和学生之间可以一起平等的探讨共同关心的问题，从而使学生们的自主意识得到较大的强化和提升。受教育者一旦对讨论的结果产生认同感，他们就在无意识中逐渐内化为主动追求理想目标和培养良好的价值观念，进而自动转化为自身的思想道德品质。因此，从总体效果上来看，高校隐性思想政治教育可以防止大学生在接受道德和价值观培养时易产生较大的不良情绪的波动，能够隐秘而持久地维持下去。与此同时，大学生一般在不知不觉的状态下就受到了教师和氛围的影响，因而在感知上不用被限制，在一定程度上可使大学生把握自我认知的节奏，提高自我判断的能力。高校的品德培养并非强制性的要求大学生们如何去做，而是慢慢去沉淀教育内容，然后与自己道德素质相融合，之后身体力行地表现出来。

## 三、隐性思想政治教育方法确立的依据

### （一）哲学依据：普遍联系的观点

在唯物辩证法中一个最重要的原理就是普遍联系的原理。高校隐性思想政治教育作为培养个体道德和个体素质的一个重要方面，必然要与不同的系统发生联系，即使在同一个系统之内，教育主体、客体、环体等方面因素也存在着相互影响、相互依存的关系，高校隐性和显性思想政治教育工作之间也要有相互作用、共同促进的关系。因此，隐性思想政治教育是唯物辩证法中普遍联系的观点，在我国各种道德和品质培养方法中的一种重要体现。

### （二）客观依据：我国社会经济发展的必然要求

#### 1. 它满足国内外形势发展的变化要求

目前，信息全球化发展趋势已经基本形成。我国正不断地完善和健全社会主义市场经济的体制，全面建成小康社会已成为国家的中心任务。课堂传授和单纯的讲授知识理论的方法可以达到培养大学生思想和道德的目的，但随着当代大学生的个性越来越多样化，对事物有自己独到的见解，他们乐于在网络中寻找自己对世界的观点和看法，因此隐性教育所具有的隐蔽性特点，能更加有效地适应国际国内局势的变化。

#### 2. 它符合我国当代大学生思想转变的要求

随着各国观念、文化交流的深入，教育对象的思想观念意识发生了重大变化，出现例

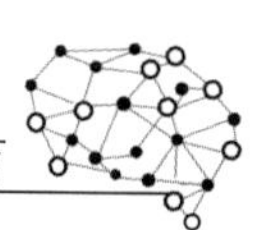

如自我意识增强，组织观念减弱，服务意识减弱，经济意识增强，政治意识减弱等趋势。大学生不再习惯于被动的接受教育，他们要求主动去寻求社会问题、人生问题，并对此做出判断和取舍。在日常活动和工作中，重点在于营造受教育者道德培养氛围的高校，隐性思想政治教育方法更适合我国大学生思想观念的快速变化，寓教于乐的培养方式对受教育者能够产生启发式的教育作用。

### （三）实践依据：教育效果的反馈评价

任何教育效果都需要在各种社会活动中进行检测，看它是否有利于人们的成长成才。隐性教育在实际教育过程中取得的较高评价是其成为教育方法的一个最重要依据。隐性教育方法在我国从古至今的思想教育中都有成功的经验，包括当代的教育形式，也显现出潜移默化的教育影响作用。此外，西方资本主义国家利用宗教、人文教育的方法来宣传其教育理念也取得了良好的效果。

## 四、网络思想政治教育与隐性思想政治教育的契合性

### （一）潜隐性质等的契合性

在性质上，网络思想政治教育与隐性思想政治教育同属思想政治教育体系下的分支，二者都是思政工作的有效方式方法。

网络的虚拟性决定了网络思想政治教育的潜隐性，网络中的身份可以是匿名存在的，网络行为也是以数字符号的形式进行的。这种潜隐性有利于我们随时随地、以任何方式进行思想政治教育工作。另外，网络还能成为学生们自己的虚拟空间，学生们更乐于在这样的空间里表达自己的想法，侃侃而谈，倾诉对人生、对社会、对学校、对家庭的真实想法。我们利用网络平台开展思想政治教育工作更能准确地掌握学生们的一手资料，达到事半功倍的效果。这与隐性思想政治教育的潜隐性特点契合，都是无形的、内隐式的教育。

网络思想政治教育具有及时性特点。网络环境的便利，使大学生和思想政治教育工作者都能随时接触网络，利用网络工具展开学习、工作、娱乐等活动。因而，思想政治教育工作者通过网络平台能够迅速、及时掌握学生思想信息，发现他们的思想误区，并据此有针对性地实施思政工作。而这一性质又与隐性思想政治教育契合，隐性思想政治教育发生在日常学习、工作、生活中的每时每刻，在受教育者不知不觉中，“润物细无声”潜移默化地影响着学生们的思想和行为。

网络的开放性决定了网络思想政治教育可以“随地”展开。在快捷方便的网络中，思想政治教育工作者只要密切关注网络，及时发现学生的动态，便可以不必采取传统形式下按照规定的时间和地点进行集中教育的模式，而可以在任何地方的网络中发布信息，引导学生，实施思想政治教育。这与隐性思想政治教育方式的间接性相一致。隐性思想政治教育无处不在，蕴含在生活的方方面面之中，学校、家庭、社会都是实施隐性教育的良好媒

介，三者相结合更能多方面推进思政教育工作，合力促进教育效果的提升。

### （二）传播内容的契合性

网络思想政治教育，是根据传播学原理和思想宣传的理论，利用计算机网络进行的思想政治教育。隐性思想政治教育是指教育者为了实现思想政治教育目标，把教育内容以生动活泼、人们喜闻乐见的教育形式渗透在人们的日常生活中，使其淡化“受教育者”的角色意识，通过“内隐”的形式使受教育者在不知不觉中接受思想政治教育，达到“润物细无声”，实现思想政治教育目标。二者都是通过思想政治教育手段来达成传递正确价值观，从而影响受教育者行为的目的。

网络思想政治教育信息具有共享性和开放性特点。在网络平台下，人与人处于绝对平等的地位，不论是谁都可以在网上查找、浏览信息材料，实现世界信息共享。同时，网络无国界，超越时空限制，网络资源空前丰富，思想政治教育工作者及受教者大学生通过网络可以获取先进的、正面的、积极向上的教育信息。思想政治教育工作者在网络平台加强校园网络管理，及时传播正面信息，引导健康向上的网上舆论，营造良好的舆论氛围。

隐性思想政治教育依托网络。网络具有即时性、开放性、共享性等特点，以其独有的优势使其成为高效快捷的载体。隐性思想政治教育的内容和方式若要及时更新并及时得到反馈，就必须充分利用网络平台。在网络平台上，思想政治教育工作者可以创建专题网站、贴吧，大学生可以在此平台上交流不同见解、观点，互相影响，循序渐进，形成积极向上的人生观、价值观。

### （三）互动形式的契合性

网络思想政治教育是隐性思想政治教育的一种形式、一种手段。隐性教育的方式方法多种多样，而网络就是实施开展隐性教育的良好平台。思想政治教育工作者可以利用网络手段，诸如博客、微博、微信等，潜移默化地影响受教育者，使其自发地形成积极健康的价值观、人生观，达成隐性教育的目标。

网络思想政治教育的过程具有交互性和平等性。学生可以自主获取信息，及时地将信息予以反馈。在网络中，施教者与受教者都是普通的用户，大家都处在一种平等、放松、互动的状态下交流，更加容易敞开心扉。施教者能更容易、更深入地了解受教者思想和心理上存在的问题，对症下药、解决问题；受教者更有可能接收网络传递的信息，更容易受到感染，从而取得更好的效果。而隐性思想政治教育把教育内容渗透到个人的社会实践活动和生命活动之中，即把思想政治教育工作的要求融入个人的文化欣赏、业务工作、娱乐活动、个人成才等活动目标之中，将教育内容慢慢渗透于环境、活动当中。当今受教育者大学生的“触网”比例甚高，网上应有尽有，大学生们的学习、生活离不开网络，这就给思政教育工作者提供了开展思政工作的网络平台。

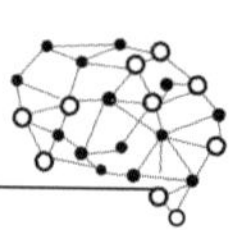

# 第二节
# 网络环境下大学生隐性思想教育存在的问题

## 一、资源利用不充分

我国高校教育工作者在政治理论教学过程中进行渗透性、隐性思想教育的意识比较薄弱，不善于将教育目的隐藏在各门类的教学之中。在利用网络资源时，教师大部分是下载图片、小视频或纪录片等进行教学，对网络资源更深层次的挖掘却没有。更有一些年纪较大的老教师由于跟不上网络发展的步伐，不会运用电脑，不会打字，不会利用多媒体教学，更不会利用网络平台进行全面的品德培养。

但是高校在倡导重视隐性教育方式的同时，还应该认识到显性教育仍是我国最主要的工作方式，我们要在网络中将二者结合起来共同促进其发展，探索网络中行之有效的信息资源。教育者只会运用显性教育和隐性教育中的一种方法，这种现象在高校教学过程中也很普遍。因此，高校教师应先从自身开始学习如何捕捉有效的网络资源，然后再将学习到的网络资源传授给大学生，通过间接的方式来达到教育目的。

## 二、方法运用不足

在开展高校道德品德建设工作或具体活动时，我国相关政府部门并没有硬性规定使用什么样的方法来展开此类活动，他们忙于日常的教学和科研工作，有的教师因为家庭原因也没有更多的精力和时间来学习如何教学内容上将网络隐性教育方法灵活操作。作为与教育对象联系最为紧密的、最前线的辅导员，也可以说他们实际想法和行动将直接影响大学生很多行为表现。但在实际工作中，辅导员配备情况并不如意，一般一个辅导员要负责至少 3 个以上的班集体，相当于最少 1 ： 50 的比例，这样就很难使辅导员能够全面地关注到每一个大学生最新的思想变化。现如今，辅导员对学生们的管理和教育方法还比较局限，并表现出一些形式主义的工作态度。总的来说，大学生隐性思想教育工作方法还没有得到充分的发挥。

## 三、相关组织机制和保障机制缺乏

为了高校网络隐性教育工作良好有序地开展，建立健全监管保障体制十分必要。目前，大部分高校在网络隐性教育工作中缺乏组织机制和保障体制，甚至没有开展隐性教育工作的具体规章制度，更不用说体制建立的合理性，这样高校教育工作的展开本身就有一定的难度。有些高校教师将工作重点放在研究课题和科研项目上，高校由于没有关于监督考核评价机制，导致教师无心运用网络平台来开展隐性教育工作。班级辅导员作为高校品德培养的主力军，本应发挥其在自身岗位的优势，但在实际工作中由于所带班级较多，学生数量更不用说，他们忙于日常的管理工作，通常利用各种网络载体也仅限于传达学校一些通知通告，学生们的身心状态是否健康根本没有多余的时间来关注。因此，高校能否建立相关的组织考核体系，关系着工作的成败。现如今高校教师年终或学期末的工作没有一个具体评价考核教育准则或指标体系，使高校辅导员在日常工作中不能有效的狠抓落实。与此同时，高校也没有延伸的去考核教师一个月、一季度或者是一学期利用网络平台次数和反馈情况，这样对他们的工作无法进行评估。在我国，各大高校普遍都没有一套合理、系统的网络隐性教育监管体制，其组织考量机构体系和责任分工不明确，指标合理性不强，评价缺乏客观性和公正态度，使高校教师在开展工作时随意性较大，缺少硬性指标的束缚。因此，高校应将网络隐性教育真正的纳入我国教育系统之中，形成以提高客观评价网络隐性教育工作效果为核心，对隐性教育体系综合调控，明确各学院、各部门、各组织机构的职责分工以健全隐性教育保障和评估体系，使其工作能够有序运行并不断健全与完善。在网络背景下顺利展开此项工作涉及很多方面，需要高校教师和各个部门之间的相互协调和合作，也需要高校的组织制度的保障和监管体制的支持，以及教育部大量教育资金的支持才能保障隐性思想政治教育的顺利运行。

## 第三节 网络环境下大学生隐性思想教育的必要性及可行性

### 一、网络环境下大学生隐性思想教育的必要性

#### （一）网络环境下高校开展隐性思想政治教育的现实需要

长期以来，受传统教育模式影响，我国的教育工作主要以“灌输式”的显性教育为主。然而，随着改革开放进程不断深入，我国加入世贸组织以来，来自世界各地的不同观念涌入我国，这其中也包括享乐主义、拜金主义等非主流价值观，影响着大学生们的想法和思维，甚至产生信念信仰不坚定、责任感缺乏、道德素养低下等问题。虽然各高校以推出思想政治教育精品课、组织思政教育主题的实践活动等各种各样的方式不断推进思想政治教育活动，但往往无法达到理想的效果。随着网络技术革命及发展，这些不良信息的传播愈加迅速，因此实施网络环境下的隐性思想政治教育工作迫在眉睫。传统的显性思想政治教

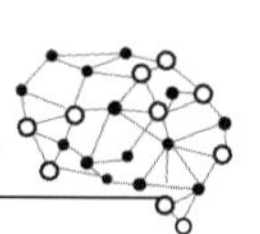

育因教师与学生关系的差异，使其与教育对象缺乏沟通、教育过程缺乏愉悦性、教育效果缺乏持久性，从而严重影响了学生们对思想政治教育的接受程度。与此相比，隐性思想政治教育有其优越性，具有教育目的和内容潜隐、教育途径多样，教育过程愉悦、教育效果渐进等特点，与显性教育相得益彰、互相补充，弥补了显性教育的不足，这种互补教育更能强化思政教育的成效。

从国际形势来看，全球化进程逐步加深，经济、科技突飞猛进，国与国、民族与民族之间关系越来越密切，联动性越来越强。特别是我国加入世贸组织后，全球化所带来的新自由主义、后现代主义、享乐主义、利己主义、拜金主义、极端个人主义以及消极颓废的人生哲学等思想不断膨胀，网络已成为各种信息交汇和碰撞、国内外各种势力争夺的重要思想文化阵地，严重危及我国的意识形态安全，广泛而深刻地影响着我国公民尤其是青年人的价值观念、思想道德和理想信念，从而使我国思想政治教育的形势面临着巨大的挑战。

从国内形势看，市场经济及改革开放的逐步推进使得人们观念前卫、思想活跃，想法参差不齐，主流、非主流观念并存，对传统思想道德观念产生了极大的冲击。另外，网络越来越深入人们的学习、工作、生活之中，网络信息的传播速度之快、传播范围之广、传播途径之多，极易使错误观点广泛流传，误导人们形成错误的人生观、价值观，从而也使我国思想政治教育在处理学生们思想政治道德素养上迎来了空前绝后的挑战。

在国内外严峻形势下，单向的“灌输式”“说教式”并不能解决思想政治教育工作中存在的问题，只有充分利用网络优势在思想政治教育中实施隐性教育，才能收到良好的效果。

### （二）网络载体开辟高校隐性思想政治教育新路径

自古以来，受传统教育模式影响，“单向式”“灌输式”的教育手段占据主导地位，这样的教育往往更注重教师们的单向、强制性说教，而忽略了学生们是否接受及接受的程度如何，教师在上学生在下，施教、受教者的地位完全不平等。教师们仅对学生灌输所谓的正确理论，对非主流思想和错误理论避而不谈，突出施教者至高无上的地位和教育的权威性。在这样的教育施压下，学生们只能全盘接受，完全没有自己的主张，丧失了扩散思维的能力和个性。可以说，“我说你听，我打你通，我令你行”是传统思想政治教育的一贯做法。而这样的做法往往会使学生们产生抵触情绪，长此以往，抵触情绪逐渐蔓延开来，排挤教师们所说的话、所发出的“命令”，甚至持有反对观点，完全不配合教师们的施教过程，最终造成思政教育的失败。

伴随科技的进步、时代的发展，人们思想观念也迎来了新的思潮变革。无论是在价值观念，还是在行为艺术上都产生了翻天覆地的变化。特别是网络的发展，使网络这个新兴载体开辟了高校思想政治教育的新路径。在新时期思想政治教育中必须充分认识网络载体的特征及作用，通过网络载体实施隐性思想政治教育，对受教育者进行思想政治教育要改变先入为主的教育模式，尊重受教育者的主体性，激发受教育者的自主性，有利于实现教育目标。

### （三）网络传播特点对传统教育模式冲击的必然结果

网络走进千家万户，成为人们必不可少的信息载体和交流平台，也使高校认识到这一新兴媒介作为教育平台的优势，主要是因为网络载体的信息传播独特，呈现如下特征。

1. 即时性

网络媒体最大的优势就是可以使我们第一时间掌握信息，且网络信息内容经常不停更新，以保证网络信息的新鲜度，满足人们获取消息的需求。事件发生之后，网络记者迅速赶到现场利用手机、数码相机等通信设备进行现场资料的采集，经过简单的剪裁、编辑等处理，就可以完成一篇短小精悍、简明扼要的新闻报道。与传统的电视编辑相比较，速度更快，时间更短，让公众们第一时间了解事态的发生及发展。

网络的即时性大大提高了信息的传播速度，缩短了信息传播者与受众的距离。所以，思政教师们需要有效地利用网络的传播优势，与学生们实时沟通、即时交流、积极互动，以便随时随地开展隐性思想政治教育工作。

2. 互动性

因网络发布信息的门槛较低，且传播方式灵活而促成了网络具有互动性特点，这种互动性使信息由双方发出，各取所需，摆脱了传统的信息传播单向性。从这个意义上说，网络不仅使传授双方的交流更加密切，而且对信息形成过程来讲是极大的发展。网络改变了信息传播者与接收者之间的关系，使双方成为对等的信息传播参与者。

但是，不能把网络的互动性单纯地理解为网民与网站的关系，这是远远不够的。实际上，网民之间的互动关系是互动中的一个重要部分，甚至可以说，没有网民之间的互动关系，网站与网民的互动，无论从强度、频度还是效果上看都会是有限的。

3. 个性化

网络的发展趋势是群体化、个性化、分众化。网络群体现多以共同的兴趣、爱好而进行聚集，不是传统意义上的地域空间或血缘关系的群居。因此，随着博客等新型网络工具的兴起，在精神层面这种趋势越来越明显。

4. 社群化

由于网络具有互动性，且网络创造的巨大交流空间使不同地域、不同种族的网民汇聚到网络平台，互换信息，互相交流，因而显现出“群居”特征。正因如此，网络社区、自由论坛、俱乐部等异常火爆，这些社群维系着人际互动关系，网民们在这里享受着“群居”的乐趣。如何利用好这种社群化的传播渠道是思想政治教育工作者需要考虑的一个问题。

5. 娱乐性

网络是一座多媒体智能化的娱乐工厂，这无疑是用来描述网络上内容的丰富性及信息

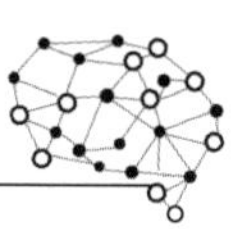

传播形式的多样化。网络集中了传统媒体的诸多优势，兼容性更强，因而网络信息的传播模式丰富多样，文本、图片、声音、动画、影像等都是信息传递的形式，还可以图文并茂、动静结合。另外，网络能够整合多项功能于一体，个性化的消费体验、人性化的服务、多种娱乐性活动可以满足不同网民的不同需求。

6. 全球化

“地球村”在网络时代得以实现，现代网络的便利性让地球上任何一个国家的人民随时随地获取、发布信息，信息的输入与输出变得异常便捷，并且这种信息传播的便捷性不分地域、不分种族，构成了全球共享资源网。

## 二、网络环境下大学生隐性思想教育的可行性

### （一）网络的普及性使高校隐性思想政治教育得以实施

信息传播方式随着网络的普及发生了革命性变化，越来越多的人通过网络获取、发布信息、娱乐休闲、聊天交友、上网学习等，特别是青少年群更擅长利用微信、微博等新兴网络工具表达与宣泄情感。这说明网络催生了新的文化生产和传播方式，同时也将成为青少年精神文化生活的重要组成部分，因此抢先占领这一文化阵地、将网络打造成青少年思想文化交汇和意识形态交流的重要平台，尽最大努力传播正能量，以引领青少年朝着积极向上的方向发展。

按照中共中央的文件精神，高校思政教师认识到现有网络思政工作和隐性教育的方式过于局限，对此进行了深刻反思，各高校逐步摸索着如果将二者更好地结合起来，并取得了初步成果。

### （二）教育主体的网络意识强化了高校隐性思想政治教育效果

教育主体的网络意识表现在逐步注重发挥学生的自我教育作用。一方面，在网络宣传管理的过程中，让学生充分参与到整个设计、管理等过程中，调动学生的积极性，培养学生信息传播的主人翁意识。在锻炼学生各种能力的同时，增强学生的自我管理与自我服务意识；另一方面，通过网络这一媒介，结合学生工作的特点，不同的社团组织可分别设立自己富有特色的网页。实际上，网页的制作过程就是他们对自身思想的阐释与传播的过程，同时也是自我教育的过程。

当代大学生是伴随着网络成长起来的一代，思想政治教育工作者应按照时代要求，挖掘受教育者的新特点新特征，充分利用为大学生所喜爱的方式，“投其所好”，增强网络意识。在思想政治教育工作者自身提高网络意识的同时，还要利用网络平台注重发挥大学生的自我教育作用，激发大学生自我提高思想政治教育素养。从教育工作者和受教育者两方面着手，强化隐性思想政治教育效果。

## （三）网络超时空特性扩展了隐性教育影响广度和深度

### 1. 网络拓展了隐性思想政治教育的空间

网络上的海量信息丰富了思想政治教育的信息资源，不仅可以学习到国内思政教育，还可以了解国外先进的文化元素和教育理念。通过网络老师们可以为学生们解决思想问题，同学间可以交换意见、讨论问题，在这样隐匿、虚拟的环境下，学生们可以畅所欲言，与学校教师们沟通，表达想法，使师生关系更加密切，有利于思政教育工作者更深入地了解学生想法，掌握学生思想动态。可以说，网络改变了以往隐性教育方式的单一性，变成了讨论中的引导和有针对性的教育。网络将社会、家庭与学校对学生的思想政治教育连为一体，最大限度地实现思想政治教育工作的社会化，使得隐性思想政治教育相对狭小的教育空间变为全社会的、开放的教育空间，显著增强了隐性思想政治教育的效果。

### 2. 网络提高了隐性教育的工作效率

当前的隐性思想政治教育成效有一定的滞后性，工作效率还不理想。而运用网络开展隐性教育工作可以提高获取、传播信息的速度，同时，网络图文并茂的特点会增强教育内容的综合性、直观性和形象性，教育效果大大提高。

### 3. 网络丰富了隐性思想政治教育的内容

在网络多元化的平台下，思政教师们可以了解学生们原汁原味的思想信息，尽早察觉学生们错误的思想观念并及时纠正，使思政工作更加具有针对性。另一方面，网络上丰富的信息资源给思政教师们带来了更加准确、便捷的教育资讯，开阔了视野，丰富了头脑，教师队伍素质得到提高。并且，合理引进、借鉴外国先进的教育理念、教育方法，更有助于隐性教育活动多样性地展开。

### 4. 网络为开展高校隐性思想政治教育提供了广阔的互动载体

现行隐性思想政治教育通常以校园文化活动、社会实践等形式展开，比如参加学校体育文化活动比赛，增强团队精神和集体荣誉感；展望个人发展前景，制定规划书，科学设计自己人生目标；参与捐助活动，为需要帮助的人献爱心，等等。

然而这些教育形式往往存在较大的局限性，参加人员较少，形式单一，学生们不能完全自由发挥，无法表达真情实感，网络的发展恰恰给隐性思想政治教育工作提供了广阔的互动平台。思政教师们应抓住某一重要事件或重大节日的契机，在网络平台上开展专题讨论。通过激烈的探讨，学生们各抒己见，不仅提高了认识、振奋了精神，还增强了团结力。此外，还可以针对重大热点、难点问题进行有计划、有目的的网上引导。比如有关专家、教授可以通过网络向同学们解答，辅导思想冲突、社会主义发展建设中的疑惑等。在为学生解惑释疑中，就把思想政治教育的烙印深深地引入学生们的头脑中。

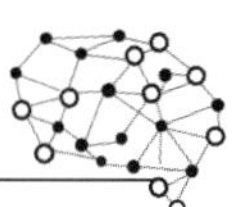

# 第四节
# 网络环境下大学生隐性思想教育的策略

## 一、开发和利用高校隐性思想政治教育资源的网络平台

### （一）丰富网络资源

#### 1. 利用网络平台开展高校隐性教育工作

校园网的建立是顺应我国教育发展趋势和社会发展的产物。我们可以借助建立校园网络的手段来实现其工作目的。现如今大学生上网时间占据每天大部分时间，我们可以把要传达的教育内容通过网络载体用一些形象的手段表现出来，通过营造一种隐性氛围来达到教育的目的。微信是最近很流行的一种社交软件，在朋友圈中大学生可以通过分享一些对自己有触动或是有益的文章和图片来不自觉地影响自己的价值观和道德观。现如今网络隐性教育的涉及面越来越广泛，提高信息资源的可利用率和充分利用有针对性的网络资源都对提高大学生思想政治教育产生重大的影响。

#### 2. 运用网络增强学校、家长、学生间的联系

家长通过关注高校的公共微信账号或微博来了解最近学校发生的重大事件或学校的建设项目情况，这样可以扩大家长与子女间话题范围，了解他们在学校的一些生活近况，让大家在同一个平台上关注共同的事务，从交流过程中不自觉地影响孩子。同时家长可以通过关注教师的微信或微博，及时与辅导员进行沟通来了解孩子在大学期间的一些学习情况和参加活动的表现，及时调整孩子的情绪，进行心理疏导。通过家长与辅导员的沟通，也可以使高校教育者了解孩子以前在家的行为习惯和性格，对高校教师有针对性地进行教育工作提供了良好的前提条件。这样更增强了教育的针对性，增强了老师对学生的教育管理，良好的促进老师与学生间的协调发展。

#### 3. 建立多样化隐性思想政治教育主题网站

高校要自主创建网络隐性教育新平台，使其成为传播培养信息的主要媒介。学校应与全国各大高校的主题网站相互借鉴，吸取其他高校网站中好的经验，相互联系沟通，共同分享教育资源。各高校网站的制作要针对本校的特殊校风和校园文化及本校大学生的个性化需要，在内容上要有针对性、时效性的特点，在主题上要有个性化、性引力的特点，在栏目设定上要遵循有内涵、易理解的原则。这样才能吸引大学生能自主地去浏览高校主题

教育网站，并且于不知不觉中受到思想和情感的感染，这才是网络隐性教育应发挥的功效。高校可以让大学生自己进行网页设置，建设他们所感兴趣的网站，但这要与高校教育工作者的监管相结合，发挥教育者的导向性作用。在主题网站中可以设置一个对话框或者聊天单元，使老师和学生可以畅通无阻地进行交流。高校也可以邀请一些知名教授或学生们喜欢、渴望见到的社会名人或政界人物与其进行在线探讨和讲解，让他们不知不觉地对自己的思想体系进行完善。与此同时也可以开设网络时事热点新闻专栏，针对我国近期发生的大学生感兴趣的焦点事件或热点新闻，派专人负责收集当天实事要点，在校园网站中滚动发布，建设一个静态、动态、重点相结合多样化的高校道德宣传主题网站。

### （二）善于运用网络典型事件

教育工作者通过搜集网上最新的国内外一些热点新闻和网上普通新闻事件来开展隐性教育。网上重点、热点事件，包括一些明星娱乐事件历来都是大学生关注的焦点问题，高校应该充分运用这些热点新闻所带来的社会影响力对青少年及时开展隐性教育。理论课老师可以通过在课上进行一些相关知识探讨等形式，以一些网络热门话题为切入点与大学生展开探讨，或要求学生让他们去主动在网上寻找自己感兴趣的话题，通过收集网上的信息资源，在课堂上来进行教学，这样不仅锻炼了大学生的能力，也培养了他们的主动性，实现一种自我主动提升的自主教育。运用这种教学方式，一方面教师可以察觉到大学生所感兴趣的问题，在今后的授课中就可以将所讲内容无意识地传给青少年，让其在思想上内化形成一种正面的影响力，能够有效带领教育对象树立正确的价值观；另一方面，大学生所关心的社会热点问题一般都是在社会上新出现的事物，或许是一件事或许是一个创新点，这给高校教师也打开了一种教学新思路，通过这些话题性事件来表达我们社会所提倡的价值取向，让他们在进行文化传播的同时享受一种自我提升的过程。同时，网络事件还能将显性教育所提倡的符合社会发展要求的价值导向进行渗透内化，在潜移默化中完成高校教育任务的要求。

## 二、健全高校隐性思想政治教育的网络保障和监管机制

### （一）健全制度保障机制

高校网络隐性教育考核体系的建立和完善，关键是要把网络制度保障体系建设好。高校应该结合本校学生的思想状况和实际需要，来建立符合本校发展的制度保障体系，并不断完善各学院、各部门的各项规范和考核制度，使各项规范和考核制度、保障体系之间顺利衔接，有效操作，使高校网络隐性教育形成一种良好的制度保障。要建立健全高校网络隐性教育保障体系，应符合社会法律规范的要求，满足青少年身心健康发展的要求，达到整个教育体系的工作要求，它不仅仅只是一种理想和期望，更应该通过各方努力实践化理想为现实，这样就可以为高校网络隐性教育工作给予强有力的制度保证。高校在建立完善

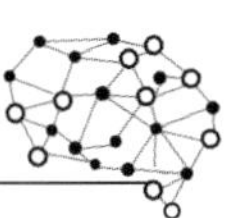



保障机制之后，要时刻根据客观条件的变化及时调整具体规范和制度，不能墨守成规，进行创新研究，调动好各方面人员的积极性进行配合和完善，做好人力、物力的配置工作，加强网络教育传播和导向作用，在整个制度保障体系建立过程中应遵循民主集中制原则，对于重大问题应征求高校教师、各学院行政人员和大学生们的民主意见进行修改和完善，而不是随意根据一人或者一个部门的意愿或想法进行修改，确保大多数人同意，并在之后的执行过程中大家都会按此体制自我要求，而不是制定出一系列的形式主义制度。

### （二）健全组织保障机制

要把网络隐性教育方法也建立相对应的规范制度，纳入我国教育保障机制中，在各项政策措施中加以发挥其力量，保障这项工作的顺利展开。在网络教育制度保障体系建立时应该确保党组织在整个建立工作中的中坚力量。各有关部门协调开展网络隐性思想教育工作，使得网络组织保障机制不断完善，还要确保整个行政部门能够达到最大保障作用。在解决制度和行政问题时消除一切困难的障碍，把高校教师工作的考核标准具体落实，更好地完善和改革组织保障体制。高校教师在运用互联网传播信息、政策之时，要随时加强对具有导向性信息或者导向性评论的监督和管理，为网络隐性教育营造一个和谐的网络氛围：首先，要依照法律来监管网络。网络世界需要法律法规对大学生道德行为表现和评论进行有效的管理和约束。通过对网络规范要逐步实施和明确外，也要运用相关法律来惩治一些邪教、迷信等违法信息的传播散布活动。其次，要利用先进科技来治理网络。加强对网络上具有教育意义信息或者是政治导向信息利用网络信息过滤技术事先进行监管，对网络教育网页和教育者、教育机构的准入制度设定门槛，有效阻止那些不良、反动信息在互联网上的传播。最后，要运用行为标准来规范网络。就是要通过加强网络行为准则的宣传，来提高大学生辨别网络资源真假与否的能力。

通过在网络教育中向他们展示什么是对的、值得选择的、有益于他们身心发展的道德观念，来使他们自觉反对违法信息传播，自觉遏制那些不良言论和行为。高校网络隐性教育工作任务的完成，需要各种保障体系对其进行有效的保障，这样能够使高校各级部门在一个整体中共同作用和监督，保障大学生不断提高网络道德水平，从而推动高校网络隐性教育工作的不断完善。

### （三）健全网络监管机制

网络的迅猛发展要求学校应该将隐性教育内容渗透到网络信息资源之中，形成一种具有导向性、动态性优势的高校隐性教育局面，这是高校教师将隐性道德和品质建设与网络相互结合所产生的一种全新培养方式。要使高校教师更加充分地利用网络资源进行有关隐性道德培养和引导方面的工作，需要高校加强对校园网的监管，强化对校园网络平台的管理，提倡文明的上网行为，贯彻落实绿色上网观念，为高校隐性教育网络平台建设创造一个和谐的氛围。网络信息资源的迅速传播不仅具有积极影响因素，同时也具有一些违法的、不良的消极影响因素。只有创建健康科学的网络氛围，才更加有利于青少年在使用网络时培养自己的品质和情操。

## 三、发挥思想政治教育工作者隐性教育网络引导作用

### （一）强化网络榜样示范效应

思想政治教育工作者的一言一行、一举一动都会对青少年产生较为深远的影响，加强师德建设，强化思想政治教育工作者的网络榜样示范效应是高校开展隐性思想政治教育工作的重要环节。教师是学生增长知识和思想进步的导师，一定要在思想政治上、道德品质上、意识学风上以身作则，自觉率先典范，这样才能真正为人师表。教师以自己的思想行为和品德在无形中感染和影响着学生，因此思想政治教育工作者首先要有健全的人格。著名教育学家杜威曾说过："教师就是通过自己的人格来影响学生的人格的，而且这种影响不是短暂的，它会一直延续到学生的成人生活中。"再次，思想政治教育工作者应具有良好的道德素养，要不断追求真理，有坚定的信仰，有较强的责任心和事业心，崇尚民主和自由，学高为师，身正为范。道德素养的不断提高会使思想政治教育工作者形成独特的人格魅力，产生辐射效应，迅速拉近与学生们的距离，更容易开展思想政治教育工作。

### （二）建立新型网络师生关系

受传统教育方式影响，中国教育中师生关系还是教师在上、学生在下，教师讲、学生听的师生关系。随着教育事业的发展，国内外学者们越来越关注师生关系的问题，这也是值得我们关注和反思的。新型的师生关系应是平等民主、尊重理解的和谐关系。

在网络世界中，人与人没有地位的尊卑，不分身份贵贱，每个人都是独立、自由、平等的个体，这样的平台给新型师生关系的建立创造了条件。网络的隐匿性、平等性特点使思想政治教育工作者与学生们突破了师生关系的局限性，以朋友的身份畅谈，从学习到生活，从课上到课下，从校内到校外，抛开了师生关系的束缚，这样的聊天、谈心更加随性、深入、全面，使思想政治教育工作者从各方面、全方位地了解学生的想法，为其正确引导学生、解决思想问题奠定了基础。另一方面，从学生的角度来看，网络上的谈心使其找到了倾诉对象，建立了"友谊"，这种"朋友间"的劝告、疏导更容易为学生们所接受，自然而然地解决思想上、心理上的问题，不知不觉地完成思想政治教育工作。

### （三）营造健康向上网络氛围

环境的好坏直接影响着处于此环境中的人们的行为活动。健康向上的网络氛围可以引导、督促学生们养成正确的网络行为习惯，对网络环境下开展隐性思想政治教育工作将起到推波助澜的作用。

第一，打造以思想政治教育工作者为核心、学生干部为主力军的网络引导队伍。良好

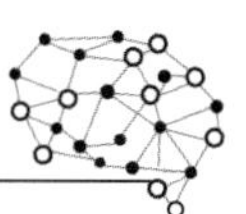

的网络平台建设是以一批优秀的网络组织、编辑、管理团队为基础的，首先应选派掌握网络技术的思想政治教育工作者创建网络平台，并结合思想政治教育工作的目的和内容将隐性教育部分巧妙地融入其中，积极宣传正确的思想观念，传播正能量，创造积极向上的校园网站。学生干部作为学生群体的代表，更了解当代大学生的心理需求，更能有针对性地根据学生的特点积极引导。而且朋辈间的相互影响作用不可估量，如果学生干部能在网络平台上发表正面言论和观点，同学间积极互动，针对个别同学的思想问题开导劝解，将会产生举足轻重的影响。

第二，加强网络管理，严格筛选信息，杜绝不当言论传播。网络是发布、获取信息的重要平台，网络上的海量信息良莠不齐，若不加强管理反主流观念和反面言论就会涌入校园网。因此，要配备专门的校园网管理人员，24 小时轮岗监管校园网络动态，及早发现威胁校园网安全的因素，及时筛选剔除不良信息，扼制危害思想政治教育效果的不利要素。

第三，加大财政投入，创建健康主题网吧。随着我国经济的发展，人们生活水平逐步提高，当代大学生们对业余生活质量的要求也越来越高。而网络已成了大学生学习、生活中必不可少的工具，学习之余，学生们更乐于成群结队地去网吧消遣娱乐，放松身心。学校周围大大小小的网吧不计其数，每周末或晚间闲暇时间，这些网吧都座无虚席。然而，校外网吧都是以节约成本、追求利益最大化为目的，缺乏监管机制，这对大学生的身心成长健康和思想观念养成不利。因此，应投入财力在校园内创建环境优雅的健康主题网吧。尽管高校机房或图书馆里给学生们提供了上网条件，但往往环境刻板，使学生感觉仍像在课堂一样，身心得不到放松。在校园内创建健康主题网吧时要注重营造轻松、舒适的上网氛围，配备比较专业的网管，随时处理学生们在上网过程中遇到的难题。在这样的环境下，硬件和软件设施的完善更有利于思想政治教育工作者发挥隐性教育引导作用。

## 四、发挥大学生网络隐性教育主观能动性

### （一）提高大学生网络隐性教育自我认识

所谓教育对象的自主性，是指“教育对象在教育过程中对教育信息的自主反应、自主选择、自主整合、自主内化和外化”。可见在思想政治教育过程中受教育者的自我认识、自主性是何其重要，这也是思想政治教育工作的最终目的。隐性思想政治教育内容隐藏在校园活动、校外实践等各种各样的形式中，不是以明显的、确切的、硬性的要求大学生接受，而是以随性的、轻松的、自由的方式呈现出来。此时的大学生处于一种自发状态，学与不学、参与不参与、学什么、怎么学都是由学生们自主决定，这个获得经验的过程完全是他们自己主动参与、主动选择的结果，大学生的主动性得到了充分发挥。

网络隐性思想政治教育是利用网络载体开展的隐性教育活动，在网络这种轻松、随性

的平台下，更容易激发大学生的自主性，提高他们的自我认识，促进教育效果的内化与外化间的转变。自我认识的提高与升级，又会能动地促进实践活动的展开，作用于现实中开展网络隐性教育活动，对提高大学生参与活动的积极性和主动性、强化网络隐性教育活动的成效至关重要，也是开展网络隐性教育活动的先决条件。

## （二）扩大学生网络隐性教育活动的参与度

### 1. 通过新媒体进行广泛宣传

网络的传播范围、传播速度不可比拟，特别是以微信、微博等为代表的新媒体的诞生，与手机无缝衔接的特性进一步扩大了信息的传播范围，加快了传播速度。使用手机关注朋友圈动态、状态更新几乎成为每个网络达人的“必备餐”，通过微信、微博等新媒体渠道进行广泛宣传，就能达到广为人知。同时注意宣传语言要言简意赅，善于使用当前流行的网络语言，生动有趣，形象活泼，吸引学生目光，引发兴趣，将开展网络思想政治教育活动的信息传递给广大学生。这样的宣传更能增加点击率、关注度，宣传力度空前，扩大学生网络教育活动参与度，保证隐性教育活动红红火火地开展起来。

### 2. 以点带面，以少数人带动多数人

任何新事物在初期形成阶段都会多多少少受到排斥，不被众人接受。对于有着不同生活环境、不同教育背景的大学生而言，他们的想法不同，接受事物的程度各异，这其中一定会有一部分人对网络隐性教育活动兴趣十足，愿意尝试并接纳它，网络隐性思想政治教育活动就要从这些少数人着手。而这部分人往往思想灵活，能极好地验证网络隐性教育活动的效果。在参与了网络隐性教育活动之后，他们会不由自主地与身边的同学们分享体会，这样的信息传递具有较强的真实性，易于被接受、得到认同，产生辐射效应。以点带面，以少数人带动多数人，扩大学生网络隐性教育活动参与度。

## （三）促进同学间的良性网络互动

在社会生活中，人们通常有一种共同的心理倾向，即希望自己归属于某一较大的群体，被大多数人所接受，以便得到群体的保护、帮助和支持。根据班杜拉的社会学习理论，个体行为在很大程度上是在观察和模仿中习得的，尤其是关系亲近对象的行为更易被观察学习和模仿。因此，每天朝夕相处的室友、同学、朋友就成了学习和模仿的最好对象。品学兼优的班级干部、经验丰富的学长学姐、具有某方面特长的同学，都是大学生效仿的选择，这些人的一言一行对周边同学的带动和影响作用不可估量，这种朋友间的良性互动所取得的效果更值得关注。特别对于大一新生来说，他们年纪尚轻、思想单纯、可塑性较强，如果这个时期对他们进行同学间的适当引导，对今后的学习和生活将产生举足轻重的影响。因此，在新生入学时就应该发挥高年级优秀学生的向导作用，开展一对一或多对一的“引导活动”，为新生们配置可观察、可学习、可模仿的朋辈榜样，从课上学习到课下生活，从目前计划到未来发展规划等多个方面进行引导，这样从入学伊始就能受到良好影响，发

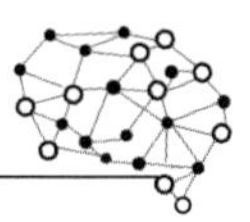

挥朋辈间自我教育、自我管理的作用。

网络环境下开展隐性思想政治教育活动也要注重促进同学间的良性网络互动，比起思想政治教育工作者与学生之间的网络互动，同学间的网络互动更生动活泼、灵活有趣。因师生间的“上下关系”、年龄代沟、时代差异，思想观念截然不同，即使教师抛开教师的身份站在学生的立场上思考问题，也往往不会达到理想的效果。同学——这一相同年代、相同身份的庞大群体，他们之间有着更多的默契、更高的相似度，对网络更是了如指掌、运用自如。同学间更善于运用当前流行的网络语言，一语中的，指出对象现在的思想误区；同学间更善于应用最新的软件程序，发表自己先进的、合主流思想的观点，辐射开来，传递正能量。认识到同学间的良性网络互动的重要性，积极因势利导，同学间相互引导、相互带动、相互影响，更能达到理想的教育效果。

# 参考文献


[1] 陈娟，林颖，陈应娣 . 大学生思想政治教育新论 [M]. 北京：海洋出版社，2016.

[2] 戴丽红 . 当代大学生思想政治教育创新探索 [M]. 成都：电子科技大学出版社，2016.

[3] 龙妮娜，黄日干 . 新媒体与大学生思想政治教育研究 [M]. 北京：光明日报出版社，2016.

[4] 李志强 . 大学生思想道德教育的理论与实践 [M]. 保定：河北大学出版社，2016.

[5] 周成军 . 大学生思想政治教育与创新创业 [M]. 北京：光明日报出版社，2016.

[6] 陈杰明 . 新时期大学生思想道德教育与法律素质培养 [M]. 长春：吉林大学出版社 .2016.

[7] 毛文璐 . 高校思想政治教育与当代大学生政治社会化研究 [M]. 长春：吉林人民出版社，2016.

[8] 李杨，孙颖，李冠楠 . 新媒体时代的大学生思想政治教育教学研究 [M]. 长春：吉林大学出版社，2016.

[9] 段佳丽，罗怀青 . 新媒体时代大学生思想政治教育研究 [M]. 北京：光明日报出版社，2016.

[10] 曾光顺 . 中国梦融入大学生思想政治教育的模式研究 [M]. 北京：光明日报出版社，2016.

[11] 齐立石 . 大学生思想政治教育 [M]. 成都：电子科技大学出版社，2017.

[12] 杨叶玲 . 社会思想与大学生教育 [M]. 成都：电子科技大学出版社，2017.

[13] 付鑫，张亮 . 大学生思想政治教育 [M]. 成都：电子科技大学出版社，2017.

[14] 温浩，黄志达 . 当代大学生思想政治教育 [M]. 长春：东北师范大学出版社，2017.

[15] 汪铮 . 大学生思想政治教育研究 [M]. 成都：西南交通大学出版社，2017.

[16] 吴平，刘琦 . 高校大学生素养与思想政治教育研究 [M]. 成都：电子科技大学出版社，2017.

[17] 王楠 . 大学生思想政治教育创新研究 [M]. 延吉：延边大学出版社，2017.

[18] 闫晓静 . 大学生思想政治教育创新研究 [M]. 成都：电子科技大学出版社，2017.

[19] 张涛，郭芸 . 大学生网络思想政治教育模式研究 [M]. 成都：电子科技大学出版社，2017.

[20] 杨旭 . 新时期大学生思想道德教育与法律素质研究 [M]. 成都：电子科技大学出版社，2017.